上海市哲学社会科学规划中青年专项课题成果（课题编号：2020FZX005）

领导教育学的学科自立研究

李冲锋◎著

光明日报出版社

图书在版编目（CIP）数据

领导教育学的学科自立研究 / 李冲锋著． -- 北京：光明日报出版社，2025.3. -- ISBN 978-7-5194-8591-7

Ⅰ．C933

中国国家版本馆 CIP 数据核字第 2025K5C491 号

领导教育学的学科自立研究
LINGDAO JIAOYUXUE DE XUEKE ZILI YANJIU

著　　者：李冲锋			
责任编辑：李　倩		责任校对：李壬杰　乔宇佳	
封面设计：中联华文		责任印制：曹　净	

出版发行：光明日报出版社

地　　址：北京市西城区永安路 106 号，100050

电　　话：010-63169890（咨询），010-63131930（邮购）

传　　真：010-63131930

网　　址：http://book.gmw.cn

E – mail：gmrbcbs@gmw.cn

法律顾问：北京市兰台律师事务所龚柳方律师

印　　刷：三河市华东印刷有限公司

装　　订：三河市华东印刷有限公司

本书如有破损、缺页、装订错误，请与本社联系调换，电话：010-63131930

开　　本：170mm×240mm			
字　　数：252 千字		印　　张：16.5	
版　　次：2025 年 3 月第 1 版		印　　次：2025 年 3 月第 1 次印刷	
书　　号：ISBN 978-7-5194-8591-7			
定　　价：95.00 元			

版权所有　　翻印必究

序

　　学科，是知识领域的体系化。一门学科的自立，常常意味着该知识领域已区别于其他相近知识领域，有了相对确定的研究对象、相对独特的方法论、相对独立的命题；也常常意味着其在学科之林有了一席之地，有了专业的话语权甚至分工明确的职位。从学科发展史来看，学科总是随人类认识深化而不断细分，是不断演进变化的。原有学科的边界被打破，新兴学科破茧成蝶、破土而出。李冲锋博士的《领导教育学的学科自立研究》，就是围绕"领导教育学"进行的探讨分析。该书从发生学的角度条分缕析地介绍了"领导教育学"的产生背景、学科归属、逻辑前提、科学价值、历史考察、发展建议，勾勒了"领导教育学"自立的全景图。这本书原创性强、视野开阔、史论结合，真正做到了材料与观点相统一、历史与逻辑相统一、理论与实践相统一，相信对"领导教育学"的学科建构会起到一定的奠基作用。

　　作为这本书的第一个读者，我在阅读过程中，也时常思考一个问题，那就是"领导教育学"与时下提到的"干部教育学"（中国人民大学、浙江大学、四川大学都设立了干部教育学学位点）是何关系。这个问题的答案，也直接关系领导教育学能否自立。对这一问题，我想借助李冲锋博士提供给我的作序机会，做出初步回答，也算是对"领导教育学自立"提出我自己的看法。

　　"领导教育学"与"干部教育学"是两个既相互联系又有所区别的概念，虽然两者有一定的交叉重合之处，但不同之处也是颇为明显的。

　　一般说来，"干部"是名词，表示一种身份，是官员或管理者的代称；"领导"既是名词也是动词，既指身份特征，也指行为方式。当"领导"指管理者的身份特征时，是与"干部"同义的，这时"领导教育学"与"干部教育学"指代的就是同一回事情。而当"领导"不当名词使用时，"领导教育学"与"干部教育学"就非同义，而是区别甚大了。

从学科分类的角度来讲，"干部教育学"是以教育对象为标准进行的学科划分，类同于"成人教育学""特殊教育学"。因为"普通教育学"一般是以未成年人尤其是中小学生为主要研究对象，揭示未成年人教育的活动规律，特别是围绕中小学教育的目的、原则、内容、方法、师资要求等进行阐述，很少涉及其他群体。20世纪后，在教育实践发展中，成人教育培训成为教育活动中重要的组成部分，特殊儿童包括天才儿童、残障儿童也需要得到应有的照看和教育，理论的发展和实践的探索催生出相关的教育学科。干部教育就是如此产生的。干部教育起初注重的是选拔人才，对干部进行教育并不是突出的矛盾和问题。但在经济社会发展过程中，干部原有的知识越来越不够用，学习型干部、"仕者必为学"越来越成为共识，如何更好地教育干部，干部教育需要遵循哪些基本规律和原则，有哪些特定的方式方法以及成效如何等，都需要"干部教育学"来研究。不过，"干部教育学"所指的"干部"，很大程度上并不是指所有"干部"，主要指的是已经在管理岗位上的成人干部，至于像中小学班干部之类，已经在"普通教育学"等学科中得到探讨和研究。

"领导教育学"的学科分类，兼具了两种属性，一是教育对象，二是教育活动。从国外已经存在的领导教育相关研究成果来看，如美国的《领导教育》(*Leadership Education*)杂志，他们在使用该词时很少强调"领导者"的身份特征，更多是把领导力的开发与培养，也就是教育活动的维度作为论述重点。在"领导教育学"研究中，存在一个基本的前提假设，那就是人人都是潜在的领导者，甚至人人都可成为领导者。从这种假设出发，"领导教育学"的研究范围甚广，比如，"领导教育学"和"干部教育学"不同，它会研究中小学生的领导力开发问题，研究各个年级的学生积极参加哪些活动或修读哪些课程会增强其责任感，提升其组织沟通和团队合作能力；它会研究人的自我领导问题，研究教育实践中如何引导个体在已有经验基础上，通过自我指导和自我激励最终实现自我认知水平、能力水平的提高；它会研究老年人离开特定的职务岗位、脱离干部身份后，如何打破迷茫、开启新的成长之旅、提高自我调控力的问题等。

学科与学科之间的区别，既有研究对象的差异，也有研究范式的不同。一门学科，因为研究着眼点、落脚点的不同，以及研究内容和方法等的大相径庭，常常呈现出不同的研究范式，表现为不同的理论体系和理论框架。"领导教育学"与"干部教育学"也是如此，它们围绕各自的研究对象，经由长期探索形成了不同的定义、理论、应用、模型和范例，这些研究丰富了教育学理论，同时为相应的教育实践提供了指导。这两门学科不同的研究范式都有其存在的价值和意义，为教育学以及其他学科的发展带来新的契机。一般来说，理论的创生通常首先表现为各自并立的"范式间辩论"（inter-paradigm debate），而正是在范式间的辩论中展开范式间合成（inter-paradigm synthesis），从而建立起弥合各种理论范式之间的壁垒与隔阂的综合性理论范式。目前，这两门学科都处在萌芽状态，离自立和成熟还有不小的距离。相信随着实践的发展和研究的深入，两者都会建构起自身独特的范式。到那个时候，以问题为导向，综合运用两种范式，选取各自的核心概念和要素（变量）加以组合，整合形成分析框架成为可能；或者通过各种理论基本假设的修正、基本概念的移植转化和命题的接收吸收，在融通这些理论各自的合理要素的基础上，构建起一个解释力更强的新教育理论范式也会成为可能。

期待李冲锋博士以及更多的研究者继续深耕"领导教育学"，研究出更多高质量的研究成果，使"领导教育学"基础更坚固、概念更清晰、命题更科学、体系更严密，逐步发展成为哲学社会科学的新生力量。

中国浦东干部学院副院长、教授，中国领导科学研究会常务副会长
郑金洲

目 录
CONTENTS

绪　论　破土而出的领导教育学 ·· 1

第一章　领导教育学的学科归属 ·· **6**
　　第一节　学科的概念分类与分化 ·· 6
　　第二节　构建学科发展梯度标准 ·· 22
　　第三节　领导教育学的学科归属 ·· 31
　　本章小结 ··· 45

第二章　领导教育学的逻辑前提 ·· **47**
　　第一节　领导教育何以可能 ·· 47
　　第二节　领导教育何以必要 ·· 61
　　第三节　领导教育何以可行 ·· 75
　　本章小结 ··· 77

第三章　领导教育学的科际关系 ·· **79**
　　第一节　领导教育与其他教育关系 ··· 79
　　第二节　领导教育学的基础学科 ·· 84
　　第三节　领导教育学的科际比较 ·· 87
　　本章小结 ··· 97

第四章　领导教育发展的历史考察 …………………………… 98
第一节　中国古代领导教育实践 ……………………………… 99
第二节　中国领导教育思想探析 ……………………………… 135
第三节　党的干部教育实践考察 ……………………………… 153
本章小结 ………………………………………………………… 202

第五章　领导教育学发展建议 ………………………………… 204
第一节　研究立场的强化 ……………………………………… 204
第二节　研究领域的开发 ……………………………………… 212
第三节　研究材料的择取 ……………………………………… 217
第四节　研究方法的探索 ……………………………………… 224
第五节　研究平台的建立 ……………………………………… 231
本章小结 ………………………………………………………… 234

结语：未来可期的领导教育学 ………………………………… 235
参考文献 ………………………………………………………… 237
后　记 …………………………………………………………… 250

绪　论

破土而出的领导教育学

世界各国的心理学家和管理科学家都已经认识到，领导活动与领导者本身应该成为科学研究的对象。其实，领导教育活动和领导教育者本身也应该成为科学研究的对象。对领导活动和领导者的研究所形成的学科是领导学，而对领导教育活动和领导教育者的研究所形成的学科是领导教育学。经过漫长的实践历练与历史酝酿，21世纪初，领导教育学作为一门新兴学科在中国破土而出了。

一、领导教育学产生的背景

一门新学科的建树总是时代的呼唤，总有其产生背景和客观基础。关于影响学科形成与发展的因素有不同的认识。一种观点认为，影响学科发展的决定因素是社会的政治和意识形态因素。如英国学者迈克·扬（M. F. D. Yong）认为，学科知识是社会文化选择的结果，这种知识与统治阶级的价值和信念有关。一种观点认为，学科是社会、政治、经济、科学技术、文化传统、意识形态和教育等因素相互作用的产物。①陈燮君在《学科学导论》中指出："新学科的孕育和崛起并不是偶然的，它有破土而出的历史条件，有强烈的历史使命感的召唤，有一定的理论准备，有现代化建设的需要，也有学科带头人的大胆开创和积极探索，特别是许多综合性新学科的开拓，更是多学科、攻关群体共同努力的结果。"②不难看出，学科的产生有着复杂的影响因素。

新学科的出现总是与社会发展需要分不开的。例如，环境科学是在环境严重恶化的情况下诞生的，城市科学是在城市问题日益严重的背景下产生的。

---

① 孙绵涛. 学科论［J］. 教育研究，2004（6）：50-56.
② 陈燮君. 学科学导论：学科发展理论探索［M］. 上海：上海三联书店，1991：10.

新学科的出现本身就表明了社会发展的一种趋势与需要。领导教育学的产生有其社会历史背景，是社会和时代发展需要的结果，同时也是领域教育实践与研究积累发展的必然所至。

1. 风云变幻的国际促动

在全球化进程中，领导环境的复杂化日益加剧。不断变化的国际政治环境、经济环境、文化环境、军事环境等，对中国的发展必然会产生直接或间接的影响，也必然会给各行各业的领导活动带来或微或巨的影响。在全球化发展的背景下，对各领域的领导者而言，都要具备国际视野、国际眼光，迎接国际挑战。这就要求领导者具备适应、改变复杂领导环境的素质与能力。领导者如何才能尽快获得这些素质与能力呢？自我学习只是一方面，另一方面就是通过有系统、有组织、专业化的领导教育。领导教育可以为领导者提供所需要的知能情意等方面的内容，缩短素质获得过程，增强知能针对性。

为了增强领导者的国际应对能力，提高领导教育的有效性，就需要对领导教育加以研究。在全球化发展的背景下，在复杂的国际环境中，对领导教育学的需要显得更为迫切。"新学科迅猛发展的宏观背景是新的科技、新的思维、新的观念、新的战略、新的能量的辐集和释能。"①风云变幻的国际背景为领导教育学的产生积聚了能量，促动了领导教育学的产生。因此，领导教育学的产生适应了国际发展的需要。

2. 快速发展的国内需要

改革开放以来，我国进入了一个快速发展的新时期。我国在政治、经济、文化、科技等各方面、各领域都取得了长足的发展和重大成就。特别是国民经济保持了良好发展势头，带动了多方面的发展。国家的快速发展，需要各行各业的领导者能够适应这种快速发展，并且能够保持和促进这种快速发展。这对领导者的素质和能力提出了新的要求。

国内在快速发展的同时，也面临着一些问题，如地区之间发展不平衡的拉大，国内贫富分化的加剧，一些隐性的问题仍然存在，等等。这些问题需要领导者以新的眼光、新的手段、新的方法来解决。这就需要领导者不断提高素质，增强能力。

在这样的情况下，加强领导教育成为保持和促进国内快速发展，尽快妥

---

① 陈燮君. 学科学导论：学科发展理论探索 [M]. 上海：上海三联书店，1991：6.

善地处理国内面临的各种矛盾和问题的一项关键措施。大规模培训干部、大幅度提高干部素质，成为世纪之交中国干部教育培训的目标。在这样的背景下，领导教育成为一种迫切的需要。为了解决领导教育实践中的问题，为高速发展的领导教育提供必要的理论准备和理论论证，领导教育学的产生被提上议事日程。因此，领导教育学的产生符合了国内的发展需要。

3. 长期积淀的学术孕育

虽然领导教育学是一门崭新的学科，但并不能说明历史上就没有这方面的探讨。相反，一直以来，人们都在对领导教育的问题进行着实践与思考。这些理论思考为领导教育学的成立提供了丰富的前期积累与理论酝酿。领导教育学的学科酝酿期十分漫长。不论是在中国，还是在西方，人们都对如何培养社会的领导者进行过深入的思考。在中国春秋战国时代的诸子那里往往可以找到他们对社会的领导者的培养思想。后来的帝王教育、王储教育、官员教育等都有着丰富的历史记载与理论思考。近代以来，内忧外患的时局更是让有识之士思考国家领袖人物的培养问题。特别是中国共产党所领导的干部教育，更是积累了大量的理论研究成果。所有这些都为领导教育学的破土而出提供了理论准备。经过多年的学术孕育，领导教育学开始具备了成为独立学科的条件。它需要以一种独立形态出现。

二、领导教育学的破土而出

经过长期的酝酿之后，学科会正式产生。学科的产生需要一定的历史时机。当时机成熟时，新学科才会脱离原有状态破土而出。世纪之交，中国为迎接21世纪发展的机遇与挑战，决定大规模培训干部，大幅度提高干部素质。中央和政府采取了诸多干部教育的重大举措，并决定成立中国浦东干部学院、中国井冈山干部学院、中国延安干部学院三所国家级干部学院以区别于传统的干部教育培训院校的培训模式。世纪之交国家对干部教育重视的加强和三所干部学院的成立成为领导教育学破土而出的历史时机。

领导教育学这一新学科的产生以2004年华东师范大学"领导教育学"博士学位点的设置为标志。在上级领导、部门的支持下，2004年春，华东师范大学与中国浦东干部学院联合申请的中国第一个"领导教育学"（教育学一级学科下的二级学科）专业博士点成功审批下来。奚洁人教授、郑金洲教授、马钦荣教授是领导教育学学科的三位开创者、奠基者，同时是领导教育学博士学位点的三大导师。2004年9月，该博士点成功招收了第一届博士生，杨光富、李冲锋、王红霞、李放放四人成为国内首届领导教育学专业的博士生。随之，领导教育学专业的课程体系初步建立。最初设立的课程有中国政治文明史、西方政治文明史、干部教育专题研究、领导学论著选读等课程。导师团队还聘请了著名史学家王家范教授、著名哲学家赵修义教授、著名教育学家陈桂生教授、著名思想史学家李宏图教授等为博士生授课。领导教育学专业博士点的出现，标志着领导教育学正式成为一个学科诞生了。

这仅仅是一个历史性的开端。作为一门新兴学科，领导教育学面临着如何确立自己的独立地位、如何发展、如何成熟的漫长历程。但不论怎样，它已经存在了，产生了。

三、学科建设问题的提出

一门新学科的出现总需要对其进行一系列、多方面的探讨。陈燮君在《学科学导论：学科发展理论探索》中指出："新学科成群崛起，需要及时总结创生、发展规律。新学科崛起的土壤条件是什么，新学科破土的最佳时机如何确定，新学科的学科带头人怎样形成，新学科的研究主体需要什么样的素质，新学科的代表作品和主要流派如何酝酿，新学科的科学指标体系具有什么要素，新学科的采掘如何定向，新学科的综合意识怎样培养，新学科的竞争活力如何激励，新学科的研究重心怎样转移，新学科的章法布局怎样才算合理，新学科的宏观管理如何加强……新学科创生、发展规律的深刻认识和自觉驾驭，有利于新学科的健康生长。"[①] 可见，新学科产生之后面临一系列的问题。

领导教育学作为一门新生学科同样面临以上诸多问题的探讨。这是一个长期的艰辛的探索过程，也是学科不断发展成熟的过程。我们不可能毕其功于一役地探讨以上全部问题，因此，笔者选择对领导教育学的学科独立性加以研究。之所以选择这样一个论题，是因为这是一门新兴学科必须面对和解决的问题。

关于学科的问题，中西方的认识是有差异的。中国与美国对学科与专业的理解其实是不同的。按照美国人的逻辑，先有领域，再慢慢走向专业化，

[①] 陈燮君.学科学导论：学科发展理论探索［M］.上海：上海三联书店，1991：6-7.

专业化水平达到一定程度才可能考虑形成一门新的学科。比如，至今在美国教育技术仍然是一个领域而不是学科。美国人或许在教育技术的学科理论体系上并不完善，但他们在教育实践中却有着自己独当一面的独特地位。中国却不同，一般先强调学科的专业性，然后才是实践领域的专业化。这种模式有其存在的问题，比如，学科理论看似非常完备，但专业人士在本领域却没有体现出他们的独特性或不可替代性，也就是专业性。但也有其优势，即理论先行，理论指导实践。按照马克思主义的观点，理论来自实践，又指导实践。学科理论的产生其实也并不完全是凭空而来的。学科是理论专业化的象征，但不是美国人所说的实践专业化。因此，强调学科的发展也是行得通的。

领导教育学的确立符合我国先学科，实现理论专业化再迈向实践专业化的传统。当然，按照西方的路径，说领导教育学是一个研究领域也是没有什么问题的。但是人们并不满足于将它仅仅作为一个研究领域，而是希望建立一门独立的领导教育学学科。

其实，领导教育学作为一个研究领域与作为一个学科，两者是可以共存的。事实上，所有成熟学科，都首先是一个研究领域。作为研究领域存在的领导教育学是作为学科存在的领导教育学的最初阶段。要想建设成熟的领导教育学学科就必须具备相应的学科的条件。为此，就必须探讨领导教育学的学科自立问题。

学科独立性是学科进入学科丛林、学科建制必须解决的问题。一门不独立的学科是很难进入学科体制，受到人们广泛认可的。许多已经有多年发展历史的学科，仍然在探讨学科独立性问题，就说明了学科独立性对学科地位、学科利益的影响。领导教育学要想成为一门独立的学科，必须对自己的学科独立性做出论证和合理的解释。

一门学科的独立需要一个发展过程即学科自立过程。学科自立就是指学科内涵不断发展，学科建制不断完善，学科由不独立逐渐发展到独立的过程。学科自立是学科取得学科合理性与合法性的过程，是取得人们广泛认可的过程，是学科发展中非常关键的一步，是必须完成的一步。领导教育学的学科自立问题，既涉及学科的独立又涉及学科的发展，既是这门新学科的基础问题，又是这门新学科的前沿问题。因此，笔者选择这一论题进行研究。

第一章

领导教育学的学科归属

领导教育学作为一个新兴学科出现了。那么，它的出现是否符合学科发展的规律呢？是否会在整个的学科体系中寻找到自己的位置呢？这就涉及领导教育学的学科归属问题。本章从学科发展的角度来论证领导教育学的出现符合学科分化的趋势，为其产生寻找学科发展史的论据，同时从学科发展梯度标准的角度来判定它的发展状态，进而研究它的学科归属。这些努力都试图证明领导教育学产生的合理性。

第一节 学科的概念分类与分化

要探讨领导教育学的学科问题，需要先对学科的基本概念与基本规律加以了解，在此基础上探讨领导教育学的学科问题。对学科的探讨要从学科论的视角出发来考察。"学科论对学科的形成与发展及其影响因素、学科的本质及构成要素、学科的价值及学科论研究的意义等基本理论问题进行研究。"[①]学科论要研究的内容很多，首先应该明确的是学科的含义。

一、"学科"概念的界定

（一）学科的含义

1. 英文语境中的学科

在英文里面，"学科"一词可用"discipline"表示。但是"discipline"具有多重而又相关的含义：包括学科、学术领域、课程、纪律、严格的训练、

[①] 孙绵涛．学科论 [J]．教育研究，2004（6）：50-56．

规范准则、戒律、约束以至熏陶等。汉语里没有相对应的词项能包含它的丰富含义。沙姆韦（David R. Shumway）和梅瑟－达维多（Ellen Messet－Davidow）在《学科规训制度导论》（Disciplinarity: An Introduction）一文中认为：

> "学科"的字源探究显示出它种种意义的历史衍延，多于能够为它立下确实定义。该辞"源自一印欧字根……希腊文的教学辞didasko（教）和拉丁文（di）disco（学）均同。古拉丁文disciplina本身已兼有知识（知识体系）及权力（孩童纪律、军纪）之义"（Hoskin and Macve 1986: P107）。乔塞（Chaucer）时代的英文discipline指各门知识，尤其是医学、法律和神学这些新兴大学里的"高等部门"。据《牛津英语字典》，discipline（学科/规训）为门徒和学者所属，而教义（doctrine）则为博士和教师所有。结果"学科/规训"跟实习或练习有关，而教义则属抽象理论。有了这个分立，就能理解何以会选取"学科"来描述基于经验方法和诉诸客观性的新学科。称一个研究范围为一门"学科"，即是说它并非只是依赖教条而立，其权威性并非源自一人或一派，而是基于普遍接受的方法和真理。①

通过考察，他们认为，"学科"一方面用来描述基于经验方法和诉诸客观性的新知识，一方面指军队和学校的训练方法。"Discipline"兼有此二意，即受规训而最终拥有能自主自持的素质。他们从学科与知识及教育的关系的角度来考察学科、揭示学科的本质是值得肯定的。然而，学科规训制度与学科之间有联系，但不是直接的内存联系。它揭示了学科的规训作用，却没有揭示学科本质的内在价值。

《新牛津英语词典》认为"discipline"的意思是"A branch of knowledge typically one studied in higher education"②（知识，特别是高等教育中学习的知识的一个分支）。这种观点看到了学科与知识及教育的关系，但是主要指的是

---

① 华勒斯坦，等. 学科·知识·权力[M]. 刘健芝，等译. 北京：生活·读书·新知三联书店，1999：13.
② PEARSALL J. The New Oxford Dictionary of English [M]. Oxford: Clarendon Press, 1998: 525.

科学中的学科和高等教育中的学科。

学者汪晖在考察学者置身于其中的学科是怎么回事时,做出如下归纳:

> 第一,学科不是囿于一所大学的社会形式;第二,学科甚至也不是囿于一个民族国家的教育和研究制度的社会形式;第三,"学科首先是一个以具有正当资格的研究者为中心的研究社群。各个体为了利于相互交流和他们的研究工作设立一定程度的权威标准,组成了一个社群"①。换言之,学者作为学科工作者从事"分门划界"(boundary-work)的区分活动,这种活动内在地要求发展清晰客观的论据。学科专门化包含了排他性的原则或所有权的原则,即任何外人都无权进入这个专门领地。这里不仅仅包含科学与非科学的分界,而且也包含不同学科之间的权力关系的不断的斗争和重新界定。②

他还认为:"学科的分门别类方式是和现代社会和建制直接相关的,它把社会的多样性和复杂性加以条理化,并用合理化知识的形式把它们转化成为学科的对象。控制稳定的对象及其对客观化方法的信赖(调查、证明、规范性判断、监控等)是学科规训机制和社会控制系统的共同特征。"③

英文中"Subject"一词也可用来指"学科"。《新牛津英语词典》对"subject"的解释:"A branch of knowledge studied or taught in a school, college, or university。"(在学校、学院或大学学习或教授的知识的一门分支)这种观点,看到了学科与知识、教育之间的关系,但也只限于中小学及高等教育中的学科,还未能指出学科还包括其他类型教育的学科。学校中的"学科"主要是指一门教学科目,它更多地以"教材体系"表现其内容,很难说是"科学体系"中的一门学科(discipline)。

英文中的"Subject curriculum"即学科课程,也称"分科课程",是以文化遗产为基础组织起来的传统的课程形态的总称,由一定数量的不同学科组成。各门学科各具固有的逻辑和系统。这种课程有悠久的历史,古希腊的七

---

① GEIGER R. To Advance Knowledge: The Growth of the American Research University, 1900—1940 [M]. New York: Oxford University Press, 1986: 29.
② 汪晖. 死火重温 [M]. 北京: 人民文学出版社, 2000: 242-243.
③ 汪晖. 死火重温 [M]. 北京: 人民文学出版社, 2000: 243.

艺是最早的学科课程。近代学校的学科课程是文艺复兴后逐步形成的百科全书式的课程。学科课程至今仍为各国学校广泛采用。正如赫尔巴特（J. F. Herbart，1776—1842）指出的，这种课程是"从易到难"地排列教材的。它符合儿童的发展阶段的特征，而且注重科学的体系。其特点：（1）可以系统地传授文化遗产；（2）可以最大限度地发展智力；（3）兼顾科学的系统、学习心理的规律和学习者的水平；（4）易于修订，学习成绩易于考查。对其批评集中在：（1）所提供的教材注重逻辑系统，重记忆而轻理解；（2）学科编制方法和教学方法不能将学生经验视为起点，也不太重视培养学生学以致用的能力；（3）学科课程形式注重强调学习的细节，甚少注意主动的思索过程的发展，不能有效地注意知识的迁移和不同领域之中概念与事实间的关系；（4）学科编制限制了知识的范围。不具备包容性的特质，因而妨碍多重目标的追求。在其中漫长的演变过程中主要经历了以下几种类型：（1）科目本位课程；（2）学术性学科课程；（3）综合性学科课程。①

本书要研究的"学科"相当于英文中的"discipline"，即研究者作为科学研究而进行的知识分类系统，不是"subject"，即学校中的教学科目，虽然我们在行文中也会提到作为教学科目的领导教育学。

2. 汉语语境中的学科

《汉语大词典》中对"学科"的解释有四。

> ①唐宋时期科举考试的学业科目。宋孙光宪《北梦琐言》卷二："咸通中，进士皮日休进书两通：其一，请以《孟子》为学科。"②按照学问的性质而划分的门类。如自然科学中的物理学、化学，社会科学中的历史学、经济学等。③学校教学的科目。如语文、数学、地理、生物等。④军事训练或体育训练中的各种知识性的科目（区别于"术科"）。②

《现代汉语大词典》认为："学科是知识或学习的一门分科，尤指在学习制度中为了教学将之作为一个完整的部分进行安排。"③ 这一观点，注意了学

---

① 顾明远. 教育大辞典：简编本 [M]. 上海：上海教育出版社，1999：533.
② 罗凤竹. 汉语大词典：缩印本：上 [M]. 上海：汉语大词典出版社，1997：2250.
③ 中国社会科学院语言研究所词典编辑室. 现代汉语大词典 [M]. 北京：商务印书馆，2000：1429.

科与科学和教育的关系，既包括了所有学科，同时又强调了教育领域中的学科。

《辞海》解释"学科"的基本含义有两种：一是学术的分类，是一定科学领域或一门科学的分支，如自然科学部门中的物理学、生物学，社会科学部门中的史学、教育学等；二是教学的科目，学校教学内容的基本单位，如普通中学的政治、语文、数学、外语、物理、化学、历史、地理、音乐、美术、体育等。①

《中华人民共和国国家标准学科分类与代码表 GB/T13745-92》（下称《学科分类与代码表》）对"学科"和"学科群"做了界定："学科是相对独立的知识体系。""学科群是具有某一共同属性的一组学科。每个学科群包含了若干个分支学科。"我们要研究的领导教育学科也是相对独立的知识体系，它是教育科学学科群中的分支学科。

学者马凤岐认为：

> 从一般意义上说，"学科"指代被人为分割开来的各个知识领域，同时，这些知识领域也是研究和学习的领域。从这个意义上说，如果在一个领域，有许多研究者，他们能够意识到自己领域的界限以及与相邻领域的关系，而且，积累了一些研究成果，这些成果的学术性被人们承认，那么，大致就可以认为这就是一个学科了。②

上述对学科的界定可以说主要围绕科学领域中的学科与教育领域中的学科展开。对科学领域中的学科和教育领域中的学科，我们可以做一个新"说文解字"。科学领域的学科是指"学问的分科"，教育领域中的学科是指"教学的科目"。学问的分科包括对所有学问的一种分科。教学的科目包括教的科目与学的科目的意思，兼顾教师与学生双方。

本研究中的"学科"是《汉语大辞典》中的第二种，《辞海》中的第一种，即在学术研究基础上探讨人类作为专业活动领域的领导教育学科，而不是学校中的领导教育学科。当然，行文中有些内容会涉及学校中的领导教育学科。

---

① 辞海：缩印本 [M]．上海：上海辞书出版社，1980：1126．
② 马凤岐．教育政治学 [M]．北京：人民教育出版社，2014：9．

3. 学科与专业

《学科分类与代码表》中对"学科"与"专业"的使用是有区别的:"学科是以一定共性的客体为研究对象而形成的相对独立的知识体系或分支。专业是科研人员从事的特定业务方向。"① 或许把领导教育学称为一个"专业"更符合它今天的存在状态。但我们要探讨的不是已然的领导教育学科,而是未然的领导教育学科。我们要探讨的是今天所谓的领导教育学专业能够发展成为领导教育学科的问题;如果能,如何发展成为领导教育学科的问题。

(二) 科学领域的学科与教育领域的学科

学者孙绵涛认为:"一般可以从学科的功能、人员、机构、活动方式、表现方式以及内容等,把学科分成科学领域(包括自然科学、人文社会科学和技术科学)中的学科和教育领域中的学科(包括在各级各类教育中的科目)。"②科学领域中学科的主要功能是研究问题,探索规律,指导实践;教育领域中学科的主要功能是育人,兼有研究发展的性质。科学领域中学科的从业者主要是研究人员,教育领域中学科的从业者主要是教育工作者,特别是教师。从成果表达形式看,科学领域的学科主要采用论文、著作、研究报告等形式;教育领域则主要采用教材的形式。从学科内容来看,教育中的学科内容与科学研究中的学科内容基本一致。但科学研究中的学科内容的范围广泛,也更深入。教育中学科内容则注重基础性。从学科产生与发展看,科学研究学科与教育领域学科关系密切。科学研究学科是教育领域学科的基础,教育领域学科反过来也可促进科学研究学科的发展。当然,两个领域的学科之间的区别不是绝对的,有些甚至是两者兼有的。换言之,两种学科之间存在交织关系。既然如此,探讨学科独立问题所运用的学科概念既可以是科学研究学科也可以是教育教学学科。本书所指的学科概念主要是科学研究领域的学科,兼论教育领域的学科。

二、学科分类与分化

学科产生发展的过程,实际上是学科分化的过程。东西方学科发展呈现出不同的特征。西方的学科发展先是以哲学为母学科,后经神学占统治地位,然

---

① 丁雅娴. 学科分类研究与应用 [M]. 北京:中国标准出版社,1994:38.
② 孙绵涛. 学科论 [J]. 教育研究,2004 (6):49.

后发展至多学科分化。其间,自然学科和技术学科的分化与人文社会学科的分化是并驾齐驱的。中国的学科发展则经过了诸子百家争鸣到儒学定于一尊,再到诸多单一学科发展的过程。其间,虽有学科分化,但人文社会学科占据统治地位,自然学科和技术学科的分化十分滞后。学科分化中呈现出一个重要特征是由比较单一的初级综合学科向多门学科分化,而多门学科分化到一定程度又产生了比较高一级的综合学科。学科的分化与综合与人对自身和世界的认识有关。一方面,人们需要分解复杂的世界以认识和把握它们;另一方面,太多的分解会导致人自身的片面性,于是就出现了既分化又综合的学科发展趋势。

领导教育学要获得学科独立,需要在学科分类体系中寻找到自己的位置。为了对学科分类体系有所把握,我们先对学科分类与分化的历史加以简要回顾。

(一)学科分类的历史回顾

知识分门分科是由来已久之事。先辈们已在此方面做过多方面的尝试与努力。① 让我们简要回顾学科分类的历史,以理清其发展脉络,为领导教育学的确立进行历史定位。

古希腊哲学家亚里士多德(Aristotle,前384—前322)根据当时生产规模狭小、生产力低下的古代社会中业已存在的知识分工,把人类知识按其对象从观察认识、实践行动、技术能力三方面,划分为三部分:制造性知识(指各种行业的技术知识,如医术、建筑术等)、实践性知识(指关于社会活动的知识,如政治、经济、伦理等)、理论性知识(指人类纯粹认知活动的知识,如数学、物理学等)。虽然古代希腊已相继产生相对独立的知识领域的萌芽形态,如欧几里得的几何学,阿基米德的力学,托勒密的天文学,希罗德的地理学、史学等,但这些萌芽形态的科学均蕴含在未经分化的自然哲学思想之中。

15—18世纪,文艺复兴带来科学的繁荣发展,哲学开始分化为一系列独立学科。然而,此时各学科之间缺乏沟通与联系,相互并列,各自独立。这一时期,英国著名哲学家弗兰西斯·培根(Francis Bacon,1561—1626)对人类的知识领域进行了划分。他的学科划分学说及新的分类体系,最早在二卷

---

① 丁雅娴. 学科分类研究与应用[M]. 北京:中国标准出版社,1994:1-3. 另参见唐莹,瞿葆奎. 教育科学分类:问题与框架[J]. 华东师范大学学报(教育科学版),1993(2):1-14.

集的《论学术的进展》中提出，后在《智慧之球的描述》和九卷集的拉丁文本《论学术的价值和发展》中做了详尽的阐述。他的划分不是如亚里士多德那样以学科研究对象之间的差异进行，而是从人类思维特征出发，把作为研究活动主体的人的理性能力作为分类标准。他认为人类具有三种理性能力：记忆能力、想象能力和判断能力；相应地有三类学科：历史、诗歌与哲学，即记忆学科、想象学科和理智学科。培根的这种划分具有人本主义精神，相对于中世纪经院哲学有关神学和世俗知识的划分，有着巨大的进步。18世纪著名的《法国百科全书》就是按照培根的学科分类思想编纂的。在这一体系中，历史类中的自然史部分包括气象史、陆地史、海洋史、矿物史、动植物史乃至工具技术，哲学类中包括人的哲学（心理、伦理、逻辑）和自然哲学（物理学、数学、化学、动植物学、天文学、地质学）。培根的分类标准是一种主观标准。

18世纪，德国著名哲学家伊曼努尔·康德（Immanuel Kant，1724—1804）认为学科的结构是链式的，链环顺序在前的学科与链环顺序在后的学科相比，历史比较悠久，逻辑比较简单，应用比较广泛。以链式学科划分说为理论基础，学科排列顺序为数学—天文学—物理学—化学—生物学—社会学。这种学科划分已涉及历史考察、逻辑演进和应用范围纵向深入等学科的结构性特征，但并没有从本质上反映客观世界的物质运动形式的层次结构，学科体系中各学科的内在有机联系被简单化地整理成单向线性的链式关系，同时，地质学、心理学等学科被轻率地排斥于学科体系之外。

德国著名哲学家黑格尔（G. W. F. Hegel，1770—1831）是对学科分类做出过贡献的又一人。他的科学分类思想体现在他的"自然哲学"里。他以辩证发展的思想来看待分类，构建学科体系，力求表现理念在自然界发展的阶段。他认为，绝对精神既是自然发展的原因，又是自然发展的结果。他把自然的发展（自然哲学）分为三个阶段：机械性阶段、物理性阶段、有机性阶段。相应于机械性阶段的学科有力学、数学等，相应于物理性阶段的学科包括气象学、物理学、化学等，相应于有机性阶段的学科包括地质学、动植物学等。黑格尔采用了发展原则，强调了由抽象上升到具体，由低级演进到高级的发展观点，但是立足于唯心主义基础上的，学科之间的转化被说成是绝对精神自我发展的结果。

进入19世纪，出现越来越多的独立学科，发生了剧烈的学科分化进程。

学科分类问题趋于复杂化。法国杰出的思想家圣西门（Saint-Simon，1760—1825）否认培根的主观标准，提出以研究对象为依据进行分类。他把科学研究对象分为天文现象、物理现象、化学现象和生理现象，相应地便有下列几个学科：天文学、物理学、化学和生物学。这种分类是以客观标准分类的雏形，但同时表现出停留在事物表面现象上的机械对象观。

法国实证主义奠基人奥古斯都·孔德（Auguste Comte，1798—1857）采用圣西门的客观分类原则，按研究对象区分为六类学科：数学、天文学、物理学、化学、生理学、社会学。孔德在六卷本的《实证哲学讲义》第四卷中，率先提出了"社会学"的概念，把研究社会的科学定名为社会学，又把研究社会发展规律的学问称为社会动力学，把探索社会和谐生存条件的学问称为社会静力学。孔德分类的意义使社会学成为反映社会运动形式的独立学科。不仅如此，他分类的学科排列次序符合科学发展的序列，即先有关于物质运动形式的科学，后有关于社会运动形式的科学。这就提出了学科分类发展原则。

19世纪70年代，弗里德里希·恩格斯（F. Friedrich Engels，1820—1895）站在历史总结的地平线上，对圣西门和黑格尔的思想进行了分析，提出科学分类的客观性和发展性原则，按物质的运动形式进行分类。他在写作《自然辩证法》一书的过程中，把科学分类问题与物质运动形式联系起来考察，克服了以往分类思想的某些局限，制定了新的分类原则，把客观原则和发展原则有机地结合起来，阐明了科学的内在联系的客观实质。恩格斯把物质运动形式分为五类：机械运动、物理运动、化学运动、生物运动和社会运动。对应于这五类运动形式他把各门学科排列成一条自然序列：力学、物理学、化学、生物学和社会科学。

在学科分类史上，科学方法型学科划分也是一家之说。这种学科分类的依据是科学方法的界定。英国著名哲学家、教育学家、社会学家、心理学家赫伯特·斯宾塞（Herbert Spencer，1820—1903）曾把学科分为抽象的学科，具体的学科和介于抽象与具体之间的学科。他认为，数学和逻辑是抽象的学科，天文学、地质学、生物学、心理学、社会学是具体的学科，力学、物理学和化学是介于抽象与具体之间的学科。各门学科之间相互联系，存在转化因素。

德国新康德主义者威廉·文德尔班（Wilhelm Windelban，1848—1915）把科学研究的方法特点作为学科划分的标准。他认为，无论是研究社会—精神现象的学科，还是探索自然现象的学科，它们在一些基本研究方法上有相通之处，基本研究方法的相通或互异是学科分类的依据。由于科学认识目的的不同，存在着两种不同的研究方法，即"规范化"的方法与"表意化"的方法。据此，可将科学分为自然科学与历史科学。文德尔班的继承者李克特（H. Rickert）虽然认为科学分类既可遵循"质料的分类原则"（从研究对象的角度），也可遵循"形式的分类原则"（从研究方法角度），但他更倾向于后者。他把研究方法分为"普遍化的方法"与"历史的方法"，从而将科学分为自然科学与文化科学。

苏联自然科学和技术史专家凯德洛夫（В. М. Кедров）在1954年对科学的分类，坚持了恩格斯的客观原则与发展原则，把科学的基本部类分为哲学、自然科学和社会科学。他指出哲学、自然科学和社会科学这三角关系是一级联系，形成了整个学科结构的特殊基石，基本学科的结合部和相互渗透形成了二级联系，学科转化还形成了三级联系。他的学科联系发展理论使三角形学科划分学说具有明显的层次性和动态性，力求适合现代科学技术和学科发展的需要。

联合国教科文组织把学科群体划分为五大部分。(1) 自然科学：天文学、细菌学、生物化学、生物学、植物学、化学、计算机科学、昆虫学、地质学、地球物理学、数学、气象学、矿物学、自然地理学、物理学动物学及其他相关学科。(2) 工程技术：土木、电气和机械工程以及下属的专门工程；大地测量学、工业化学等；建筑学、食品生产技术；跨学科的专门技术，如系统分析等以及其他有关学科。(3) 医药科学：解剖学、牙科学、内科学、外科学、护理学、产科学、视力测定、骨疗法、药学、理疗、公共保健以及其他有关学科。(4) 农业科学：作物学、畜牧学、渔业学、林业学、园艺学、兽医学以及其他有关学科。(5) 社会科学和人文科学：社会科学包括人类学（社会和文化）和人种学、人口统计学、经济学、教育学、经济地理学、法学、语言学、管理学、政治学、心理学、社会学、组织和方法以及其他有关学科。人文科学包括艺术、文学、史学、宗教学以及其他有关学科。

1977年版的《大不列颠百科全书》把社会科学群分为经济学、社会学、政治学、人类学、心理学、地理学、教育学、历史学。《苏联大百科全书》中社会科学被划分为11个群体，即历史学、考古学、民族学、经济地理学、社会经济统计学、政治经济学、国家与法科学、艺术史与艺术理论、语言学、心理学、教育学。

学科是不断发展的，有不断增加的趋势。上海人民出版社1985年出版的《当代新学科手册》介绍了第二次世界大战以来国内外社会科学的新学科、社会科学与自然科学相互渗透的综合性学科、边缘学科及分支学科共140门。自然科学方面的学科基本上未予以介绍。1986年该社又出版了《当代新学科手册（续编）》，介绍了113门新学科，增加了科学学、人类学、生态学，以及数学、物理学、化学、天文学、地学、生物学等自然科学方面的新学科。

国家技术监督局1992年11月1日批准，1993年7月1日实施的《中华人民共和国国家标准学科分类与代码表GB/T13745—92》依据学科研究对象，研究特征，研究方法，学科的派生来源，研究目的、目标五方面进行划分，共设五个门类，即自然科学、农业科学、医药科学、工程与技术科学、人文与社会科学。五个门类下设58个一级学科、635个二级学科、2058个三级学科。

由以上简要梳理可以看到以下几点。第一，在学科分类史上，出现了以不同标准对学科进行分类的情况。但总的看来，以研究对象为分类标准一直是学科分类的主流，由此大体上形成了框架。第二，人们对学科不断进行分类的过程，伴随着学科的不断分化过程，即独立学科越来越多，学科数量不断增加。随着新的研究对象的确立，学术研究的发展，新的学科不断产生。学科不断分化的现实为新兴学科的出现提供了空间。领导教育学作为一门有自己独立研究对象的学科是可以加入学科分化的行列中来的，是可以作为一门新兴学科出现于学科丛林之中的。

（二）教育学的拓展与分化

1605年，英国哲学家弗兰西斯·培根在《论学问的精深与进步》（*On the Proficence and Advancement of Learning*）一书中，首次明确提出建立教育学，继而在他所设计的知识之球上确立了教育学的学科地位（1620）。这门学科当时并不存在，只是培根预设的，所以是虚席以待的教育学。他把"教育学"归在"讲述与传授的艺术"里面。可见，培根预设的"教育学"是指"教"的艺术，是教授法性质的科学。培根的预设表明学科形成的教育学在酝酿中。

17世纪，捷克教育家夸美纽斯（J. Comenius, 1592—1670）的《大教学论》成为教育学史上第一部教育学著作。这部书完稿于1632年，1657年出版。这部著作的问世标志着教育学学科从哲学母体中脱颖而出，成为一门独立的学科。接下来，法国思想家让-雅克·卢梭（Jean-Jacques Rousseau, 1712—1778）的《爱弥尔：论教育》（写于1757年，1767年出版）用艺术方法表现新的教育观念。瑞士教育家裴斯泰洛齐（J. H. Pestalozzi，1746—1827）在实践中产生了他的教育理论，主要体现在他的《隐士暮年》《林哈德与葛笃德》（社会教育小说）、《葛笃德怎样教育她的子女》（书信集）等代表作中。德国柯尼斯堡大学在1774年根据普鲁士政府的一项专门指令，率先开设教育学讲座。这是教育学最初进入大学讲坛。按当时的规定由哲学教授轮流主讲教育学。1776年起轮到康德主讲教育学。此后，他的学生林克将讲演内容整理成《康德论教育学》，于1803年发表。

上述教育学先行者们的努力是可贵的，他们的著作标志着学科教育学的逐渐成形。真正标志着科学教育学诞生的是德国教育学家、心理学家赫尔巴特的《普通教育学》（1806年发表）。1835年，赫尔巴特又发表了《教育学讲授纲要》。在这两本著作中，他提出了"科学的"教育学的理论体系。因此，《普通教育学》被誉为科学教育学诞生的标志。

19世纪下半期，英国著名教育家、社会学家和教育学家斯宾塞（Herbert Spencer，1820—1903）的《教育论》成为提倡科学教育的教育学力作。

19世纪末，实验心理学成为一门独立学科。实验教育学开始在实验心理学和教育实践的基础上崛起。1901年，德国著名教育家、心理学家梅伊曼（E. Meumann）主张用更精确的心理实验方法来研究教育问题，他称这种教育学为实验教育学。不久，拉依（W. A. Lay）和梅伊曼先后出版了以"实验教育学"为书名的专著，对实验教育学做了系统阐述。

随着社会学这门科学的产生和形成，20世纪初，开始有社会学家关注教育和教育学。后来，产生了一门新兴学科——教育社会学。法国著名社会学家埃米尔·涂尔干（Émile Durkheim，又译埃米尔·迪尔凯姆，1858—1917）是公认的教育社会学的奠基人。他于1902—1903年率先在巴黎大学主持"教育科学与社会学"的讲座。他去世后其弟子将讲座和文章编辑出版，即《教育与社会学》（1922）和《道德教育论》（1925年）。前一本被视为教育社会学的经典著作之一。涂尔干第一次运用社会学原理和方法研究教育问题，开创了教育社会学这门新学科。

近代教育学是从哲学中分化独立出来的，虽然"科学的"教育学做过努力，但终究未能代替"哲学的"教育学。

19世纪，德国哲学家卡尔·罗森克兰兹（Johann Karl Friedric Rosenkranz，1805—1879）从哲学角度探讨教育学。他认为教育学是一门综合学科，按照自己的观点，模仿黑格尔的哲学思维方法，构建了系统的教育学体系，写成了《系统的教育学》（1848）一书。此书当时没有产生什么影响，半个世纪后，即19世纪末，美国有位教育学家将这本书译成英文，并易名为《教育哲学》，使该书成为教育哲学这门学科建立的开山之作。这本书的出版标志着教育哲学成为独立学科。此后，教育哲学的著作陆续问世。1916年，约翰·杜威（John Dewey，1859—1952）的《民主主义与教育》出版。这是一部重要的教育哲学著作，被称为是20世纪最重要的教育论著。西方学者把它与《爱弥尔》和《理想国》并称为世界教育三大名著。

此后，教育学不断发生分化，分化出众多的学科。有人认为，在今天教育学已经不是一门独立的学科了。"随着教育学的分化与拓展，20世纪有关教育的研究和知识，已不再是用'教育学'这样一门学科能包揽的了，而是逐渐形成了一个学科群，统称教育学科。"① "在教育学科群形成的状况下，今日的教育学，已不再是往日一门独立的学科，而有了三种用法：一是用'教育学'指称一个学科门类，即作为教育学科群的总称；二是作为师范院校或师资培训的一门课程的教育学；三是作为教科书的教育学。"②

今天的教育学科已是一个拥有众多二级、三级学科的学科大家庭。教育学科的拓展与分化是多方面多层面地展开的。（1）教育学与相关学科交叉产生了一批新学科，如教育心理学、教育社会学、教育哲学、教育伦理学、教育政治学、教育文化学、教育人类学、教育经济学、教育法学等。20世纪50年代以来，教育哲学、教育心理学和教育社会学成为教育学的三大支柱。（2）对教育历史的研究产生了教育史学，包括中国教育史、外国教育史以及以全球为范围的世界教育史。（3）在教育学从本国向外国拓展过程中产生了比较教育学。（4）教育学在向教育过程研究深入的过程中，产生了教学论、课程论、学科教学论或学科教育学、教育技术学等。（5）教育学在向管理过程深入的过程中，产生了学校管理学、教育管理学、教育行政学、教育督导学、教育测量学与教育评价学等。（6）教育学在思想品德教育研究方面产生了德育原理、德育心理学等。（7）教育学向不同阶段或类别的学校教育的拓展中产生了另一类分支学科，如学前教育学、小学教育学、中学教育学、高

---

① 励雪琴. 教育学是什么 [M]. 北京：北京大学出版社，2006：156.
② 励雪琴. 教育学是什么 [M]. 北京：北京大学出版社，2006：157.

等教育学、职业技术教育学等。(8) 教育学研究方法的发展产生了教育研究方法（论）、教育统计学、教育规划学、教育预测学等学科。

教育学的拓展与分化，展示了教育研究的不同层面与视角，有助于人们更加全面和深入地认识教育。随着人们研究领域的拓展，新的教育学的分支学科还会继续出现。领导教育学就是这样一门新兴的教育分支学科。

在《中华人民共和国国家标准学科分类与代码表GB/T13745—92》中"教育学"包括教育史、教育学原理、教学论、德育原理、教育社会学、教育心理学、教育经济学、教育管理学、比较教育学、教育技术学、军事教育学、学前教育学、普通教育学、高等教育学、成人教育学、职业技术教育学、特殊教育学、教育学其他学科。

可以看出，还有许多教育学的新兴学科、未成熟学科没有进入国家标准学科分类与代码表中。没有纳入学科标准的学科并不能说明它们就不是学科。《中华人民共和国国家标准学科分类与代码表GB/T13745-92》中说："本标准纳入了成长中的新兴学科，萌芽中的新兴学科暂不纳入，充分反映了发展中的新兴学科，并给学科的发展留有余地，使之成为开放型体系。"可见，学科分类中没有列出的学科或萌芽中的学科尚有发展余地。领导教育学现在没有被列入学科分类之中，这表明它还是个萌芽学科，并不表明它不是一个学科或不能成为一个学科。那种以《学科分类与代码表》为唯一依据，把有的视为学科，把没有的不视为学科的观点是不妥的。

领导教育学作为一门新兴学科，还不可能进入这样一个学科分类标准。只有等它发展到相对成熟的时候才可能进入这样一个标准。虽然没有进入这样一个标准，但并不妨碍我们研究它、发展它。只有如此，才能有一天使它成为成熟的学科，进入国家标准学科分类与代码表中。

《中国大百科全书·教育卷》"教育科学的分支学科"条目中列举了14门学科：教育学、教育哲学、教育心理学、教育管理学、中外教育史（两门）、比较教育学、教育社会学、教育经济学、教育统计学、学校卫生学、教育工艺学、教育未来学、分科教学法。[①]

瞿葆奎、唐莹对教育科学进行了分类。他们沿着教育科学各门学科形成和发展的历史足迹，分析学科形成的内在机制及学科的构成，较有根据地提出分

---

① 中国大百科全书·教育卷 [M]. 北京：中国大百科全书出版社，1985：1.

类标准,并提出了一个分类标准的体系。第一,以研究对象为标准,区分出教育科学的两大类:以教育活动为对象的学科与以教育理论为对象的学科。这是第一个层次。第二,对以教育活动为对象的学科进一步分类。这是在第一层次分类标准的基础上,以学科的形成机制为标准。由于教育理论的性质决定了这一大类教育学科形成的总特征:在运用其他学科的过程中形成的,所以形成机制又反映在这种运用的不同方式上。由此而区分出三类教育学科。这是第二个层次。第三,对上述三类教育学科又进一步分类(小群)。这是在第二层次分类标准的基础上,同时以研究对象的性质为标准,由此区分出类中的群。这是第三个层次。[①] 根据上述标准,他们提出了教育科学分类框架(见表1-1)。

表1-1 教育科学学科分类框架表[②]

以教育活动为研究对象;以不同方式运用其他学科	把被运用学科作为理论分析框架	分析教育中的形而上问题	教育哲学 教育伦理学	教育逻辑学 教育美学
		分析教育中的社会现象	教育社会学 教育政治学 教育人类学 教育生态学	教育经济学 教育法学 教育人口学 教育文化学
		分析教育中的个体的"人"	教育生物学 教育心理学	教育生理学
	采用被运用学科的方法	运用方法直接分析教育活动	教育史学 教育未来学	比较教育学
		研究如何运用方法来分析教育活动	教育统计学 教育评价学 教育信息学	教育测量学 教育实验学
	综合运用各门学科,解决教育的实际行动问题	分析与其他领域共有的实际问题	教育卫生学 教育规划学	教育行政(管理)学 教育技术学
		分析教育领域独有的实际问题	课程论	教学论
以教育理论为研究对象			元教育学	教育学史

---

① 瞿葆奎,唐莹. 教育科学分类:问题与框架[J]. 华东师范大学学报(教育科学版),1993(2):1-14. 或参见周浩波. 教育哲学[M]. 北京:人民教育出版社,1998:17.
② 瞿葆奎,唐莹. 教育科学分类:问题与框架[J]. 华东师范大学学报(教育科学版),1993(2):1-14. 或参见周浩波. 教育哲学[M]. 北京:人民教育出版社,1998:18.

在这样一个分类框架中，我们当然也不会找到领导教育学。因为这些学科是教育学领域比较成熟的或发展有相当基础的学科。领导教育学作为一种新兴学科还不可能进入。但学科分类者们并没有把这个体系看成是一个封闭的体系，相反他们认为这是一个开放的体系，他们还为新兴学科留有充足的空间。"由于教育科学的特性，对其分类框架的预测似可做如下判断：在从某一角度分析教育的某一方面或某一组成部分的层面上，有多少涉及'人'的学科；在教育研究的层面上，有多少可用于研究'人'问题的方法，便有可能产生多少分支学科；在把教育作为一个整体，从多种角度同时进行综合研究的层面上，教育领域内有多少种具有现实作用和影响的实际问题，就有可能产生多少分支学科。而这些学科要成为现实，必然与教育的实践需要，以及学科研究所具备的各种条件有关。如此说来，本框架为未来的教育科学分支学科留下了位置，等待着人们去填写。"①领导教育学正是教育科学新兴的一个分支学科，正是一个等待着人们去填写的学科。

三、领导教育学的出现是学科发展的必然

从学科论的角度看学科的发展史，可以看到学科是在不断发展变化的。原有的学科不断分化，新的学科不断交叉，又产生新的学科。学科的分化与整合是学科发展史上呈现出的学科变化规律。学科分化是学科发展的一个重要方面。"在日新月异的科学技术面前，传统学科的学科视角不断拓展，传统学科的理论局限日益暴露，传统学科的突破方向日趋明显，传统学科的更新周期大大加快。"② 在传统学科不断更新的同时，新兴学科也不断出现。领导教育学就是一门符合学科分化规律的新兴学科。

著名历史学家吕思勉说："人类之知识有限，学问于是乎有分科。"③分科就意味着对领域进行划界。"分门划界有多种目的。当建立界限是保护某学科时，边界就标志着所有者的领土，外人不得擅入，以便跟其他学科划清界限。可是如果那个学科尝试开拓新边界的话，同样的边界就会被重新定义。当界限是用来指导学科规训的执业者时，分门划界就决定要包括哪些方法和理论，

---

① 瞿葆奎，唐莹. 教育科学分类：问题与框架 [J]. 华东师范大学学报（教育科学版），1993（2）：1-14. 或参见周浩波. 教育哲学 [M]. 北京：人民教育出版社，1998：22.
② 陈燮君. 学科学导论：学科发展理论探索 [M]. 上海：上海三联书店，1991：4.
③ 吕思勉. 吕著史学与史籍 [M]. 上海：华东师范大学出版社，2002：38.

哪些要排除，哪些可以引进。"① 对领导教育学这样一个新学科而言，它需要的首先是专门化。它需要与其他学科划清界限，明确自己的研究领域。领导教育学的出现，就是研究领域专门化所促生的新兴学科。

领导教育学的建立，是为了实现知识的专门化。多根（Mattei Dogan）和帕尔（Robert Pahre）认为专门化是知识生产的必然阶段，不等同科际研究。专门化提供了必需的焦点，社会科学的创新不是通过跨科际规训制度，而是透过"分裂和交杂（fragmentation and hybridization）的双重过程"，学科间"交汇"是自然地产生的。当学科吸引更多的学者生产更多的知识，它们变得更严密；当它们变得更严密就会分裂出次领域，结果自然再专门细分。正如物理学和文化人类学、新批评和解构主义或者社会生物学和分子生物学等例子显明，这种分裂循着几条线索进行：研究对象、方法、理念、认识论上的预设和意识形态。② 领导教育学是由于研究对象的分化而产生的一门新兴学科。领导教育学从教育学这一母学科的研究对象中分化出领导教育活动这一特殊研究对象而成为一门独立学科。因此，领导教育学的出现不是偶然的，它是学科发展到一定阶段而出现的。它的出现符合学科发展不断分化、学科门类不断增多、学科研究不断细化的必然趋势。

第二节 构建学科发展梯度标准

人们对学科的独立或成熟做出了诸多探讨，有着不同的观点。要衡量领导教育学是否能够成为一门独立的学科，需要对学科独立的标准加以探讨。通过学科独立的标准来衡量领导教育学能否成为一门独立学科。

一、学科独立标准的探讨

具备哪些条件或曰标准才能够成为一门独立的学科呢？关于这一问题，不同学科、不同学者有着不同的认识。

---

① 华勒斯坦，等. 学科·知识·权力 [M]. 刘健芝，等编译. 北京：生活·读书·新知三联书店，1999：22.
② 华勒斯坦，等. 学科·知识·权力 [M]. 刘健芝，等编译. 北京：生活·读书·新知三联书店，1999：33.

(一) 孙绵涛的学科要素论

教育管理学学者孙绵涛认为:

> 无论什么学科,它能够成为一门学科必须具备两个充分而必要的条件:要有明确的研究对象和由稳定的范畴形成的范畴逻辑。为什么这两个条件是一个学科之所以成为一个学科的充分而必要的条件呢?这是因为这两个条件是一个学科成为一个学科所必需的、缺一不可的。明确的研究对象是学科存在的前提或基础,每一个学科都有着自己特定的研究领域,而这一领域是由其特定的研究对象来决定的,否则就形成不了比较一致而系统的知识体系;稳定的范畴逻辑是学科赖以存在的表现形式,对学科研究对象进行研究后形成的成果是要用一定的形式来加以表达的,这种形式就是范畴逻辑的形式。①

这里他提出了学科成立的两个充要条件:明确的研究对象和由稳定的范畴形成的范畴逻辑。

在学科的研究对象上,每门学科由于研究的内容不同其研究对象是有差别的,它们唯一相同的是要有研究对象。

在学科的范畴逻辑上,需要具备哪些范畴才能成为一门学科呢?孙绵涛认为有三个范畴是至关重要的。第一个范畴是学科的本质与价值,第二个范畴是学科的产生与发展,第三个范畴是学科的组成要素。②

孙绵涛认为关于学科有三个问题需注意。"第一,学科既有科学研究领域的学科也有教育领域的学科,同一学科既可以看作是研究领域的学科也可以看作是教育领域的学科;有的学科在研究领域或教育领域可以是学科,但在教育领域或研究领域并不一定是学科。第二,学科的产生不仅与社会的政治、经济和文化有关系,而且还与教育活动有着直接的联系,很多学科都是在教育活动的学习和研究中产生的。第三,从本质来说学科是主体为自身发展的需要,遵循教者和学习者的认识逻辑,对客体的原结构(还未认识的事物)和次级结构(有文字材料加以表述的已经认识了的事物)进行研究而形成的

---

① 孙绵涛. 我的教育管理理论观:下 [J]. 教育管理研究,2006 (3): 5.
② 孙绵涛. 我的教育管理理论观:下 [J]. 教育管理研究,2006 (3): 5.

具有范畴逻辑的知识体系。"①

在《学科论》一文中,孙绵涛提出研究对象、研究方法与学科体系是构成学科的三个基本要素。"一门学科的建立,首先要明确研究什么,这就需要建立学科研究对象范畴;其次,要明确用什么方法去研究,这就需要有学科方法范畴;最后,就要考虑用一个什么样的知识的基本概念体系将所研究的结果表达出来,这就需要建立学科体系范畴。这一学科要素体系既包括了学科研究什么,也包括了学科怎么研究,还包括了学科研究的结果。"② 在《我的教育管理理论观:下》一文中他表达得更为清晰明了:"我认为一个学科的基本组成要素是研究对象、研究方法和学科体系,是因为这三个要素刚好表明了一个学科形成过程中自然连贯的逻辑关系,因为一个学科的形成首先要明确它研究什么,在此基础上再弄清用什么方法去研究它,最后思考用一个什么形式来将研究的结果表达出来。"③

(二)吴康宁的学科要素论

教育社会学学者吴康宁认为,任何一门独立学科在科学体系中都占有特定位置。这一位置主要因三方面因素而异,即研究对象、学科性质及方法论。他认为这三方面因素是一门学科在科学体系中赖以安身立命的三大要素,简称为学科要素。④ 他所著的《教育社会学》就是围绕着这三方面展开探讨的。

(三)领导心理学者的观点

领导心理学的研究者认为,"领导心理学之所以能够成为一门独立的学科,首先,在于这门学科具有自己独特的研究对象,并有相应的研究方法。其次,领导心理学中所揭示的规律,已在实践中被证明是有普遍适用性的"⑤。这里用了"首先""其次"的表述,表明一门学科独立的标准是可以分为不同层次的。这里提出了一门学科研究成果要在实践中被证明的标准。

(四)库恩的学科范式理论

目前被广泛接受的关于学科标准的理论来自托马斯·库恩(Thomas

---

① 孙绵涛. 我的教育管理理论观:下[J]. 教育管理研究,2006(3):5.
② 孙绵涛. 学科论[J]. 教育研究,2004(6):52.
③ 孙绵涛. 我的教育管理理论观:下[J]. 教育管理研究,2006(3):5.
④ 吴康宁. 教育社会学[M]. 北京:人民教育出版社,2014:1.
⑤ 俞文钊. 现代领导心理学[M]. 上海:上海教育出版社,2004:15.

Samuel Kuhn，1922—1996）的学科范式理论。库恩认为，一个成熟学科至少有一个学术范式，实际上通常在一个学科中有若干个相互竞争的范式。每一个学术范式都有自己确定的知识体系、方法体系、学术评价体系、典范的培养体系与工作体系。据此，学科实质上包括了两个层面。一是学科规范理论体系，即知识体系和方法体系。它代表范式的基本特征。这些体系体现在一系列学科经典著作中。知识体系确立了范式不容怀疑的知识核心，包括对研究对象、学科性质、基本理论假设和原理的澄清。二是学科建制，库恩指出的后三种体系是确保学科活动展开的外在制度。学科的发展表现为学科的制度化。范式是知识发展的成熟阶段，并不是所有知识都处于范式阶段，许多知识处于前范式或准范式阶段。处于前范式阶段的知识没有确定的知识体系、方法体系，可有自己的研究领域。准范式阶段，多个范式形成，学科初见端倪，只是没有形成主流范式而已。

（五）芬恩的专业化标准

管理者、心理学家和课程专家的专业化促使芬恩开始思考视听工作者的专业化问题。1953 年，时任美国南加利福尼亚大学视听教育主席和教育学副教授的芬恩（J. D. Finn）在 DAVI 的 *Audio-visual Communication Review* 发表的《论视听领域的专业化》（*Professionalizing the Audio-Visual Field*）一文，成为论述视听教育专业问题的开山之作，影响深远。文中，芬恩首先提出一个专业应当具备的六个特点：①一种思维技术（An Intellectual Technique）；②将这一技术用于实践（Practical Application of The Technique）；③一段时间的职前培训（Long Period of Training）；④会员之间能进行高质量交流的专业学术团体（Association and Communication between Members）；⑤一套职业道德标准（Code of Ethics and Standards）；⑥知识理论与研究（Intellectual Theory and Research）。其中专业人士之间的交流主要通过会议、期刊和咨询（consultation）等方法。职业道德强调个体的责任，保护专业不受公众干扰，使其具有高度的组织性。最后一个特点是一个专业最根本最重要的特征。在此基础上，他详细分析了视听教育领域的专业化程度和存在问题以及实现专业化发展的有效途径，并号召有关专业人士能采取相应的行动。由于视听教育领域并不完全符合六个专业化标准，所以结论中，芬恩认为视听领域在当时还不是一个专业（The audio-visual field is not get a profession.）。

芬恩提出的专业化的六个标准中思维技术及其实践应用是一个领域存在

的根本，而职业道德、专业组织和专业培训是专业化的有力保障和体现，只有三者相互促进、共同发展才能促进专业知识、理论体系的最终形成。芬恩的六个标准是用来衡量一个专业的，在我们看来，这六个标准也可以作为衡量学科的标准。

上述各种关于学科独立的标准的观点从不同角度提出了学科独立的标准，为我们探讨学科独立的标准提供了一定的理论基础。我们认为，学科独立从不同角度看是可以有不同标准的。为了更好地探讨学科发展标准，我们拟从学科独立的内外标准、学科发展梯度标准两方面来进一步做出探讨。

二、学科独立的内外标准

综观各种观点，我们认为：衡量一个学科是不是独立的学科可以有两种标准，即学科建制与学科规范。这两个标准也可称之为外在标准与内在标准。

（一）学科建制

学科建制是独立于学科研究之外的标准，是指通过外在人为的设计或活动促进学科的形成与发展。比如，学科进入学科分类标准、开设学科课程或系列讲座、成立研究组织、开展学术会议、出版学术刊物与著作等。有研究者认为，"学科制度的成形亦即学科的教学与研究活动走上制度化轨道，在形式上已经作为一门独立学科建立起来。一般来说，学科制度的成形有三个主要标志：一是有关大学普遍开设课程或系列讲座，二是成立全国性学术团体，三是出版学术刊物"[①]。

吴康宁据此考察认为，教育社会学的制度化历程始于1907年。因为在这一年苏扎罗（H. Suzzallo）在美国哥伦比亚大学首开教育社会学讲座。这是世界上第一个被冠名为"教育社会学"的讲座。在此之前，法国社会学家、人类学家涂尔干曾于1887年在法国波尔多大学开设"社会学与教育学"讲座，美国也曾有过带有教育社会学色彩的课程，但这些讲座与课程均未被讲授者视为，而且在实际上也未成为谋求教育社会学制度化的具体步骤。因此，苏扎罗首开专门的教育社会学讲座象征着教育社会学的学科制度化建设迈开了第一步。[②]

[①] 吴康宁. 教育社会学 [M]. 北京：人民教育出版社，2014：31.
[②] 吴康宁. 教育社会学 [M]. 北京：人民教育出版社，2014：31.

与教育社会学相比，领导教育学的制度化始于2004年。因为该年华东师范大学和中国浦东干部学院成立了领导教育学专业，并开始招收博士研究生。虽然此前，也有"干部教育学"之类的著作问世，但是他们并未从"领导教育"这样宽广的视角来研究领导教育实践活动，而且他们也并未谋求领导教育学的制度化的具体步骤。伴随着领导教育学专业的设置、领导教育学专业研究生的招收和领导教育学专业课程的开设，领导教育学研究丛书也开始编纂出版。由奚洁人教授任主编、郑金洲教授任副主编的"领导教育学大系"自2007年起，由华东师范大学出版社陆续出版。丛书包括奚洁人主编的《领导教育学概论》[1]、黄书光主编的《中国领导教育的历史探究》[2]、陈桂生著的《中国干部教育（1927—1949）》[3]、单中惠主编的《西方领导教育史》[4]、翁文艳主编的《国外领导教育与培训概览》[5]、郑日昌主编的《领导素质测评》[6] 等。这批著作既有领导教育学概论性质的书，也有中外领导教育发展史的探索，还有国外领导教育与培训概览，视野开阔、内容广泛、品质精良。这些著作的出版，标志着领导教育学有了第一批学术专著。"领导教育学大系"系上海市重点图书，2008年10月，该丛书入选中华人民共和国新闻出版总署第二届"三个一百"原创图书出版工程。[7] 2018年，李冲锋著的《领导教育：理论与实践》[8] 一书出版。这些都标志着领导教育学正努力朝向一个新的高度发展。

领导教育学的制度化建设应该说起点是非常高的。它一开始出现就具有强烈而鲜明的学科建制意识，直接取名"领导教育学"，而且它一开始招收的是博士研究生，开设的是博士研究生的课程。这样的强建制、高起点，决定了它的亮相一开始就是明确的。虽然它的产生较晚近，但它的学科规划与学科发展意识却是十分鲜明。领导教育学以这样的姿态出现标志着它良好的发展开端。

---

[1] 奚洁人. 领导教育学概论［M］. 上海：华东师范大学出版社，2015.
[2] 黄书光. 中国领导教育的历史探究［M］. 上海：华东师范大学出版社，2008.
[3] 陈桂生. 中国干部教育（1927—1949）［M］. 上海：华东师范大学出版社，2007.
[4] 单中惠. 西方领导教育史［M］. 上海：华东师范大学出版社，2008.
[5] 翁文艳. 国外领导教育与培训概览［M］. 上海：华东师范大学出版社，2008.
[6] 郑日昌. 领导素质测评［M］. 上海：华东师范大学出版社，2008.
[7] 奚洁人. 奚洁人文集［M］. 北京：中共中央学校出版社，2023：511.
[8] 李冲锋. 领导教育：理论与实践［M］. 北京：中国言实出版社，2018.

（二）学科规范

学科规范即学科研究确实成为独立形态，形成自己独特的研究立场、研究方法，特别是形成学科独立的知识体系，即研究成果。

在衡量学科设立时，有时人们用外在标准，如国家颁布的课程纲要里设立新学科之后，人们便以此为标准确认学科的设立。有时人们用内在标准，如以代表性著作的写成或出版为标志。用哪一种标准，区别于不同学科的不同产生与发展状况。

在衡量学科独立时，人们往往用学科规范标准，特别是以代表性著作的问世为标准。

在衡量学科成熟时，人们则把学科建制与学科规范双重标准同时使用。一个成熟的学科是在建制上健全、在学术上规范的学科。

以这样的标准来衡量领导教育学，我们会发现，领导教育学在学科建制上已经成为一门学科了，但在学科建制上仍然不健全，在学科规范上才处于起步阶段，还有非常遥远的路要走。领导教育学的产生属于用外在标准来确定。

在以往对学科的评定中，人们常常用学科成熟的双重标准来衡量学科独立性，而忽略了学科的发展性、学科发展的阶段性。因此，我们有必要提出学科发展标准以区分学科发展的不同程度。

三、学科发展梯度标准

衡量学科的标准有严标准与宽标准。严标准要求要素齐全、体系完备，宽标准则具备相应要素或条件即可。"在我国，人们习惯以严格的标准要求一门学科。多数人认为，一门学科要有其特有研究对象、独特的研究方法和完整的理论体系。如果按照这个标准，在人类的知识领域，就找不出几个学科来；大部分交叉学科就不可能存在，因为它们大多没有自己特有的对象；在学术实践中，几种有限的研究方法被各个学科使用。"[①] 可见，如果坚持学科严标准，可能就很难找出几个学科来。学科严标准，其实是对发展成熟学科的要求。

学科的独立或学科成熟并不是一步到位的，而是一个长期发展的渐进过

---

① 马凤歧. 教育政治学 [M]. 北京：人民教育出版社，2014：9-10.

程。学科的发展、成熟经历不同的发展阶段，呈现出一定的发展梯度。我们把这种理论称之为学科发展梯度理论。因此，不能用一套静止的标准来衡量学科，而应该建立一种学科发展的梯度标准来确定学科的发展水平与程度。

衡量学科的标准有很多，如上面提到的那些。那些标准往往是多条件的、完备的、理想状态的。这样的标准是用来衡量一个学科是否成熟的，而不是用来衡量一个学科是否独立的。一个独立的学科不一定是一个成熟的学科。而一个成熟的学科一定是一个独立的学科。传统的学科衡量标准没有设置必要的区分度，以区分学科的成熟度。学科是不断发展成熟的，有必要重新确立衡量学科标准，并使其具有区分学科成熟度的功能，即展开具有学科成熟度区分功能的学科标准探讨。在此，笔者提出"学科发展梯度标准"。

（一）学科衡量标准要素的确定

对学科发展梯度标准的构建需要确立学科发展的影响因素。我们认为，影响学科发展或学科构成的主要要素有学科的科性要素与学科的际性要素两方面。

1. 学科的科性要素，是指学科研究必须具备或应该具备的一些要素。主要包括学科的研究对象、研究内容、研究方法、知识体系、学科分支等。学科的科性要素的发展可称之为学科内部发展。

2. 学科的际性要素，是指由学科的科性要素所带来的与学科发展相关的要素。主要包括学科发展史、学科创始者、代表人物、代表著作、学术会议、学术刊物、学术流派等。学科的际性要素的发展可称之为学科的外部发展。

学科科性要素与际性要素之间存在相互依存、相互促进的关系。一方面，学科科性要素的发展影响并决定学科际性要素的发展；另一方面，学科际性要素的发展会促进学科科性要素的发展。当然，两者之间也存在相互制约的关系。

（二）学科发展梯度标准的构建

学科发展梯度标准，就是按照学科从出现到独立到成熟的发展过程，制定不同发展阶段的要素标准。不同发展阶段的要素标准是不同的，呈现出梯状发展的态势，因此称之为学科发展梯度标准。

按照学科发展的顺序性和阶段性，我们把学科发展分为五个阶段，即学科设立期、学科独立期、学科成熟期、学科分化期、学科综合期。不同发展阶段应该有不同的要素标准。

1. 学科设立期

在学科发展的设立期，出现了学科早期的研究者或创始人。这门学科有了自己明确的研究对象，开始形成学科研究的立场，并开始对学科内的部分内容展开研究，或者在学科建设上开始设立该学科。这里我们没有把研究方法列入学科设立期是因为，研究方法并不是决定一门学科成立与否的必要因素，而且在学科的初创时期，还往往处于研究方法的探索期。

2. 学科独立期

在具备了明确的研究对象、研究立场等因素后，在学科的独立期必须产生代表性著作，随之产生代表性人物。在这一时期，学科也开始致力于发展具有学科特色的研究方法。当然，这并不意味着学科一定要形成自己的研究方法，而是说可能形成学科相对稳定的研究方法，即有些研究方法在此前的研究中被证明是有效的。我们以为，这样对待学科中的研究方法，比之要求每门独立的学科都必须形成自己学科所特有或独有的研究方法更为可取。学术刊物一般是在有研究成果之后才正式产生的。在这一时期可能已出现学术刊物。

3. 学科成熟期

在学科成熟期，已有了大量的学科研究成果，学科已形成相对稳定的知识体系，并且形成一定的研究范式。此时，已经形成学术共同体，不同的学术性组织已经建立。学术刊物也已经比较成熟。

4. 学科分化期

在学科内部不同领域研究的基础上，开始形成学科的分支学科，逐渐形成学科群。同一分支学科内部形成不同的学术派别。学科研究走向分化，这是学科进一步发展成熟的一种表现。

5. 学科综合期

学科发展分化至一定程度，会与其他学科进行新的综合，结果是产生新质学科，即一是原有学科脱胎换骨产生新的特质，一是产生新的学科。这标志着学科发展新阶段到来。

	学科规范	学科建制	
综合期	学科综合化	研究多元化	
分化期	形成分支学科	形成学科流派	
成熟期	形成学科体系、研究范式	产生学术共同体	
独立期	产生代表著作、发展研究方法	学术刊物　产生代表人物	
设立期	确立研究对象、立场、内容	学术会议　出现早期研究者、设科	
	学科内部发展	学科外部发展	

图 1-1　学科发展梯度标准

运用学科发展的梯度标准审视领导教育学可以发现，目前的领导教育学处于设立期，它已经具有了自己的研究对象、研究立场以及研究内容等，并且具有了学科建制，虽然产生了有代表性的成果，但没有形成相对稳定的研究方法，也没有产生专业刊物等。它还没有成为一门独立的学科。目前没有成为一门独立的学科并不表明它不能成为一门独立的学科。只是说它还处于发展的最初期阶段，随着时日的推进、研究的深入、成果的累积，相信领导教育学会成为一门独立学科的。

综上所述，从不同标准来审视领导教育学，可以说今天的领导教育学已经在一定程度上完成了学术建制，这标志着这门学科的正式设立，领导教育学这门学科已经诞生了。但它的内涵建设还处于非常薄弱的状态，它还需要经过长期的发展，才能逐渐取得学科的独立与成熟。

第三节　领导教育学的学科归属

领导教育学作为一门学科已经诞生了。由此，人们会提出一系列关于这门学科的问题，比如，领导教育学是什么，领导教育学的研究对象是什么，领导教育学的研究内容主要是什么，领导教育学的学科归属是什么等问题。这些问题是领导教育学学科研究首先应该回答的一些基本问题。

一、领导教育学是什么

回答领导教育学是什么首先需要对构成"领导教育学"这一复合概念中

的要素进行逐一分析与界定。在此基础上,我们才能准确定位领导教育学。

(一)什么是领导

1. 词典中的"领导"

《汉语大词典》对"领导"的解释有二:一是带领并引导朝一定方向前进;二是担任领导的人。①《牛津英语字典》所注:"领导者(leader)一词最早是在1300年出现;而领导(leader)一词至1834年才产生,其意义是指领导者的领导能力(ability to lead)。"《韦氏大辞典》则将领导解释为"获得他人信仰、尊重、忠诚及合作的行为"②。陆谷孙主编的《英汉大词典》中对"leadership"的解释:(1)领导,领导地位,领导权;(2)领导才能;(3)领导人员总称,领导层。

2. 领导学中的"领导"

在领导学研究领域,专家学者们对"领导"给予了多种多样的说法。这里我们择要介绍一些,以便大家把握"领导"概念。

(1)国外学者对领导的界定

美国的约翰·W. 纽斯特罗姆和基斯·戴维斯从组织行为学的角度对领导进行界定。他们认为:"领导是影响和支持他人为达到目标而富有热情地工作的过程。""领导就是将潜力变为现实的催化剂。在所有情况下,领导的根本任务是发现、发展、发挥和丰富组织和组织成员中业已存在的潜力。"③

斯道格迪尔(Ralph M. Stogdill)和巴斯(M. Bass)在其编辑的领导学手册中,在总括各种学派和观点的基础上,提出了如下11种界定。①领导意味着群体过程的中心。②领导意味着人格及其影响。③领导意味着劝导服从的艺术。④领导意味着影响力的运用。⑤领导意味着一种行动或行为。⑥领导意味着一种说服的形式。⑦领导意味着一种权力关系。⑧领导意味着一种互动中逐渐形成的效果。⑨领导意味着一种分化出来的角色。⑩领导意味着结构的创始。⑪领导意味着一种实现目标的手段。④

以上从四个不同角度界定了领导。①领导者中心说。领导就是领导者依靠由权力和人格所构成的影响力,去指导下属实现符合领导者意图和追求的

---

① 罗凤竹. 汉语大词典:缩印本:下[M]. 上海:汉语大词典出版社,1997:7237.
② 孙立樵. 现代领导学教程[M]. 北京:中共中央党校出版社,2006:41.
③ 邱霈恩. 领导学[M]. 北京:中国人民大学出版社,2004:31.
④ 刘建军. 领导学原理:科学与艺术[M]. 上海:复旦大学出版社,2003:8.

目标。②互动说。舒马洪（Schermerhorn）提出，领导是人际相互影响的一个特例。卓斯（Drath）和伯勒斯（Palus）认为，领导是赋予人们集体行动以合理性并使其相互谅解和更具责任心。西恩（E. H. Schein）认为，领导就是一种紧跟外在环境的变化通过推动变革以增强组织适应性的能力。③结构说。领导是在一定组织结构中展开的一种特殊活动。④目标说。海姆菲尔（Hemphill）、库恩斯（Coons）（1957）：领导实际上就是指导群体成员的行动以实现共同目标的行为。霍根（Hogan）：领导实际上是劝服其他人在一定时期内放弃个人目标，而去追求对群体责任和利益至关重要的组织目标。大桥武夫认为，领导是发挥集团内成员的全部力量，通过代表全体成员的集体意志，完成集团所规定的目标。

美国米歇尔·海克曼（M. Z. Hackman）和克雷格·约翰逊（C. E. Johnson）著的《领导学：沟通的视角》（*Leadership: A Communication Perspective*）一书中说：许多关于领导的定义涉及三方面。第一，行使影响力。保罗·赫西（Paul Hersey）将领导定义为"任何影响一个人或者团体的企图"。伯纳德·巴斯认为"影响他人的努力是尝试的领导行为"。如果其他人真的发生变化，那么领导就是成功的。第二，群体背景（group context）。注意领导定义中的群体倾向性。如海姆菲尔认为领导是"个人在他指导群体活动时的行为"。斯道格迪尔认为领导是"影响一个有组织的群体进行目标制定与目标完成的过程（行为）"。第三，强调合作。约瑟夫·罗斯特（Joseph Rost）对领导者/下属之间的相互依赖强调说，"领导是领导者和他们的合作者（下属）"在进行能够反映他们共同目标的真正变化时所体现的一种影响关系。米歇尔·海克曼和克雷格·约翰逊对领导做出了以沟通为基础的定义："领导是为了满足共同的群体目标和要求而改变其他人态度和行为的人类（象征性）沟通。"①

乔恩 P. 豪威尔（Jon P. Howell），丹 L. 科斯特利（Dan L. Costley）著的《有效领导力》（*Understanding Behaviors for Effective Leadership*）认为："领导是个人用来影响团体成员，以实现团体目标的一个过程，并且团体的成员认为

---

① 海克曼，约翰逊. 领导学：沟通的视角 [M]. 王瑞华，译. 上海：上海人民出版社，2004：13.

这种影响是合理的。"① 这一定义涉及的核心特征表现在如下方面。第一，领导是一个过程或一种合理、系统、连贯的一系列行为，它直接面向团体的目标。第二，领导们的行动是为了对人们产生影响，使他们修正自己的行为。第三，在特定团体中人们总是渴望一个人来履行领导者的角色。第四，追随者认为领导者施加的影响是合法的。第五，领导者的影响旨在实现团体目标。

以上这些定义说法不一，但有相近观点：领导是一个个人向其他人施加影响的过程。这个含义同早期运用职权为基础的领导概念不同，突出了所称领导最主要的功能是影响。

（2）我国学者对领导的界定

我国学者对领导的研究代表性的观点主要有如下三类。②

第一类是服务论或活动论。①有人认为，领导就是服务。②有人认为，领导一层意思指对生产过程以及建立在生产活动基础上的社会生活过程的组织、指挥、管理和协调；另一层意思则指通过拥有一定的权力，履行一定职责权限的人为社会的全体成员服务。

第二类是行为论或关系论。①有人认为，领导首先是政治行为，其次是确立与实现组织目标的行为，即领导者的职责、艺术与影响力的综合体。②有人认为，领导是人民群众的意志和根本利益的集中体现，是引导和率领群众前进的向导，是建立在民主基础上的组织权威。③有人认为，领导是社会中人与人之间关系的一种特殊形式，即一定的人和集体通过一定的方式率领并引导另外一些人或集体，在向共同趋向的目标前进的过程中体现出来的一种关系。

第三类是过程论。①领导是领导者运用说服能力使别人心悦诚服的过程。②领导就是以领导者的声望、影响力或地位启发、组织和控制社会行为的过程。③领导是领导者通过一定的方式对被领导者施加影响并共同作用于客体对象，以实现某一既定目标的行动过程。④领导是在一定的社会组织或群体内领导者为了实现预定目标，运用其法定权力和自身影响力，采用一定的形式和方法，率领、引导、组织、协调、控制被领导者，为完成预定的总任

---

① 豪威尔，科斯特利. 有效领导力 [M]. 付彦，等译. 北京：机械工业出版社，2003：13.

② 邱霈恩. 领导学 [M]. 北京：中国人民大学出版社，2004：32.

务——主要是解放和发展生产力，增强事业的实力，促进事业不断顺利发展的活动过程。

邱霈恩对领导的界定：

> 领导就是某一具体社会系统中处于支配和决定地位的主体，根据该系统的需要和愿望以及现实情境和条件，确定本系统的目标、任务和行动指南，获取和运用各种资源及手段，发动整个系统，特别是非居支配与决定地位的群体与组织等力量，致力完成既定任务、实现既定目标的最权威的行为过程。[①]

> 领导就是由领导主体发出的，能产生或带来现实结果或后果的权威性社会行为，包括权威的群体行为和组织行为两方面，始终贯穿着领导权力权威，对于领导客体具有不可抗拒的压迫力、致变力、取予力、影响力和主导力；不仅是某一具体社会系统的最重要公共行为，而且是能够超越该系统发挥出广泛影响和作用的强效社会因素和强效社会工具。[②]

刘建军认为领导有封闭性定义与开放性定义。[③] 封闭性定义：领导就是在社会共同活动中，具有影响力的个人或集体，在特定的结构中通过有效的途径，动员下属实现群体目标过程。开放性定义：领导是为别人创造理想和有能力把理想变成现实并使之持续下去的过程。

刘勇等著的《领导科学》中写道：

> 领导，顾名思义就是带领和引导。它有时指"领导活动"，有时指"领导者"。
>
> 领导活动，是指以一定的方式带领、引导被领导者为实现一定目标而努力的实践活动。
>
> 领导者，就是实行领导行为的人，即在社会共同活动中带领、引导被领导者为实现一定目标而努力的个人或集团。
>
> 从领导的这种一般涵（含）义中可以看出，领导活动体现了一种人

---

① 邱霈恩. 领导学 [M]. 北京：中国人民大学出版社，2004：33.
② 邱霈恩. 领导学 [M]. 北京：中国人民大学出版社，2004：35.
③ 刘建军. 领导学原理：科学与艺术 [M]. 上海：复旦大学出版社，2003：10.

与人之间的关系,即领导者与被领导者之间的关系。这种关系中,领导者处于主导的地位。因此,不同的领导关系决定着不同领导者的本质,反过来说,不同社会领导者的本质又体现着不同社会的领导关系。从一定的意义上说两者是辩证统一的。①

胡彬主编的《中国领导科学概论》提出:"要了解领导的演变和发展的历史,懂得领导是一个历史范畴,是一个发展着的概念。"②

领导的概念具有广泛而丰富的科学含义。大致包括以下方面。

第一,领导是一种社会行为。"领导是人类社会特有的现象。""领导作为人类群体活动的必然产物,作为组织和管理社会生产劳动以及建立在生产活动基础上的社会生活的客观需要,不能脱离社会生产关系孤立存在和发挥作用。"③

第二,领导是一个活动过程。"领导作为人类社会特有的一种社会行为,是在一定条件下为影响、指导被领导者实现某种目标而进行的特定活动。这种特定活动是通过一系列行为完成的。因此,可以说,领导这种社会行为是在一定条件下影响、指导被领导者实现某种目标的活动过程。"④

第三,领导是一个体系。既有不同领域的领导,又有不同层次的领导。从领域看,有党的领导、行政的领导、业务的领导等。从层次看,有中央的、地方的、单位的领导等。领导是领导者、被领导者、客观环境三者相互作用的完整体系,是这三者构成的矛盾统一体。

在上述讨论基础上,他们提出领导的科学概念可以表述为"领导是领导者在一定的客观环境中影响、指导被领导者,为实现某种预定目标,而进行的一种社会活动过程"⑤。

王安平等著的《领导方法学》中写道:

1. "领导是一种统治形式,其属下或多或少地愿意接受另一个人的指挥和控制。"

---

① 刘勇,等.领导科学[M].北京:红旗出版社,1986:40-41.
② 胡彬.中国领导科学概论[M].天津:天津人民出版社,1987:21.
③ 胡彬.中国领导科学概论[M].天津:天津人民出版社,1987:27.
④ 胡彬.中国领导科学概论[M].天津:天津人民出版社,1987:28.
⑤ 胡彬.中国领导科学概论[M].天津:天津人民出版社,1987:29.

2."领导是对一个组织起来的集体为确定目标和实现目标所进行的施加影响的过程。"

3."领导是使一位属下按照所要求的方式活动的过程。"

4."领导即有效的影响。"

5."领导即管理。"

6."经理人员作为个人和作为集体所执行的全部职能就是领导。"①

何钟秀、肖淑敏认为:"领导是一种经营。""它是一种经营——对一个事业、一个系统等的经营,是从战略的高度对这个事业或系统的方向任务、规划目标、大政方针进行决策和指导与推进的行动过程。"②

综上所述,领导既是一种现象,也是一种过程,更是一种事物;是一个至少由领导主体、领导客体、领导环境、领导过程和领导结果五个基本因素组成的概念。

3."领导"的词性分析

不论领导的概念有多少,不论其内涵多丰富,从词性上来说,领导有作为动词的领导与作为名词的领导。我们可以从这两方面把握它。

(1) 作为动词的"领导"

作为动词的领导,指领导者的领导行为。如"他领导企业进入新阶段""您领导得好"中的"领导"就是指领导行为。作为动词的"领导"相当于英文中的"lead"。上述领导学中所探讨的领导基本上是动词性的领导。

作为动词的"领导"的内涵还可进一步分为"领"和"导"。一是领。一位集体领导者,首先要做到以身作则,带领被领导者做实际工作。二是导。领导者不但带领群众干实际工作,还要在实际工作中进行引导、指导,使被领导者能够在指导下自行其是。在这个意义上,领导者也是一位教育者。"领"和"导"代表了领导者应该发挥的两种不同的作用,或领导行为中的两种不同的行为取向与行为方式。

(2) 作为名词的"领导"

作为名词的领导,又有两重含义,一是表示"领导者"。如"请领导讲话""这位是我的领导"。表示"领导者"的"领导",相当于英文中的

---

① 王安平,刘国恩,焦益众. 领导方法学 [M]. 哈尔滨:黑龙江人民出版社,1987:2-3.
② 何钟秀,肖淑敏. 领导与管理 [M]. 济南:山东人民出版社,1986:18.

"leader"。二是指领导活动。如"坚持党的领导"中的"领导"。表示这一含义时,"领导"相当于英文中的"leadership"。

作为名词的"领导"常常被用来指"领导者"。

我国目前没有有关领导者的专门解释条目。在英语中可以找到如下一些与领导者息息相关的词语。①

一是 Leader,它包括有领袖、领导人、首将、主将、首席律师、第一提琴手、向导船、先头舰等众多含义,其主导内容是"带头人"之意。我国常把"Leader"一词与"领袖"对应,成为特定人物所有,把这一词汇不适当地拔高了。其实,"Leader"一词在国外很普通,三人团体,必有一位被称之为"Leader"的人统御(Lead ship)其他两人的行动。在领导科学范围内,这一词多用于党政领导人。

二是 President,它包含有总统、总裁、长官、主席、议长、会长、银行行长、总经理等含义。这个词一般指较高层的领导者。如果不在 Leader 一词之前加上 Great(伟大的)一词来说明,在词意上,President 反而比 Leader 一词要高得多。

三是 Director,这个词在意义上与 President 相近,包含有总裁、经理、指挥者、董事、校长、社长、导演等多种含义。不过,在领导层次上显得比 President 要略低一些。这一词多指经济组织、社会组织中的决策人物。

四是 Manager,它包含有经营者、管理者、理事、干事、经理人、处理者、财会人等众多含义,多指管理层、执行层中的领导者、组织者和管理者。

在中文中,当用来指"领导者"的"领导"时,还有个与之相近的词"领袖"。"领袖"一词,在我国源远流长,最早解释为"为人表率的人"。《晋书·魏舒传》:"魏舒堂堂,人之领袖也。"《汉语大词典》中对"领袖"的解释有四:①衣服的领和袖;②谓为人仪则,为他人做表率;③比喻同类人或物中之突出者;④国家、政治团体、群众组织的最高领导人。②

列宁在《共产主义运动中的"左派"幼稚病》中谈道,领袖是"最有威信、最有影响、最有经验"的人们。③ 邓小平认为,领袖的这种威信、影响

---

① 陈天生. 领导科学教程 [M]. 北京: 气象出版社, 1984: 9.
② 罗凤竹. 汉语大词典(下)[M]. 上海: 汉语大词典出版社, 1997: 7236.
③ 列宁. 共产主义运动中的"左派"幼稚病 [M] //中共中央马克思恩格斯列宁斯大林著作编译局. 列宁全集: 第 39 卷. 北京: 人民出版社, 1986: 21.

和经验是党、阶级和人民的宝贵财富。"当然这种领袖是在群众斗争中自然而然地产生的，而不能是自封的。同过去剥削阶级的领袖相反，工人阶级的政党的领袖，不是在群众之上，而是在群众之中，不是在党之上，而是在党之中。正因为这样，工人阶级政党的领袖，必须是密切联系群众的模范，必须是服从党的组织、遵守党的纪律的模范。对于领袖的爱护——本质上是表现对于党的利益、阶级的利益、人民的利益的爱护，而不是对于个人的神化。"① 邓小平的说法表明了剥削阶级的领袖与工人阶级的领袖之间的区别。同时，这种说法也承认，在剥削阶级中也是存在领袖的。

在政治学、领导学等领域，运用"领袖"这个概念指人物时往往是指第四条含义，即国家、政治团体、群众组织的最高领导人。

按照这种理解，历史上的帝王都可以称之为领袖。在中国古代有王、帝、皇帝、天子、君、国君、君人、后、万岁等名称。在外国，皇帝或王有 emperor 皇帝，imperator 皇帝、大将军，seignior、seigneur 皇帝、君主，sovereign 君主、元首、roi 王，king 王、大王等。②

领袖是领导者之中的一员。因此，"领导学""领导教育学"中的"领导"包含"领袖"。用"领导学""领导教育学"比用"领袖学""领袖教育学"具有更广的范围、更强的适应性。

（二）"领导教育"的界定

领导教育，可以有两重理解。

1. 动宾结构的"领导教育"

动宾结构中"领导"是动词，"教育"是名词。领导教育即"对教育进行领导"。

2. 偏正结构的"领导教育"

偏正结构理解中，"教育"是核心，"领导"是界定教育的。这里的"领导"不是作为动词的领导，而是作为名称的领导。"领导教育"可理解为，"关于领导（者）的教育"或"对领导（者）进行的教育"。

本文要研究的"领导教育"是后者，而非前者。

---

① 1956 年 9 月 16 日，邓小平在中国共产党第八次全国代表大会上所作的《关于修改党的章程的报告》中谈到领袖对于党的作用。参见邓小平文选：第 1 卷［M］. 北京：人民出版社，1994：234-235.

② 朱星. 中国皇帝评论［M］. 北京：中华书局，2005：1-4.

3. "领导教育"的概念

对领导教育的理解有广义与狭义的理解。

广义的领导教育,是指一切有意识地促进某人成为领导者或促进某人领导力形成与提升的活动。

在这样的界定中,领导教育者可以是任何有能力施加领导教育影响的人,实施领导教育的行为可以发生在任何可能的时间与空间,领导教育的内容可以是有组织的也可以是随机的,领导教育活动的发生可以是随机随意的。

狭义的领导教育,是指在专门的领导教育机构中,领导教育者有意识地、专门地对受教者进行的有善好目的、有系统组织的促进其发生善好改变的或领导力形成与提升的活动。

在这一界定中,领导教育者是专任教师或有专门责任的人;实施领导教育的行为发生在专门的领导教育机构和规定的教育时间内;领导教育的内容是经过精心选择与组织的,而不是随意呈现的;领导教育的目的性更加明确清晰,对领导教育的效果也有更高的要求,即要对领导教育的效果进行评价。

受教者包括在职领导者与未来领导者。未来领导者包括还没有职位的未来可能拥有职位成为领导者的人,也包括在职且准备提升的领导者(如干部教育中的后备干部)。对未来领导者的教育是一种职前培训,对在职领导者的教育是一种职中培训。

本书要研究的领导教育是指狭义的领导教育。

(三)领导教育学是什么

领导教育学,是一个复合概念。对这一概念进行分解,可以划分出"领导+教育+学""领导+教育学""领导教育+学"。不同的划分产生对领导教育学的不同理解。

1. 领导+教育+学

这种结构理解中,可把"领导教育学"看作是"领导活动"+"教育活动"的综合研究形态;或者把"领导教育学"看作"领导学"+"教育学"结合的产物。领导学和教育学在"领导教育学"中同时占有重要地位。

2. 领导+教育学

领导+教育学,这一结构可理解为关于"领导"的"教育学"。即"关于领导(者)的教育学"。它强调的是教育学。在这种理解中,领导教育学是"教育学"的一个研究领域。

3. 领导教育+学

领导教育+学，这一结构可理解为领导教育学是研究"领导教育"的学问。这里"领导教育"是指如何对领导者进行教育的活动。这种结构理解表明了领导教育学是一种相对独立的学问，它明确了"领导教育学"的研究对象。

三种不同的理解会导致研究定位的差异。第一种理解中会把研究重点放在领导学和教育学上。第二种理解中，研究的重点将放在领导或领导者身上。第三种理解则把研究重点放在领导教育活动和领导教育者身上。

本书所理解的领导教育学是"领导教育+学"。领导教育学是研究领导教育活动与现象的学问。

二、领导教育学的研究对象

领导教育学的研究对象是领导教育活动及领导教育现象。

1. 领导教育活动

领导教育活动是指领导教育的实践活动。领导教育活动是由特定的要素构成的统一体。它是由领导教育者、受教者、教育措施和教育环境共同作用相互影响而构成的统一体。领导教育学就是研究领导教育活动中诸要素之间相互作用的规律的学问。

2. 领导教育现象

领导教育现象是指围绕领导教育活动所产生的相关现象。领导教育现象，诸如领导教育为什么会发生，在怎样的情境中发生，在历史上产生过一些什么样的领导教育思想，人们对领导教育展开过哪些研究等。

对领导教育活动的研究主要围绕领导教育实践活动的历史、领导教育实践中存在的矛盾与问题等展开。领导教育学的研究要解释领导教育现象，并从中探寻领导教育的规律，寻找领导教育实践的启示。

三、领导教育学的主要任务

领导教育学的基本任务是通过对作为社会事实的领导教育活动及其现象的客观分析，为解释、促进、完善领导教育活动提供理论依据与实践指导。具体而言，领导教育学的任务有如下方面。

1. 探寻领导教育规律

领导教育学要对历史上和现实中的领导教育实践活动进行研究，通过领导教育研究，探寻领导教育的普遍规律与个性特征。

2. 解释领导教育现象

领导教育学要对领导教育现象做出理论解释。领导教育学通过系统理论的建构对领导教育现象做出解释。领导教育学的理论建构涉及三大问题。一是概念界定，包括基本概念与相关概念的界定；二是理论体系的建构；三是理论层次的划分。领导教育学要建立基本原理、实证分析、案例解读三者相互联系的理论体系。通过这样的理论体系来解释领导教育实践与领导教育现象。

3. 指导领导教育实践

领导教育研究的最终目的还是为了指导领导教育实践。领导教育学的研究成果要转化为领导教育实践的效果。因此，领导教育学还研究领导教育理论如何转化为领导教育行为的问题。

四、领导教育学的研究内容

领导教育学的研究对象表明了它研究的指向。对研究对象的具体研究构成领导教育学的研究内容。领导教育学研究内容是十分广泛的，可以说只要与领导教育有关的活动与现象都是领导教育学研究的内容。领导教育学的研究方法也是十分丰富的。许多研究方法，如调查法、案例法等都可以在领导教育研究中运用。但这样说还是太广泛了。为了便于把握，我们试列举一些领导教育学研究的主要内容与方法。

1. 领导教育实践研究

领导教育实践研究主要对领导教育的实践活动展开研究。领导教育实践活动内容十分丰富，因此领导教育实践研究的内容也十分丰富。例如，（1）领导教育的性质、任务和培养目标、领导教育的地位和作用、体系结构等的研究。（2）领导教育政策研究，主要研究当下与历史上国家行政部门对领导教育的制度、政策、法律法规等以及它们对领导教育实践的影响。（3）领导教育机构研究，主要是领导教育学校、领导教育领导机关等的设立、职能、定位等。（4）领导教育课程研究，主要研究领导教育的课程设置、课程内容、课程实施等。（5）领导教育的教学研究，主要研究领导教育的教学组织形式、教学方式方法、教学模式等。(6) 领导教育中的人员研究。领导教育的学员、教师和管理人员的研究，其中包括对学员的社会身份、心理特征、群体结构、教师和管理人员的个体素质、群体功能等的研究。领导教育的实践研究主要通过现场观察法、教育实践法、经验总结法、案例分析法、文献资料法等方法进行。

2. 领导教育生态研究

领导教育生态主要研究领导教育发生发展的社会历史环境。主要内容有领导教育与社会发展，领导教育与人的发展，领导教育与政治，领导教育与经济，领导教育与传统文化，领导教育与多元文化，领导教育制度研究、领导教育政策研究、领导教育法律法规研究等。领导教育的生态研究往往采用思辨的方法、统计的方法、文献的方法等。

3. 领导教育历史研究

厘清领导教育研究的历史有助于更好地探讨领导教育的规律。领导教育历史研究主要从历史发展的角度对曾经存在的领导教育活动和现象进行研究。从国界看，领导教育史的研究可以是中国领导教育史研究，也可以是外国领导教育史研究。从研究时段看，可以是断代史研究，也可以是通史研究；从研究类型看，可以是领导教育史通论，也可以是领导教育专题史研究。

4. 领导教育比较研究

领导教育比较研究主要是国内外领导教育的比较研究，也包括国内不同领导教育机构、领导教育方式方法的比较研究等内容。

5. 领导教育思想研究

领导教育思想研究主要是对历史上和现实中有影响、有价值的领导教育思想进行研究。领导教育思想研究往往选择历史上与领导教育有关的、有影响的、有代表性的人物的领导教育思想进行研究。这些人或从事过领导教育实践，或从理论与思想上对领导教育进行过有价值的思考。领导教育思想是指领导教育实践的重要资源。通过对领导教育思想的研究可以为领导教育实践寻找到方向，给领导教育以现实启示。

6. 领导教育评价研究

领导教育评价是对领导教育者的教育教学效果和受教者的学习效果的检验与评定。领导教育评价通过质性评价与量化评价、形成性评价与总结性评价等评价方式对领导教育效果做出评定。领导教育的评价研究中应该有教育后效研究。

所谓教育后效是指在受教者结束学业，离开学校后，在实际工作岗位上运用在学校教育中所学的知识技能等所产生的实际效果。教育后效研究是一项十分困难的研究，不仅需要掌握研究的技术，还需要大量人力、财力、物力的支持。常言道，十年树木，百年育人。教育后效研究可以反映教育的真实效果。教育后效研究可以采用追踪调查法进行。应在不同阶段进行追踪调查，以检验教育效果的持续性。教育后效研究有利于反观教育实践活动。领导教育所培养的领导者是要在工作岗位上践行所学理念、知识、技能的，因此是可以通过多种方式进行教育后效研究的。由于受多方面因素的影响，教育后效研究在教育研究中一直是一个薄弱领域。在领导教育研究中，应该加强这一领域的研究，以提高领导教育的针对性和有效性。

7. 领导教育其他研究

领导教育的其他研究，包括领导教育者的发展研究、受教者的需求研究、领导教育学的研究等。教师专业发展成为教育界关注的重点领域之一。领导教育者同样面临专业发展的问题。如何全面快速地提高领导教育者的专业水平与素养，促进领导教育者的专业发展，是领导教育学研究的一项重要内容。领导教育要有针对性和有效性，还要对受教者的需求进行调查研究。

在上述研究内容的基础上，有可能产生领导教育学的分支学科，如领导教育史、领导教育课程论、领导教育教学论、领导教育比较学、领导教育评价学等。

五、领导教育学的学科归属

作为一门新兴学科，需要寻找其学科归属。领导教育学的学科归属是什么呢？它是领导学的分支学科，还是教育学的分支学科呢？我们的意见是，领导教育学属于教育学的分支学科。

1. 领导教育学为何不归属于领导学

在《学科分类与代码表》中，"健康教育学"属于"医学"下面的"预防医学与卫生学"，"安全教育学"属于"安全科学技术"，"法律教育学"属于法学，"体育教育学"属于"体育科学"。虽然，它们都是"××教育学"，但它们并没有被归属到"教育学"的门类下，而是被归属到了"××教育学"中的"××学"学科。领导教育学是否也属于这类学科，可以不归属于教育学而归属于领导学呢？

以领导活动为中心可分化出领导心理学、领导管理学、领导决策学、领导激励学等学科。这些活动是直接围绕领导活动展开的，即领导活动中的心理、领导活动中的管理、领导活动中的决策、领导活动中的激励。

然而，领导教育学中的领导教育却不是领导活动中的教育，而是对领导者的教育。领导教育学的研究对象主要是领导教育者的活动，而不是领导者的活动；主要任务是提升领导教育者的活动能力，以便提升领导者的能力，而不是直接研究提升领导者的能力的领导学科。

因此，我们认为领导教育学不应归属于领导学，而应归属于教育学。

2. 领导教育学为什么是教育学的分支学科

领导教育学既不是研究领导活动中的教育问题，也不是研究教育活动中的领导问题，而是研究教育活动中的领导者的教育问题。这一点非常重要，它确保了领导教育学是在教育学的范围内展开工作的。

领导教育学的研究依赖教育学的研究成果。领导教育依然遵循教育学所揭示的一些教育规律。比如，教育学揭示教育活动的三大要素是教育者、被教育者、教育措施。这些在领导教育中仍然是最基本的前提存在。教育学所揭示的教学相长、因材施教、不陵节而施等，在领导教育中仍然是基本的规律。教育学与领导教育学之间的关系是普遍与具体的关系、一般与个别的关系。

领导教育学是教育学的分支学科，是说它具有母学科的学科归属，并不是说领导教育学是一种附属学科，不具有独立性。相反，领导教育学具有很强的学科独立性。领导教育活动难以用领导学的一般理论来加以解释与分析，也难以用教育学的一般理论来解释与分析。领导教育活动有其自己的独特性。因此，领导教育活动可以成为一个独立研究领域被加以研究。正因如此，它才成为教育学的一个特殊理论学科。

本章小结

学科发展史表明，没有哪一门学科是生来就有的。学科是在社会历史发展过程中逐渐地、不断地出现的。学科出现有不同的方式。其中，学科分化是学科发展的一条基本规律。传统学科在更新的同时，新的学科在不断出现。

领导教育学作为一门新兴学科出现是符合学科发展规律的。领导教育学是研究领导教育活动与领导教育现象的学问。领导教育学的主要任务是探寻领导教育规律，解释领导教育现象，指导领导教育实践。在学科归属上，领导教育学不归属于领导学，而是教育学的一个特殊理论学科。

第二章

领导教育学的逻辑前提

领导教育学存在的最基本的前提是,领导教育的存在。如果不存在领导教育也就不存在领导教育学。领导教育的存在,不仅通过实践存在就可以了,还需要从理论上对领导教育的存在做出论证。换言之,领导教育学的学科建设首先需要从理论上对领导教育活动加以解释。谈到领导教育,人们自然会对领导教育何以可能、领导教育何以必要、领导教育何以可行,即领导教育的可能性、必要性和可行性,提出疑问。领导教育学的建设必须回答这样的疑问。因此,本章通过对"领导教育三性"的探讨来论证领导教育是可能、必要且可行的,从而对领导教育学的研究对象——领导教育活动做出理论上的解释。

第一节 领导教育何以可能

领导教育学要成立有一个重要的前提,即领导教育是可能的。那么,领导教育是可能的吗?

一、教育何以可能

要探讨领导教育何以可能的问题,可能首先要问一下教育是否可能。如果教育是不可能的,那么也就没有必要探讨领导教育是否可能的问题。

(一)教育不可能论

对于教育的可能性在今天可能没有多少人持怀疑态度。看一看我们遍布各地的各种学校就可以知道大家是相信教育的可能性的。其实,在历史上人们对教育的可能性是提出过疑问的。试以古希腊哲学家塞克斯都·恩披里克

(Sextus Empiricus，公元 2 世纪中叶人）的观点为例说明之。

怀疑论（怀疑主义）是由古希腊的皮罗（Pyrrho，前 365—前 275）创始的，因此也叫作"皮罗主义"。古罗马的塞克斯都·恩披里克是最后一代怀疑论者，是皮罗派理论的集大成者。怀疑论的基本思想保存于他的著作中。塞克斯都·恩披里克对许多问题提出了疑问，包括对教育问题。比如，"生活技艺能教吗？""教育的内容存在吗？""存在着教师和学生吗？""学习方法存在吗？""存在学习的学科吗？"等。他得出的结论都是否定的。"为了使'学习'和'传授'能够得以存在，必须首先确定三件事情——被教的东西，老师和学生，学习的方法。但是，所有这些东西没有一个存在，所以'传授'也就不存在。"①

1. 教育内容是不存在的

塞克斯都·恩披里克通过论证认为教育的内容是不存在的。在《批判学校教师》中，他对被教授的学科是不存在的论证与对教育内容不存在的论证几乎是一样的。他所论证的教育内容也可理解为被教授的学科，即被教授的学科是不存在。

"首先，被教的东西要么是真的，要么是假的；如果它是假的，那就不能教，因为他们断言虚假是不存在的，而不存在的东西是不可教的。然而，如果是真的，也不能教，因为我们在'论标准'这一节中已经说过真理是不存在的。如果真的和假的东西都不能被教，而且除此之外又没有什么可以被教了（因为没有人会说：虽然这些不可教，但他可以教模糊可疑的东西），那么就没什么可教的东西了。再者，被教的东西要么是明白的，要么是不明白的。如果它是明白的，也就不需要教了，因为明白的东西对所有人来说都是明白的。如果它是不明白的，那么正如我常常指出的那样，它就会由于无法解决的意见分歧而无法被人理解，因而也就不能被教了——人们怎么能够传授或学习他们所不能理解的东西呢？但是，如果明白和不明白的东西都不能被教，那么也就没有任何可以教授的东西。

---

① 恩披里克. 悬搁判断与心灵宁静：希腊怀疑论原典 [M]. 包利民，等译. 北京：中国社会科学出版社，2004：188.

"再说，被教的东西要么是有形的，要么是无形的；而不论是有形的，还是无形的东西，或者是明白的，或者是不明白的；然后，按照我们刚才所做的论证，明白的与不明白的东西都是不能被教的。因此，没有什么东西可教。"①

接下来，运用同样的论证思路，塞克斯都·恩披里克从可以被教授的东西要么是存在的，要么是不存在的角度进行论证，得出存在与不存在的东西都不可教，因此，教育内容是不存在的结论。

2. 教师和学生是不存在的

塞克斯都·恩披里克认为，对于教育"只可能存在这么四种情况：专家教专家，非专家教非专家，非专家教专家，专家教非专家。但是，专家不能教专家，因为他们作为专家都不需要人来教。非专家也不能教专家、非专家，这就像盲人不能引领盲人一样。非专家也不能教专家，因为那是荒谬的。剩下的唯一一种情况是专家教非专家，而这也是不可能的"②。为什么这也是不可能的呢？在他看来，技艺专家之存在被认为是根本不可能的事情：我们既没有看到什么人生下来就是专家，也没有任何人从非专家变为专家。这样一来，教师是不存在的。

如果所谓有学生并非专家的话，那么他也不可能学会和理解他所不懂的技艺的原理。如果他理解了，他就会既是专家又是非专家——他是非专家因为前边是这样假定的，他是专家因为他理解了技艺原理。因此，专家教非专家是不可能的。通过对四种情况的排除，他最后的结论：既不存在教师，也不存在"传授"。

3. 学习方法是不存在的

塞克斯都·恩披里克认为："如果学生和教师都不存在，那么也就没有什么教学方法可言了。而且，这一点从下面的理由也是争论不休的。教学方法要么是借助视觉的证据，要么是通过口授而存在的；但是，正如我们将要表明的那样，教学方法既不是借助视觉的证据也不是通过口授而存在的，因而，

---

① 恩披里克. 悬搁判断与心灵宁静：希腊怀疑论原典 [M]. 包利民，等译. 北京：中国社会科学出版社，2004：189.
② 恩披里克. 悬搁判断与心灵宁静：希腊怀疑论原典 [M]. 包利民，等译. 北京：中国社会科学出版社，2004：190-191.

学习的方法也是很难发现的。①

"教学并不是通过视觉的证据来进行的，因为视觉的证据在于那些显示出来的东西当中。但是显示出来的东西对所有人而言都是明白的；而作为明白的东西，它可以被所有人感知到；而能被所有人共同感知的东西就无须再教了；因此，没有什么东西能够通过视觉的证据而被传授。

"实际上，也没有什么东西可以通过口授的方式传授。言词要么表示某个事物，要么什么都不表示。但是，如果言词什么都不表示，那它就无法传授任何东西。如果言词表示某物，那么，它要么自然地就是这样，要么是约定俗成的。但是，言词并非自然而然就是这样的意义的，因为人们并不都理解他们所听到的言谈话语，例如，当希腊人听到野蛮人谈话或野蛮人听到希腊人谈话时。如果言语是通过约定而有意义的，那么很明显，那些事先已掌握了某些词语所对应的对象的人们，就会通过回忆和想起他们所熟知的东西来理解外在对象，而不是通过被语词教导的那些他们所不知道的东西来理解；而那些要学习自己所不知道的东西并且对词语所指称的事物一无所知的人们，就什么都理解不了。因此，学习方法也不可能存在。"②

4. 学习的学科不存在

塞克斯都·恩披里克认为学习的学科也是不存在的。他认为，学习的任一学科如果存在，并且能够为人所掌握，就必须首先满足四个条件，即被教授的学科、教师、学生和学习的方法。通过他的上述证明，无论是学科、教师，还是学生和学习方法均不存在；因此，学习的学科也就无法存在。

塞克斯都·恩披里克的论证看上去从或是或非两方面一一论证，通过把两方面的存在都否定的方式来论证他的观点，否定已存事实，是很有说服力的，其实他的论证与观点都是似是而非的，看似逻辑严密，却存在着诸多逻辑漏洞。比如说，"明白的东西对所有人来说都是明白的"③ 这个判断就难以成立，他以普遍性的假设代替了具体人的具体理解。再如，他说不明白的东

---

① 恩披里克. 悬搁判断与心灵宁静：希腊怀疑论原典 [M]. 包利民，等译. 北京：中国社会科学出版社，2004：192-193.
② 恩披里克. 悬搁判断与心灵宁静：希腊怀疑论原典 [M]. 包利民，等译. 北京：中国社会科学出版社，2004：192.
③ 恩披里克. 悬搁判断与心灵宁静：希腊怀疑论原典 [M]. 包利民，等译. 北京：中国社会科学出版社，2004：188.

西"会由于无法解决的意见分歧而无法被人理解"①。这里他没有分清不明白的东西是针对谁不明白的。不明白未必导致意见分歧与无法被人理解。类似的逻辑漏洞在他的论证中很多。这些逻辑漏洞导致他的怀疑论证站不住脚。

（二）教育可能论

即使大家相信教育的可能性，也要给出个教育可能性的理由。自古至今，许多人都对教育的可能性进行过论证。

对人性的思考，几乎是中国传统儒家的一个基础性课题。儒家创始人孔子虽然很少直接论及人性，但其所创立的儒学当中的一些核心概念都与人性密切相关。孔子没有明确提性的善恶问题，只是说"性相近也，习相远也"②（《论语·阳货篇》）。这揭示了人性的一个重要特点：人在本性上的差别不大（相近），但后天的行为"习"，对人的成长有着重要的影响。由此，看来人们后天的努力，接受教育培训对人的成长和影响是非常重要的。

战国时期的告子对人性有着独到的分析，认为："性犹湍水也，决诸东方则东流，决诸西方则西流。人性之无分于善不善也，犹水之无分于东西也。"③（《孟子·告子章句上》）吕思勉先生说："如实言之，则告子之说，最为合理。凡物皆因缘际会而成，人性亦犹是也。人性因行为而见，行为必有外缘，除却外缘，行为并毁，性又何从而见？告子曰：'性犹湍水也，决诸东方则东流，决诸西方则西流。人性之无分于善不善也，犹水之无分于东西也。'此说最是。性犹水也；行为犹流也；决者，行为之外缘；东西其善恶也。水之流，不能无向方。人之行为，不能无善恶。既有向方，则必或决之。既有善恶，则必有为之外缘者。问无决之者，水之流，向方若何？无外缘，人之行为，善恶如何？不能答也。必欲问之，只可云：是时之水，有流性而无向方；是时之性，能行而未有善恶之可言而已。佛家所谓'无明生行'也。更益一辞，即成赘语。孟子驳之曰：'水，信无分于东西，无分于上下乎？人性之善也，犹水之就下也。人无有不善，水无有不下。今夫水，搏而跃之，可使过颡；激而行之，可使在山；是岂水之性哉？其势则然也。人之可使为

---

① 恩披里克．悬搁判断与心灵宁静：希腊怀疑论原典［M］．包利民，等译．北京：中国社会科学出版社，2004：188．
② 朱熹．四书章句集注［M］．北京：中华书局，2011：164．
③ 方勇．孟子［M］．北京：中华书局，2010：213．

不善，其性亦犹是也。'误矣。水之过颡在山，固由搏激使然，然不搏不激之时，水亦自有其所处之地，此亦告子之所谓决也。……故孟子之难，不中理也。"① 告子的人性论，为教育影响的施加提供了可能性依据。因为人性"决诸东方则东流，决诸西方则西流"，所以，把人向好的方向引导会把人教好，把人往坏的方向引导就会把人教坏。

汉朝时的董仲舒吸收了孟子性善论和荀子性恶论并加以发展，在《春秋繁露》一书里提出了自己的人性论主张。他认为"性"与"善"是两回事："性者，天质之朴也。善者，王教之化也。无其质，则王教不能化；无其王教，则质朴不能善。"② 董仲舒认为，"性"这个概念的内涵是"如其生之自然之资，谓之性。性者，质也"③。而善则是后天教育的结果。"性和善的关系，在董仲舒看来恰恰是先天可能性与后天的现实性之间的关系一样。"④董仲舒认为，"性有善质"⑤，即人性有向善的可能性。又说"以性为善，此皆圣人所继天而进也"⑥，即是说人性的现实之善是"圣人"教化的结果。董仲舒概括说："性比于禾，善比于米；米出禾中，而禾未可全为米也；善出性中，而性未可全为善也。善与米，人之所继天而成于外，非在天所为之内也。"⑦

董仲舒将人心分为"性"和"情"两方面。他说："身之有性、情也，若天之有阴、阳也。言人之质而无其情，犹言天之阳而无其阴也。"⑧性表现于外为仁，情表现于外为贪；性代表阳，情代表阴。可见人性都包含着善与不善的两种可能性。恶作为善的对立面，正如阴作为阳的对立面一样都是内在于人本性之中的。董仲舒认为，在善恶对立中，性是主导方面，情是从属方面。这样通过教育，通过正确的引导是可以把人引向善的。

董仲舒还具体将人性分为三类：斗筲之性、中民之性和圣人之性。他说：

---

① 吕思勉. 先秦学术概论［M］. 长沙：岳麓书社，2010：72-73.
② 张世亮，钟肇鹏，周桂钿. 春秋繁露［M］. 北京：中华书局，2012：389.
③ 张世亮，钟肇鹏，周桂钿. 春秋繁露［M］. 北京：中华书局，2012：375.
④ 李中华. 中国人学思想史［M］. 北京：北京出版社，2004：232.
⑤ 张世亮，钟肇鹏，周桂钿. 春秋繁露［M］. 北京：中华书局，2012：386.
⑥ 张世亮，钟肇鹏，周桂钿. 春秋繁露［M］. 北京：中华书局，2012：386.
⑦ 张世亮，钟肇鹏，周桂钿. 春秋繁露［M］. 北京：中华书局，2012：378.
⑧ 张世亮，钟肇鹏，周桂钿. 春秋繁露［M］. 北京：中华书局，2012：380.

"圣人之性，不可以名性；斗筲之性，又不可以名性；名性者，中民之性。"① "圣人之性"因为是先验为善的，太高不可及，故不能代表人性。"斗筲之性"又可称为下愚之性，是经过教育也不可能转为善的，故也不能代表人性。真正可以代表人性的是"中民之性"。因为前两者是非常稀少的，而中民之性反映了大多数人的特征。中民之性有赖于圣人、王者的教化才能为善。天生万民，作为君王圣人，其责任就是教民为善，即"王承天意，以成民之性为任者也"②。这从人性论上为教育改造人性提供了理论依据，也从人性论上为封建帝王的统治提供了理论依据。③

教育的可能性在马克思主义那里被得到充分的认可与论证。

马克思主义提出了人的全面发展的理论。在马克思主义看来，人是一切社会关系的总和。这不仅为全面正确地认识人的本质提供了答案，而且说明了人是在社会中存在与发展的人。人是可以并且应该获得全面发展的。"每一个人都无可争辩地有权全面发展自己的才能。"④ 马克思主义的人的全面发展理论，其实包含纵横两方面的内容，横的方面是说人的发展是"全面"的发展，强调人可以在多方面发展自己；纵的方面是说人是在不断发展的，人的成长是一个发展变化的过程。人的全面发展理论为人接受教育、接受多方面的教育提供了理论依据。

马克思主义不仅提出了人的全面发展理论，而且提出了教育与生产劳动相结合的理论。弗·恩格斯在《共产主义原理》中提出"把教育和生产结合起来"⑤。卡尔·马克思和弗·恩格斯在《共产党宣言》中提出"把教育同物质生产结合起来"⑥。卡尔·马克思还讲道："把有报酬的生产劳动、智育、体育和综合技术教育结合起来，就会把工人阶级提高到比贵族和资产阶级高

---

① 张世亮，钟肇鹏，周桂钿.春秋繁露 [M].北京：中华书局，2012：388.
② 张世亮，钟肇鹏，周桂钿.春秋繁露 [M].北京：中华书局，2012：381.
③ 李中华.中国人学思想史 [M].北京：北京出版社，2004：233.
④ 恩格斯.在爱北斐特的演说（1845年2月8日）[M]//中共中央马克思恩格斯列宁斯大林著作编译局.马克思恩格斯全集：第2卷.北京：人民出版社，1965：614.
⑤ 恩格斯.共产主义原理（1847年10月底—11月）[M]//中共中央马克思恩格斯列宁斯大林著作编译局.共产党宣言.北京：人民出版社，2015：87.
⑥ 马克思，恩格斯.共产党宣言（1847年12月—1848年1月底）[M]//中共中央马克思恩格斯列宁斯大林著作编译局.共产党宣言.北京：人民出版社，2015：50.

得多的水平。"① 弗·恩格斯在《反杜林论》"国家，家庭，教育"部分谈道："在社会主义社会中，劳动将和教育相结合，从而既使多方面的技术训练也使科学教育的实践基础得到保障。"② 列宁也谈道："没有年轻一代的教育和生产劳动的结合，未来社会的理想是不能想象的；无论是脱离生产劳动的教学和教育，或是没有同时进行教学和教育的生产劳动，都不能达到现代技术水平和科学知识现状所要求的高度。"③ "把教育和儿童的社会生产劳动紧密结合起来。"④ 马克思在《资本论》中说："为改变一般人的本性，使它获得一定劳动部门的技能和技巧，成为发达的和专门的劳动力，就要有一定的教育或训练，而这又得花费或多或少的商品等价物。劳动力的教育费用随着劳动力性质的复杂程度而不同。"⑤ 可见，马克思主义已经很明确地说明了教育在促进人的改变和发展中的重要作用。

马克思主义传入中国后，中国共产党人发展了马克思主义的教育与生产劳动相结合的理论。1957年，毛泽东在《关于正确处理人民内部矛盾的问题》中说："我们的教育方针，应该使受教育者在德育、智育、体育几方面都得到发展，成为有社会主义觉悟的有文化的劳动者。"⑥ 1958年，党中央又进一步规定了教育为无产阶级的政治服务、教育与生产劳动相结合的方针。"教育为无产阶级政治服务，就是要使受教育的人具有社会主义觉悟，愿意为社会主义服务。教育与生产劳动相结合，也就是要使受教育的人经过生产劳动，锻炼成为一个既有社会主义觉悟又有文化的劳动者。当然，这里所指的劳动者是就广义而言的，包括体力劳动者和脑力劳动者，但主要还是指从事生产的工人和农民，因为这个数量最大。除此以外，还有士兵和为劳动人民服务

---

① 马克思. 临时中央委员会就若干问题给代表的指示（1866年8月底）[M]//中共中央马克思恩格斯列宁斯大林著作编译局. 马克思恩格斯全集：第16卷. 北京：人民出版社，1964：218.
② 恩格斯. 反杜林论（1876年5月底—1878年7月初）[M]//中共中央马克思恩格斯列宁斯大林著作编译局. 马克思恩格斯文集：第9卷. 北京：人民出版社，2009：339.
③ 列宁. 民粹主义空想计划的典型（1897年）[M]//中共中央马克思恩格斯列宁斯大林著作编译局. 列宁全集：第2卷，北京：人民出版社，1959：413.
④ 列宁. 俄共（布）纲领草案（1919年2月）[M]//中共中央马克思恩格斯列宁斯大林著作编译局. 列宁选集：第3卷. 北京：人民出版社，1995：744.
⑤ 中共中央马克思恩格斯列宁斯大林著作编译局. 资本论：第一卷[M]. 北京：人民出版社，2018：200.
⑥ 中共中央文献研究室. 毛泽东文集：第7卷[M]. 北京：人民出版社，1999：226.

的属于劳动人民的知识分子。"① 周恩来说："教育与生产劳动相结合，教育是主导方面，因为学生来学校就是为了学习。我们一定要认清主导方面，认不清主导就没有方向，认不清主导就没有重点。"② 毛泽东等人结合中国的实际进一步发展了人的全面发展问题、教育与生产劳动相结合的问题，并提出教育在人的发展中占主导地位的观点。

如果说，人的全面发展理论奠定了人发展的可能性，那么教育与生产劳动相结合则提出了人发展的途径。教育是人发展的重要途径。通过教育促进人的发展不仅是完全可能的，而且是非常必要的。

西方著名的成人社会心理学家伯尼斯·诺嘉顿（Bernice Neugarten）对人的发展、变化之形成做过论述。他认为，人的发展、变化——生命周期性规律运动是"内源"和"外源"共同作用的结果。所谓内源，即是人的内在因素：生理、心理；所谓外源，即是环境（特别是社会环境）的外部因素：社会的年龄标准以及各年龄段所规定的行为规范、任务、模式，多种事件和事变等。在诺嘉顿看来，所有这类社会期望、社会准则、行为规范、社会事件均可十分形象地被看作是一座"社会时钟"（Social Clock），当它变为个体的内部东西时，便调节着个人在生命周期事件中的运动。人的发展的"外源"性为通过教育影响来促进人的发展提供了理论依据。

二、领导教育是否可能

教育的可能性为领导教育的可能性提供了理论前提。但教育的可能性并不代表着领导教育的可能性。因此，还需要进一步讨论领导教育是否可能的问题。

（一）领导教育不可能论

在现实生活中，对领导教育可能性持怀疑态度的大有人在。他们的理由是领导者多是成年人，成年人的世界观、人生观、价值观等已经成型，难以对他们进行改造。因此，他们对领导教育抱着悲观的态度。

这种观点是运用静止的观点来看待人的思想观念的转变的，缺乏发展的眼光。我们应该认识到成年人学习较之年轻人要吃力些、转变转型要慢些的

---

① 中央教育科学研究所编. 周恩来教育文选 [M]. 北京：教育科学出版社，1984：206-207.
② 中央教育科学研究所编. 周恩来教育文选 [M]. 北京：教育科学出版社，1984：181.

客观事实，但我们同时应该看到人的可变化性与可发展性。

再者，这种观点把领导教育进行了狭隘的理解，即只把领导教育看作是对成年领导者的教育，而忽略了领导教育还包括对未来领导者的培养，领导教育也可以在未成年人中进行。因此，领导教育不可能论是有问题的，是站不住脚的。

领导教育不可能论的另一证据是成年人的记忆力减弱，学到的东西很容易遗忘，因此不再适合学习。

领导教育不可能论的第三个证据是成年人忙于日常繁杂事务，没有时间和精力学习。成年人的社会活动频繁，分散精力的事情很多，因此学到的东西容易遗忘。

（二）领导教育何以可能

我们认为，领导教育是可能的。领导教育何以可能呢？领导教育的可能性可以从个人发展的内在性与人的发展的外在推动两方面加以探讨。人的发展的内在性主要涉及人的发展的可持续性和成人学习的优势，人的发展的外在推动，即外在环境的推动。

1. 人的发展的持续性

人的发展是一个既古代而又富有时代意义的命题，一直为历代哲学家、宗教学者、科学家等所争论不休。[①]

佛教关于人的发展理论认为，人的发展，即是为了追求通向涅槃之路——"正见、正志、正语、正业、正命、正精进、正念、正定"八圣道的实现。印度教认为，人的发展主要不在于人的肉体的发展，而在于人的灵魂的发展。儒家学说表示，人的发展，其精要就是对"仁"的境界的不懈追求。达尔文主义者认为，人的发展就是简单的生命形式在漫长时间中的进化。存在主义者认为，人的发展是一个不断寻求新经验和获取更丰富见识的旅程。人文主义者则认为人的特点在于具有一些能发展或实现彼此间建立和谐的整合关系的潜能，因此，人的发展就是指这种潜能逐渐现实化与整合化。当代著名的发展心理学家埃里克森（E. H. Erikson，1902—1994）认为，人的发展就像一个人生的"自然"合成一样，与历史事件和人的适应性结合起来。还有人表示，人的发展就是一个人从胚胎到死亡的过程。由著名的瑞典斯德哥

---

① 高志敏，等. 成人教育心理学 [M]. 上海：上海科技教育出版社，1996：1-2.

尔摩大学国际教育研究荣誉教授托斯顿·胡森（Torsten Husen）和德国汉堡大学比较教育系教授纳维尔·波斯特尔斯威特（T. Neville Postlehwaite）主编的《国际教育百科全书》认为，人的发展，即随时间的推进在人身上发生的变化。

我国台湾学者指出，人们完全有理由同意发展涉及改变或变化，但务必注意到，并非所有的改变都是发展。随意的、没有系统或没有组织的改变均属非发展。换言之，发展的"改变"是系统的、有组织的。

20世纪50—60年代后，生理学、心理学以及个体社会化问题的研究都证实了人的发展是一个具有终身性的过程。生理学的研究表明：人是生理的早产儿，出生后留下了大量发展的余地。脑科学的一项研究证明了这一点。人脑的最重要部分——前头前野的综合野，不仅发育得晚，而且成熟期也很长，到20岁、30岁，甚至60岁，这个部分还在缓慢地、持续不断地发展成熟。心理学家乔治·拉伯萨特认为，人类生下来也是"早熟"的，因为他带着一大堆"潜能"来到这个世界，一生也开发不完。个体社会化研究表明，一个人从出生下来时的茫然无知到成长为一个社会成员，其间必须学习所属社会长久积累起来的知识、技能和行为规范，发展自己的社会性。但从个体必须适应社会生活来看，人的成年并不意味着社会化过程的结束，而是一个新的起点。一方面，个体不同的成熟阶段所担负的不同的社会角色要求他掌握不同的角色技术；另一方面，社会中的任何一种变化都会引起个体的适应要求。成年后的社会化问题不仅客观存在，而且十分必要。因此，有"活到老，学到老"的说法。著名心理学家比勒（C. Buhler）、荣格（C. G. Jung）、埃里克森（E. H. Erikson）、哈维格斯特（R. J. Havighrsr）、莱文森（D. J. Levinson）等人亦都是这种观点的有力支持者。他们认为，人的发展，作为发展心理学中的一个专门术语，尤指个体的行为发展，即个体在广泛背景下发生的社会和心理过程。这种变化发展过程一直延续到个体死亡才告终结。可见人的发展是一个持续终生的过程。只要人是处于不断发展变化中的，那么就可能通过外在的教育活动来改变他、影响他、提升他。因此，领导教育作为对成年人的教育是可能的。

20世纪20年代兴起了关于成人学习能力的研究。早期比较著名的是桑代克（E. L. Thorndike，1874—1949）的"年龄与学习能力关系的曲线及智力对该曲线的影响"。结果如图2-1所示。

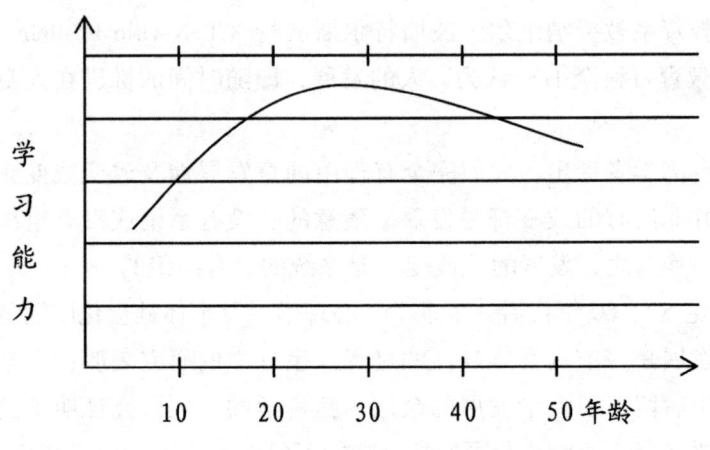

图 2-1 各年龄与学习能力的关系曲线

在 5~45 岁，人的学习能力与年龄关系按一定的曲线运行。自幼年起，人的学习能力持续增长，一直到 22 岁为最高点，如此保持数年，到 25 岁以后开始降低。桑代克的研究表明，人在学习能力发展的高峰（约 22 岁）至 45 岁之间的 20 余年内，其学习能力总量约降低 15%，平均每年仅降低 1%。这证明成人的可教性仍然很大。桑代克的研究报告发表，被诺尔斯（M. Knowles）称为成人教育运动历史上最伟大的时刻。以后的心理学家如韦克斯勒（D. Wechsler）、卡特尔（J. M. Cattell）、阿纳尼叶夫（Б. Г. Ананиъев）等人就成人学习能力进行了深入研究。

综合各国学者的研究成果，可得出如下结论。（1）成人学习能力的增长不因生理成熟而终止。人的智力，如注意力、记忆力、思维能力等并不因成年而停止，因而成年人仍然具有很强的学习能力。（2）成人学习能力不随年龄增长而明显下降。（3）学习与训练是保持学习能力的重要因素。有关研究认为，40 岁以后，人的机械记忆力减退，但理解记忆力增强，批判能力逐步提高，逻辑思维能力及解决问题的能力日趋成熟。因此，善于学习、善于思考者将终生保持很高的学习能力。①

不仅从个体的发展过程来看，对领导者进行教育是可能的，从每个个体所具备的领导特质的角度看，领导教育也是可能的。在领导学领域，人们最

---

① 高志敏，等. 成人教育心理学 [M]. 上海：上海科技教育出版社，1997：50-51.

早关注的是领导者的特质,提出了领导特质理论。关于领导特质理论,有两种观点:一种认为,领导者的品质是天生的而不是后天造就的;另一种观点认为,有效的领导者具有某些品质特征,这些品质特征大部分是后天造就的,只有身体特征是遗传的。人们把前一种观点称为传统的特质理论,把后一种称为现代特质理论。如果领导特质是天生的,那么就不能也不需要培训、教育领导者了,只需要对领导者进行选识别和选拔就可以了。如果领导特质是可以后天造就的,那么就为领导教育提供了理论支持。当代领导学的领导理念出现了新变化,即在信息化、知识化时代,领导不再是某个人的专利,人人都可以成为领导者。这与中国古代所谓的"人人皆可尧舜"有相似之处。"从领导科学角度出发,任何人,如果具有一定的知识能力,经过专门的严格训练,并能按照领导行为的客观规律办事,都应当能成为一位有效的领导者。"① 既然人人都可成为领导者,那么对每个人进行领导力教育就成为可能。

2. 成年人学习的优势

成人教育是可能的。领导教育目前看来多是以成年人为主。成年领导者可能已经受过很多教育,特别是受过社会风气的浸染,已形成相对稳定的思想观念、思维定式、习惯行为等。相比未成年人,他们的可塑性好像不如未成年人强。未成年人的可塑性好像更强些。英国著名哲学家、教育家约翰·洛克(John Locke,1632—1704)曾提出著名的"白板说(theory of tabula rasa)",即人出生时心灵像白板,人的一切观念和知识都是外界事物在白板上留下的痕迹,最终都源于经验。当然,未成年人不会是真正的白板一块,但他们处于身体与思想成长期是肯定的。他们对新生事物的接受能力可能会更强些。但是我们也不要忘记,成年人也有成年人学习的优势。②

(1) 成人学习具有明确的社会目的。一般而言,成人学习的目的比较明确。这主要有三方面的原因。第一,成人从事的劳动和工作与社会具有直接的联系,他们能清楚地认识到知识对社会和自身的意义,从而具有较明确的学习目的。第二,成人在社会实践中,常常会面临新的实际任务,为完成这些任务就需要学习有关的专业知识和技能,由此可激发他们强烈的学习欲望

---

① 陈天生. 领导学教程 [M]. 北京:气象出版社,1984:14.
② 关世雄,张念宏. 成人教育手册 [M]. 北京:北京出版社,1986:150-151.

和明确的学习目的。第三，成人在社会实践中，对某种实际知识积累到一定水平，就会产生将这些经验提高到理论上加以总结的要求，从而产生系统学习的愿望。

（2）成人学习有较强的自制力。由于成人具有比较明确的学习目的和较为强烈的求知欲，因而能在学习过程中，主动地排除外界的各种干扰，以较大的自制力投入学习中来。成人不仅可以在直接兴趣的驱动下进行学习，而且可以在学习结果刺激的间接兴趣下进行学习。很多情况下间接兴趣在成人学习中起到主导作用。为了学习结果的获得，成人往往能够表现出很强的自制力。在未成年人学习中，直接兴趣占主导地位，间接兴趣对他们的吸引力相比而言要小一些。

（3）成人的理解力比较强。成人随着年龄的增长、生理的发展、社会实践经验的丰富，对事物的认识也更加全面深刻。成人的意义理解增强。他们已不再停留在感性认识的层面上，而是在比较、分析、综合、判断、抽象、概括能力上有了很大发展。成人的理性思维比较发达。他们善于通过分析、理解、推理等解决问题，接受新生事物。如果领导教育中所传授给他们的道理是清晰而有力的，他们在认可之后反而会比未成年人更稳定。换言之，他们能够更快地"识理""认理""用理"。成人的反思能力也很强。反思是一个人学习达到高级阶段的标志。成年人的反思能力比之未成年人更强。他们更善于从事物中反思利弊，总结经验与教训。成人的机械识记能力随着年龄的增长相对较弱，但他们的意义识记能力却在增强。

（4）成人具有丰富的实践经验。固有的经验利用不好会成为学习的障碍，但如果利用得好将是学习的助动器。建构主义学习理论表明，人们的学习并不是在白板基础上展开的，即并不是在空白状况下开始的，而是基于个体已有的经验和特定情境的积极建构。成年领导者的经验在学习活动中反而有助于新知识的建构和自我建构。

总之，成年领导者是成熟的学习者。成熟的学习者能够运用理性接受事物，运用反思提升学习，运用经验助力学习。成年领导者是更善于学习的，因此也是可教育的。

3. 外在环境的推动

领导教育的可能性不仅与人的内在持续发展有关，也与外在环境的支持和推动有关。一直以来，社会特别是统治阶层都通过各种各样的手段和方式培养着接班人。可以说，统治阶级的这种支持和推动为领导教育的存在提供了外在环境上的可能性。从组织的角度讲，为了组织的维持和发展，组织领导者会通过各种方式培养组织的接班人或继任者。除对接班人或继任者的培养，国家行政管理或组织管理对各层领导者或骨干人才的需求，也会导致国家或组织想办法进行未来领导者的培养或现职领导者的培养。这在客观上推动了领导教育的可能性。

除此之外，随着时代的发展，终身教育理念的提出，也为领导教育的进行提供了理论支撑。

总之，人的发展的持续性表明，人在不同的阶段都会有所发展，这为领导教育的可能提供了理论支持，而成人学习的优势又为成人领导者的教育的可能性提供了支持。外在环境的推动和终身教育理念的提出等，都为领导教育的可能性提供了支持。鉴于以上原因，我们认为，领导教育是完全可能的。

第二节 领导教育何以必要

通过第一节的论述，我们已经知道，领导教育是具有可能性的。领导教育的可能性只是从理论上论证了它是否可能存在。但有可能而无必要的事情可以不做。因此，还必须进一步追问，领导教育具有可能性，但是否具有必要性呢？要论证领导教育的必要性，首先应该了解一下教育的必要性问题。

一、教育的必要性论证

（一）儒家学派的观点

战国时期的思想家、儒家学派的代表人物孟子（约前372—前289，名轲，字子舆，一字子车、子居，鲁国邹人）提出了著名的性善说。"孟子道性善，言必称尧、舜。"[1]（《孟子·滕文公上》）孟子发挥了中庸天命谓之性的理论，肯定了仁义理智根于性，而性是生来就有的。《孟子·告子上》说：

> 恻隐之心，人皆有之；羞恶之心，人皆有之；恭敬之心，人皆有之；

---

[1] 方勇. 孟子 [M]. 北京：中华书局，2010：86.

是非之心，人皆有之。恻隐之心，仁也；羞恶之心，义也；恭敬之心，礼也；是非之心，智也。仁义礼智非由外铄我也，我固有之也，弗思耳矣。①

孟子对性善论最有力的论证，是通过人的心理活动来证明的。孟子认为，性善可以通过每一个人都具有的普遍的心理活动加以验证。既然这种心理活动是普遍的，因此性善就是有根据的，是出于人的本性、天性的，人人具有的，无一例外，是普遍存在的，也就是天然所固有的，非个人能力所及，于是就成为一种绝对、一种极致。所以孟子说性善"人皆有之"，又说"我固有之"。有学者认为，"如果按照孟子的看法，人是生而有'四端'，人性本善，那么就不用进行教育，从而否定了后天的作用，也否定了人性的发展性和人性的差异性"②。如此，也就没有必要对人进行教育。其实，孟子所谓善的"四端"并非善的现实性，只是善的可能性，要使可能性转变成为现实性，还要经过"圣人"的教化。这就强化了教育的必要性。

《礼记》是儒家的重要经典。《礼记》是"三礼"（《周礼》《仪礼》和《礼记》，均被列入儒家"十三经"）之一。《礼记》中的《中庸》开篇便说："天命之谓性，率性之谓道，修道之谓教。"③ 此句是说，天所赋予人的就是本性，遵循本性自然发展而行动就是道，修明道而推广于众人就是教化。这句话与孟子的人性论颇有相通之处，实又颇有不同之处。

孟子所谓的性善的性并非人的天赋本性，而是社会化的文化沉积。人的"善性"是要通过圣人教化才能实现的。《礼记》中的"修道之谓教"也是强调教化作用。可以说，重教化是儒家各派的共同特点。但孟子、荀子都不主张或反对任自然，只有《礼记》主张任自然而重教化。这是《礼记》不同于先秦儒家主要学派的独特之处。④

从以上儒家学派的观点看，人都是需要进行教化的。只有经过教化人才能成人，国家社会才可以长治久安。因此对人实施教育是非常必要的。

---

① 方勇. 孟子 [M]. 北京：中华书局，2010：218.
② 李中华. 中国人学思想史 [M]. 北京：北京出版社，2004：232.
③ 胡平生，张萌. 礼记：下 [M]. 北京：中华书局，2017：1007.
④ 李中华. 中国人学思想史 [M]. 北京：北京出版社，2004：239.

(二) 国外的观点

古罗马时期斯多亚派三大著名哲学家（另外两个一位是皇帝奥勒留，一个是大臣塞涅卡）之一的爱比克泰德（Epictetus，约50—120）论述了教育的重要作用，认为没有受过教育的人的推理能力并不总能免于谬误。他认为，接受过完整三段论训练的人完全有能力对付一个不完整的三段论。但是仅有这种获得能力的训练是不够的。他认为，"一般而言，因为没有接受过教育的人和软弱的人所获得的每一种能力对他们来说都是充满危险的，因为这些能力更容易让他们变得自高自大、夸夸其谈"①。因此，必须通过教育说服一个在推理能力方面优于他人的年轻人，不是让他变成这些能力的附属品，而是让这些能力变成他的附属品。

教育就是让人遵循规律行事。爱比克泰德认为："教育恰恰就在于让人虚心按照每个事物所发生的样子来进行正确的欲求。"②他认为世间众事众物是神已经命定好了的。"要关注这种命定，我们就必须接受教育，目的不是为了改变事物的构成——因为我们并没有被赐予这样一种能力，而且它也不会因此而变得更好——而是为了在看到我们周围的事物本来的样子和它们的本性之后，我们能够就我们自己来说，使我们的意志和所发生的事情和谐一致。"③ 在爱比克泰德看来，接受教育才能接受现在事物，改变我们对世界规律的认识，才能循规行事。这样的行事才能达到合规律性与合目的性的统一，否则将会受到惩罚，庸人自扰。因此，接受教育是必要且必须的。

德国著名哲学家伊曼努尔·康德在《论教育学》中也论证了人接受教育的必要性。他认为："人是唯一必须受教育的被造物。"④ "人只有通过教育才能成为人。除了教育从他身上所造就出的东西外，他什么也不是。"⑤ "人需要保育和塑造。"⑥这里所说的"塑造"意味着规训和教导。康德所理解的教育，指的是保育（养育、维系）、规训以及连同塑造在内的教导。保育意味着父母要采取预防措施，使孩子不会有害地运用其能力。规训或训诫把动物性

---

① 爱比克泰德. 哲学谈话录 [M]. 吴欲波，等译. 北京：中国社会科学出版社，2004：24.
② 爱比克泰德. 哲学谈话录 [M]. 吴欲波，等译. 北京：中国社会科学出版社，2004：36.
③ 爱比克泰德. 哲学谈话录 [M]. 吴欲波，等译. 北京：中国社会科学出版社，2004：36.
④ 康德. 论教育学 [M]. 赵鹏，何兆武，译. 上海：上海人民出版社，2005：3.
⑤ 康德. 论教育学 [M]. 赵鹏，何兆武，译. 上海：上海人民出版社，2005：5.
⑥ 康德. 论教育学 [M]. 赵鹏，何兆武，译. 上海：上海人民出版社，2005：4.

变成人性。康德是从人与动物的区别的角度来论述人为什么必须受教育的。"规训防止人由于动物性的驱使而偏离其规定性：人性。"① 康德区分了训诫和教导的不同。训诫是纯然否定性的，也就是那种把野性从人身上去除的活动，与此相对，教导则是教育肯定性部分。规训将人置于人性的法则之下，并且由此开始让他感受到法则的强制。规训必须及早施行，晚了就很难再改变一个人。他认为："未受培养的人是生蛮的，未受规训的人是野性的。耽误规训是比耽误培养更糟糕的事情，因为培养的疏忽还可以后来弥补，但野性却无法去除，规训中的过失是无法补救的。"②康德不仅论述了人必须接受教育的必要性，而且对教育抱着极大的希望。他认为，教育或许会变得越来越好，而且每一代都向着人性的完满实现更进一步；因为在教育背后，存在着关于人类天性之完满性的伟大秘密。人的天性将通过教育而越来越好地得到发展，而且人们可以使教育具有一种合乎人性的形式。康德认为，人性中有很多胚胎，我们现在要做的是让自然禀赋均衡地发展出来，让人性从胚胎状态展开，使人达到其本质规定。人应该首先发展其向"善"的禀赋；天意并没有将它们作为完成了的东西放在他里面；那只是单纯的禀赋，还没有道德上的分别。要完成人的发展，就必须学习，必须接受教育。总而言之，在康德看来，人之为人在于人接受教育，接受社会的规定性，完成人的本质规定性。

康德提出，在教育中人必须接受四件事情。（1）人必须受到规训。规训意味着力求防止动物性对人性造成损害——无论是在个体的人身上，还是在社会性的人身上。规训就是对野性的单纯抑制。（2）人必须得到培养。培养包括教授和教导。它造就的是技能，即拥有一种满足各种目的的能力。因此，它不规定任何目的，而把后者留给具体环境来决定。（3）人们还必须注意，要让人变得明智，以便能够适应人类社会，在社会上受欢迎、有影响。这属于一种特定类型的教化，人们称之为文明化。它要求风度、礼貌和某种机智性，这样就能使其他所有人服务于自己的最终目的。（4）人们必须注意道德教化。人应该不仅有达到各种各样目的的技能，而且还应获得这样的信念，即他只会选择真正好的目的。好的目的就是那些必然为每个人所认同的目的，

---

① 康德. 论教育学 [M]. 赵鹏，何兆武，译. 上海：上海人民出版社，2005：4.
② 康德. 论教育学 [M]. 赵鹏，何兆武，译. 上海：上海人民出版社，2005：5.

那些能够同时成为每个人的目的的目的。① 这四项"必须"规定性决定了人必须接受教育才能完成。这是从内容角度完成了他的人的受教性的论证。

二、领导教育的必要性

人接受教育是有必要性的,那么,领导教育是否必要呢?领导教育具有了可能性,是否也具有必要性呢?如果领导教育具有了可能性,而不具备必要性,它也是可以不用存在的。我们认为,领导教育不仅具有可能性,而且具有必要性。领导教育的必要性可以从个人和组织两方面加以讨论。

(一)领导者学习的必要性

领导者有必要学习,是领导者有必要受教育的一个重要前提。领导者学习的必要性可从以下方面探讨。

1. 领导者自身的内在要求

领导活动是需要不断学习的活动。领导者需要不断充实完善自己。领导者有学习的内在需要。这种需要既产生自外在工作环境的刺激,也产生自个人发展的需要。人本主义心理学(humanistic psychology)的主要创始人和代表人物马斯洛(Abraham Harold Maslow,1908—1970)的著名的需求层次理论(need-hierarchy theory)② 认为,人具有多重需求,这些需求按其性质可由低到高分为七个层次:生理需求(physiological needs),安全需求(safety needs),隶属于爱的需求(belongingness and love needs),自尊需求(self-esteem needs),认知的需求(need to know),审美的需求(aesthetic needs),自我实现需求(self-actualization needs)。这指在精神上臻于真善美合一的至高人生境界的需求,亦即个人所有理想全部实现的需求。在这七种需求中,前四种被称为基本需求,后三种被称为成长需求。其中,认知的需求是指个体对己对人对事物变化中所不理解者希望理解的需求,诸如探索、操弄、试验、阅读、询问等属之。这是每个个体都会具有的一种需求。领导工作是一项需

---

① 康德. 论教育学 [M]. 赵鹏,何兆武,译. 上海:上海人民出版社,2005:10.
② 需求层次理论是马斯洛在 20 世纪 40 年代所提出复经几度修正的动机理论。在其不同时间出版的著作中说法不尽相同,一般书籍对其理论的解释与引述也不尽相同,有的解释为五层,有的解释为六层,有的解释为七层。本书采用说法见张春兴. 教育心理学 [M]. 杭州:浙江教育出版社,1998:303-304. 另有人把其理论翻译为"需要层次理论"。

要不断改变、不断创新、不断完善的工作，同时也是一项不断充满矛盾、问题与斗争的工作。领导者会在工作中碰到各种困惑。为了解决这些工作中的困惑就需要不断学习，由此产生学习的愿望与动机。因此，领导者学习是有自身内在需求的。

2. 领导环境复杂化的要求

领导活动是一项复杂的活动。领导者处于组织的核心，处于组织内部各种关系与力量的交织处。不仅如此，领导者也处于复杂的外部领导环境中。领导环境总是变动不居的。内外领导环境不断对领导者提出新的问题、难题和挑战。这需要领导者具备综合素质与多种能力协调、解决、处理这些问题与挑战。领导者要具备综合素质，适应环境变化的挑战，就必须接受教育、通过学习来提高自己。

3. 教育是领导者成功的保证

教育是领导者获得成功的必要保证。领导教育活动可以为领导者提供学习努力的方向，同时解决领导者自身在组织内部和复杂的领导环境中所不能获得的知能情意。

爱比克泰德认为："如果一个人身居某个高位，或者尽管他没有，但他却至少认为是如此，又如果他没有受过教育的话，那他将因此而不可避免地变得不可一世。"[①] 教育是使一个人具有理性，能够成就美德、自我控制的最有力的工具。一个人如果不经过适当的教育就难免会犯错误。并不是说，经过教育人就不犯错误了，而是说经过教育可以把人犯错误的概率降到最低。教育使人明智，可以创造性地完成任务；教育使人理智，可以控制自己的激情与冲动，避免无谓错误的产生。

基于以上现实状况与新要求，可以知道领导教育活动是十分必要的。

(二) 组织领导专业化的要求

随着工业化和大机器生产时代的到来，社会分工越来越细，社会组织也越来越精细化。组织成员专业化成为每一个社会组织的要求。作为社会组织中的一员的领导者，也必须完成专业化的过程。领导者的专业化，既包括业务的专业化，也包括领导行为本身的专业化。领导者完成专业化的过程，需

---

① 爱比克泰德. 哲学谈话录 [M]. 吴欲波，等译. 北京：中国社会科学出版社，2004：50.

要领导者接受教育,通过教育来完成专业化过程。

历史上许多有识之士都对组织成员要加强学习做过论述。这些论述有的虽然没有直接提出组织成员专业化的问题,但大都从组织需要成员不断学习、不断接受教育、不断提高自己的角度,论述了组织成员学习和受教育的必要性。

1. 列宁论组织成员的学习

弗拉基米尔·伊里奇·列宁(1870—1924),原名弗拉基米尔·伊里奇·乌里扬诺夫,是全世界无产阶级的革命导师和领袖,马克思主义理论家,俄国共产党和苏维埃社会主义共和国联盟的主要创建人。原姓乌里扬诺夫,列宁是他后来用得最多的笔名,也是全世界最熟悉的名字之一。列宁十分重视组织成员的学习,认为组织成员只有不断学习才能适应组织工作。在《宁肯少些,但要好些》里谈道:

> 我们有哪些人可以用来建立这种机关呢?只有两种人。第一,是一心为社会主义奋斗的工人。这些人受的教育是不够的。他们倒是想给我们建立优秀的机关。但是他们不知道怎样做。他们无法办到。他们直到现在还没有具备建立这种机关所必需的文化修养。而做这件事情所必需的正是文化。在这里,蛮干或突击,机敏或毅力,以及人的任何优良品质,都是无济于事的。第二,是有知识的、受过教育和训练的人,而我国比起其他各国来这种人少得可笑。①

这里列宁从组织建设的角度论述了建立机关所需要的人才应该是有知识的、受过教育和训练的。这就为领导者必须接受教育提供了理论依据。

在这样的情形下,列宁进而指出:

> 为了革新我国的国家机关,我们一定要给自己提出这样的任务:第一是学习,第二是学习,第三还是学习,然后是检查,我们学到的东西真正深入血肉,真正地完全地成为生活的组成部分,而不是学而不用,

---

① 列宁. 宁肯少些,但要好些(1923年3月2日)[M]//中共中央马克思恩格斯列宁斯大林著作编译局. 列宁选集:第4卷. 北京:人民出版社,1995:785.

或只会讲些时髦的词句（毋庸讳言，这种现象在我们这里是特别常见的）。①

列宁从革新国家机关（组织）的目的出发，把不断的学习作为任务，提了出来。对组织成员来说，要想使组织有效运转，使自己担负起组织运转的任务就必须不断学习或接受教育来提升自己。

列宁说："要管理就要内行，就要精通生产的一切条件，就要懂得现代高度的生产技术，就要有一定的科学修养。这就是我们无论如何都应当具备的条件。"② 那种外行领导内行的情况在今天是越来越远了。内行领导内行成为领导的一种趋势。因此，真正的领导者要使自己成为内行必须通过不断的学习才能达到。

2. 马克斯·韦伯的观点

马克斯·韦伯（Max Weber，1864—1920）是德国社会学家、历史学家、经济学家和社会法学派在欧洲的创始人之一。在社会学领域他是与马克思和涂尔干齐名的社会学古典理论的奠基人之一。在韦伯著名的官僚制的研究中，对官员接受专业培训的必要性做了充分的论证。

第一，在《政治作为一种志业》的演讲中，他论述了专业是政治家产生的一个条件。在韦伯看来，近代官僚体制的发达促成了专业官僚的产生。他们"受过长年的预备训练，这是一支有特长、具备专业训练、高度合格的脑力劳动力量"③。在欧洲，按照分工原则的专业官吏体制，是在历时五百年的发展中逐渐完成的。在具备专业训练的官吏阶层崛起的同时，"首席政治家"（leitende politiker）的发展也宣告完成。

在韦伯看来，政治逐渐演变成一种"经营"之后，这种经营需要从业者受过权力斗争的训练，受过近代政党政治（Parteiwesen）发展出来的权力斗争方法的训练，所以政治的这种演变，决定了公共官吏分为两类，即事务官

---

① 列宁. 宁肯少些，但要好些（1923年3月2日）[M]//中共中央马克思恩格斯列宁斯大林著作编译局. 列宁选集：第4卷. 北京：人民出版社，1995：785.
② 列宁. 在全俄水运工人第三次代表大会上的演说（1920年3月15日）[M]//中共中央马克思恩格斯列宁斯大林著作编译局. 列宁全集：第30卷. 北京：人民出版社，1959：394.
③ 韦伯. 学术与政治[M]. 钱永祥，等译. 桂林：广西师范大学出版社，2004：212.

吏（Fachbeamte）和政务官吏（Politische Beamte）。

韦伯还探讨了政治家应该具备的一些个体素质。他认为："就政治家而言，有三种性质是绝对重要的：热情（leidenschaft）、责任感（Verantwortungsgefühl）、判断力（Augenmαβ）。"① 所谓热情，指的是切事（Sachlichkeit）的热情、一种对一件"踏实的理想"（Sache）的热情献身、对掌管这理想的善神或魔神的热情归依。政治家不在于热情本身，而是要在用热情来追求某一项"踏实的理想"之同时，以对这个目标的责任为自己的行为的最终指针。这就需要政治家具备最重要的心理特质：判断力。这是一种心沉气静去如实地面对现实的能力；换句话说，也就是一种对人和事的距离。韦伯还认为，政治家必须时刻克服自己身上的一种全然平常、全然属于人之常情的敌人：虚荣。政治家还应该具备信念、生产道德等。韦伯关于政治家素质的探讨为领导教育提供了方向。

第二，韦伯在关于"合法型统治"的研究中论述了专业培训的重要性。韦伯在官僚制研究中，发现了"专业培训"在官僚体制中所具有的重要而独特的地位。他认为，"设有官僚行政管理班子的合法型统治"中议事的"规则"可能是（a）技术性的规则，（b）准则。

> 在这两种情况下，为了应用规则，要达到完全合理，就必须有专业培训。因此，在正常的情况下，只有证明接受专业培训者成绩合格，才有资格参加一个团体的行政管理班子，才允许被任命为"官员"。"官员"构成合理团体的典型的行政管理班子，不管这是政治的、僧侣统治的、经济（尤其是资本主义的）或者其他的团体。②

这里，韦伯强调了接受"专业培训"在组织中取得合法地位的重要性。一个官员只有接受了专业培训，并且成绩合格，才有资格参加一个团体的行政管理班子，成为其组织中的一员。韦伯的这种研究为领导者必须接受"专业培训"提供了理论支持。

韦伯认为，合法型统治的最纯粹类型，是那种借助官僚体制的行政管理

---

① 韦伯. 学术与政治 [M]. 钱永祥，等译. 桂林：广西师范大学出版社，2004：252.
② 韦伯. 统治的类型 [M]//韩水法编. 韦伯文集：下. 北京：中国广播电视出版社，2000：219. 引文中"专业培训"的着重号为韦伯所加。

班子进行的统治。在最纯粹的类型中，行政管理班子的整体由单个的官员组成（集权制，与以后要讨论的"合议制"恰成对照），官员们"根据专业业务资格任命（不是选举）——在最合理的情况下，通过考试获得的、通过证书确认的专业业务资格"①。可见在合法型统治中专业业务资格的获得是成为官员的重要前提。为获得此资格未来的官员们必须不断学习或接受教育。

韦伯认为，在官僚体制中，专业业务资格的范围在日益扩大。他说：

> 在官僚体制中，专业业务资格的范围在日益扩大。即使政党和工会的官员也需要专业的（在经验中获得的）知识。现代的"政府部长"和"国家总统"是无独有偶的一些不要求有专业资格的"官员"，这证明他们只不过是形式的而不是在实质的意义上的官员，正如一个大的私营股份企业的"总经理"一样。②

专业业务资格的范围日益扩大的趋向，进一步表明官员（领导者）接受教育，获得专业业务资格的必要性。

韦伯还分析了为什么在官僚体制中专业知识是不可或缺的。

> 如果说官僚体制的行政管理到处都是——在其他情况相同的条件下！——形式上—技术上最合理的，那么今天它对群众性行政管理（人事管理或事务管理）的需要，一般是不可或缺的。人们只能在行政管理的"官僚体制化"和"外行化"之间进行选择，而官僚体制化的行政管理优越性的强大手段是专业知识；专业知识的不可或缺性是受货物生产的现代技术和经济制约的，不管这种生产是按资本主义方式，或者——如果要达到同样的技术效率，那只能意味着极大地提高专业官僚体制的意义——按社会主义方式组织的。③

---

① 韦伯. 统治的类型 [M]//韩水法编. 韦伯文集：下. 北京：中国广播电视出版社，2000：221.
② 韦伯. 统治的类型 [M]//韩水法编. 韦伯文集：下. 北京：中国广播电视出版社，2000：222.
③ 韦伯. 统治的类型 [M]//韩水法编. 韦伯文集：下. 北京：中国广播电视出版社，2000：224.

为什么专业知识如此重要？这是因为对非专家来说，掌握官僚体制机构的可能性总是有限的；从长远来看，枢密顾问专家在贯彻其意志方面，往往比非专家的政府大臣更优秀。

韦伯还认为：

> 官僚体制的行政管理意味着根据知识进行统治：这是它所固有的特别合理的基本性质。除了受专业知识制约的巨大的实力地位外，官僚体制（或者利用它的统治者）还倾向于通过公务知识，进一步提高其能力；在公务交往中获得的或者"熟谙档案的"实践知识。①

这里，韦伯提出了官员应具备的三种十分重要的知识：专业知识、公务知识和实践知识。可以说，这三种知识是一个官员能够在官僚体制中正常运转的基本知识。这三类知识的划分对领导教育来说是有启发意义的。领导教育不仅要进行专业教育，可能更主要的是要进行公务知识的教育。当然还要注意在实践中培养领导者的实践知识。

韦伯认为，在社会方面，官僚体制的统治一般意味着三方面。

1. 为了能普遍地从专业业务上最有资格的人当中招募人才，倾向于等级拉平化。

2. 为了持续尽可能长的（往往几乎到达30周岁）专业培训，倾向于财阀统治化。

3. 形式主义的非人格化的统治：没有憎恨和激情，因此也没有"爱"和"狂热"，处于一般的义务概念的压力下；"不因人而异"，形式上对"人人"都一样，也就是说，理想的官员根据其职务，管辖着处于相同实际地位中的每一个有关人员。②

在这三方面之中几乎每一条都与专业培训有关。可见，专业培训在官僚

---

① 韦伯．统治的类型［M］//韩水法编．韦伯文集：下．北京：中国广播电视出版社，2000：225．

② 韦伯．统治的类型［M］//韩水法编．韦伯文集：下．北京：中国广播电视出版社，2000：226．

体制中的重要性,也可见专业培训对官员资格的重要性。

第三,韦伯在关于"传统型统治"的研究中,也论述了专业培训对这种统治的影响。韦伯对"传统型统治"中,统治者与行政管理班子之间的关系做了澄清:

> 统治者不是"上司",而是个人的主子,他的行政管理班子首先不是〔由〕"官员"〔组成〕,而是他个人的"仆从",被统治者不〔是〕团体的"成员",而是或者"传统的同志",或者"臣仆"。决定行政管理班子同主子的关系,不是事务上的职务职责,而是奴仆的个人忠诚。不是服从章程,而是由传统或由传统决定的统治者所任命的个人。①

他认为,在纯粹的类型中,传统型统治的行政管理班子缺乏"专业业务培训(作为准则)"。

> 最初,统治者的一切家臣和宠信都缺乏合理的专业培训作为基本的任职资格。无论在什么地方,对(不管什么样性质)职员培训的开始,都开创行政管理方式的新时代。②
>
> 对某些职务来说,很早就曾需要某种程度上的经验方面的培训。因此,首先是能读会写,这原先确实还是一种价值极高的、稀罕的"艺术",能读会写往往——最重要的例子是中国——由于文人的生活方式,对整个文化的发展起过决定性的影响,并且消灭了世袭制度之内招募官员的办法,这样一来,也就"从等级上"限制了统治者的权力。③

可见,对领导者进行专业培训是"开创行政管理方式新时代"非常重要的一个原因和条件。

---

① 韦伯.统治的类型[M]//韩水法编.韦伯文集:下.北京:中国广播电视出版社,2000:227-228.
② 韦伯.统治的类型[M]//韩水法编.韦伯文集:下.北京:中国广播电视出版社,2000:232.
③ 韦伯.统治的类型[M]//韩水法编.韦伯文集:下.北京:中国广播电视出版社,2000:232.

传统型统治的一种类型是世袭制。韦伯认为，任何首先以传统为取向，然而依据充分的固有权利实施的统治，都应该叫作世袭的统治。他认为，一般的世袭制不仅由于它的财政政策，而且首先由于它的行政管理的普遍特性，给合理的经济造成障碍。其中一个重要的原因就是"由于典型地缺乏正式受到专业业务训练的官员班子"①。什么样的情况下，才可能有所改变或不同呢？

原则上，只有在世袭制的统治者为了自己的权力和财政利益，采用专业官员进行合理管理的地方，情况才会有所不同。为此必须有以下几点。1. 专业培训的存在。2. 在一般的情况下，要有足够强烈的动机；在同一个的文化圈里，若干世袭制的分权进行尖锐的竞争。3. 必须有一个很独特的因素：把城市的社区团体作为财政实力的支柱，纳入竞争着的世袭制的各种权力之中。②

在世袭制发生改变的条件里，韦伯把"专业培训的存在"放在了第一位。可见，这是一个非常重要的因素。

第四，韦伯在关于官僚体制统治的本质、前提和发展的研究中，对官员需要接受专业化的培训进行了更为细密的论述。

韦伯认为，现代官员有其特殊的运作方式。其中，"职务工作，至少是一切专门化的职务工作——这是现代职务工作的特点——一般是以深入的专业培训为前提的。这也同样愈来愈既适用于私人经济企业的现代的领导者和职员，也适用于国家的官员"③。韦伯的研究，表明接受专业培养成为领导在组织中任职的前提。这种任职前提具有普遍性，不论是企业领导者还是国家的领导者概莫能外。

现代官员的运作方式是有规可循的：

---

① 韦伯. 统治的类型 [M]//韩水法编. 韦伯文集：下. 北京：中国广播电视出版社，2000：245.
② 韦伯. 统治的类型 [M]//韩水法编. 韦伯文集：下. 北京：中国广播电视出版社，2000：246.
③ 韦伯. 官僚体制统治的本质、前提和发展 [M]//韩水法编. 韦伯文集：下. 北京：中国广播电视出版社，2000：324.

> 官员职务的执行，是根据一般的、或多或少固定的、或多或少详尽说明的、可以学会的规则进行的。因此，这些规则的知识就是一种特殊的学问（根据不同情况：法学，行政管理理论，商务科学），官员们拥有这种学问。①

这里韦伯提出了"规则的知识"是官员们必须掌握的知识，这些"规则的知识"，不同于前面提到的"在公务交往中获得的或者'熟谙档案的'实践知识"，而是一种比较明晰的、"可以学会的"知识。这种观点也为领导教育具有能够传授的知识提供了一种支持。因为，在知识论看来，有些知识是能够明确传授的（显性知识），而有些知识是不能明确传授的（缄默知识或默会知识）。

韦伯认为，现代官员的特殊运作方式，对官员们内在的和外在的地位来说，具有一些影响后果。这导致"职务就是'职业'。这首先表现在要求有明确规定的，在很长时间内往往要投入整个劳动力的培训过程和进行一般规定的专业考试作为聘任的先决条件"②。当长期的专业培训过程和专业考试成为聘任的先决条件时，官员接受培训就成为一种必然要求。从任职资格的角度讲，官员接受领导教育不仅十分必要，而且成为一种必须。

列宁从国家建设的角度，论述了干部或组织领导者进行学习、接受教育的必要性，而马克斯·韦伯则对官僚体制中官员接受专业培训的重要作用和必要性做了专业性考察。通过他们的论述我们可以看到，一个组织要想正常地、有效地运转，其组织领导者必须接受长期的专业培训。这是现代官僚体制也是现代企业和其他组织的领导者必要的任职前提。现代社会的发展特征，不仅要求组织成员实现专业化，而且要求组织领导者实现专业化。组织领导者专业化的要求，使得他们接受领导教育成为一种必然。

---

① 韦伯. 官僚体制统治的本质、前提和发展 [M] //韩水法编. 韦伯文集：下. 北京：中国广播电视出版社，2000：325.
② 韦伯. 官僚体制统治的本质、前提和发展 [M] //韩水法编. 韦伯文集：下. 北京：中国广播电视出版社，2000：325.

第三节 领导教育何以可行

领导教育既是可能的,也是必要的,那么在现实中是否就一定可行呢?教育是否可行的问题,主要涉及教育实施的条件,即是否具备实施教育的条件。任何教育都是在一定的条件下展开的,不具备条件或条件不成熟就很难实行教育或达成教育的效果。领导教育的实行必须具备一定的条件保障。这些条件可以保证领导教育的顺利实施。

一、国家政策的保障

对领导者和未来领导者进行教育和培养,对国家来说是一项重要的任务和战略措施。因此,领导教育受到国家政策和制度的保障。考察领导教育史会发现,远在中国的周朝就已经形成了较为完整的太子教育制度。在后来的封建社会形成了对帝王进行教育的侍讲制度、经筵制度等。传统的这些领导教育制度为古典主义的领导教育提供了制度保障,使得领导教育成为经常性的,甚至日常性的活动。当然,传统的领导教育制度是为保障统治阶级的统治需要,是为帝王的江山稳固服务的。这种领导教育制度与我们党和国家全心全意为人民服务和为人才成长的领导教育政策和制度在性质上是不同的。

我们党和国家领导人十分重视接班人的培养工作,也十分重视各行各业领导者素质的提高。因此,党和国家在不同的历史时期,提出了不同的干部教育政策,不断建设干部教育培训制度,以推动干部教育的进行。国家政策和制度往往从领导教育的目的和要求,领导教育的课程建设、教学内容、课程考核、教材建设、师资队伍,领导教育的管理等多方面给予规定,从而给予领导教育以比较全面的保障。国家关于领导教育的政策和制度,不仅给予领导教育以合法性,而且给予领导教育以开展的现实空间。

二、教育机构的保障

领导教育机构是领导教育实施的重要保障。领导教育机构是为实施领导教育而设置的部门，通常表现为培养未来领导者的各种学校和专门进行领导教育的机关。例如，我国北齐时设置的文林馆，唐朝时设置的弘文馆、集贤院、翰林院等，都是具有领导教育性质的机构。古代巴比伦的"埃弗比"以及古代西方许多国家的宫廷学校等，也都是领导教育的机构。现代领导教育机构更加多样化。在西方国家许多大学都具有领导者培训功能。有的大学设置有专门的领导教育学院，如哈佛商学院等。除大学担负有领导教育的部分功能外，绝大部分国家都设置了专门的领导教育机构。

在我国，进行领导教育的机构除各级各类学校外，各级党校和各种类型的干部学院是干部教育的主要机构。教育机构还包括各种能够成为领导教育实践基地的组织和单位。此外，各企业、事业单位等组织也还设有内部的领导教育培训机构，如人力资源部等。这些机关也担负着领导教育的责任。如此说来，领导教育的机构是很多的。

我国的领导教育机构，面临着由培养传统的干部到培养现代的领导者的职能转变。领导教育机构职能转变的过程，是伴随着领导教育实践进行的。这并不妨碍领导教育的进行，反而会促进领导教育的发展。

总之，现代领导教育的实施有大量的领导教育机构作为保障。领导教育机构以培养未来的领导者（官吏或某领域的领袖人才）或现职领导者为主要任务，可以最大限度保障领导教育的效果。

三、师资队伍的保障

领导教育除有领导教育的机构保障外，还必须领导教育的师资队伍。在中国古代的太子教育和皇帝教育中，都是精心挑选德才兼备的最优秀的人才担任教师。在西方古代的领导教育中，领导教育也大都有专门的人承担。现代领导教育由于各种学校和大学以及专门的领导教育机构的存在，师资队伍的建设更是走向新阶段。

在我国，现阶段各级党校和干部培训院校都拥有大批的专业师资。他们大都受过良好的专业教育，拥有较高的学历，具有较扎实的专业功底。他们能够担负起领导教育的任务。现在各干部教育院校都十分重视师资队伍建设，注意高学历人才的引进，注重知识结构之间的合理搭配，注意老中青年龄结构的搭配。此外，各干部教育院校还十分注意师资队伍的培训，如师资队伍的校本培训、国外培训等。这些措施都有力地促进了干部教育师资队伍的优化。

不仅如此，各党校和干部院校还十分注意教师资源的优化组合。他们往往聘任行政领导、企业领导、事业领导、文化领袖、知名专家学者等作为领导教育的兼职师资。兼职师资的聘任根据需要，因人而异，灵活机动，大大扩大了干部教育师资队伍的数量，优化了领导教育的师资结构，提高了领导教育的质量。

领导教育的师资队伍，不仅仅包括专职教师、兼职教师，甚至还包括领导教育的管理者和各种服务人员。他们的工作也为领导教育的顺利实施提供了有力的保障。

总之，专兼职结合、老中青搭配、素质优良、数量庞大的现代领导教育师资队伍是领导教育实施的重要保障。有了这样一批领导教育的师资队伍，领导教育就能够顺利地开展。

四、历史实践的保障

对今天的领导教育而言，还有一个可行性保障即领导教育实践的历史经验。历史上人们对领导教育的实践可以为当今与未来的领导教育提供宝贵的经验和思想资源。当今的领导教育可以继承与发扬历史上领导教育的经验，在此基础上，寻求改变、突破与创新。领导教育的历史实践是不能轻易跳过的宝贵资源。掌握好这一资源可以更为轻便地引领今天的领导教育不断前进。

以上从宏观方面讨论了领导教育实施的一些保障条件。从具体方面来说，还有许多方面可以保障领导教育的实施。比如，领导教育研究的进行，领导教育课程的开发，领导教育教材的建设，领导教育管理的实施，等等。

本章小结

领导教育学的建立要回答领导教育的可能性、领导教育的必要性和领导教育的可行性三方面的基本问题。人的发展的可持续性和成人学习的优势使得领导教育成为可能。领导者学习的必要性和组织领导专业化的要求使得领导教育成为一种必要。国家政策、教育机构、师资队伍和历史实践的存在,保障了领导教育的可行性。领导教育既是可能的,且是必要的,还是可行的。

第三章

领导教育学的科际关系

论证领导教育学的学科独立必须研究它与其他学科的关系。一方面,要研究它与其他学科的联系;另一方面,又要表明它与相关相近学科之间的区别。只有表明它与其他学科的不同,才能表明它的学科独立性。

第一节 领导教育与其他教育关系

领导教育学的特殊性,首先表现在它的研究对象的特殊性上。研究对象的特殊性可以通过与它相似的对象的比较展现出来。本节将对领导教育与其他教育的关系加以比较,以表明领导教育研究对象在横向比较上的特殊性。

一、领导教育与干部教育

沈思义、秦世才著的《干部教育概论》一书中对"干部"的含义做了考察。①"干部"一词源于法国,法文是"cadre",与英文的"cadre",德文的"kader"含义大致相同。法文"cadre"有框架、军官、高级管理人员等含义。后来这一词作为军政官员、社会团体和企业首脑等含义逐渐为许多国家所通用。对"干部"一词所包含的范围,国与国之间有差别。日本昭和三十二年(1957)出版的《大汉和辞典》中"干部"仅指团体中的首脑。《苏联大百科全书》(1953年第2版)中,"干部"的范围包括党、苏维埃、经济、工会、共青团、文化、军队的和其他组织中主要的、固定的、受过训练的工作人员,科研和国民经济所有部门中受过训练的专业人员。该书1973年的第三版又

---

① 沈思义,秦世才.干部教育概论[M].北京:中国物资出版社,1990:1-2.

说：干部是指"①企业、机关、党的、工会的和社会组织或其他工作部门的主要的（编制内的）受过训练的工作人员。②国家武装力量中，指服役时期内的指挥人员和一般人员"。我国《新知识辞典》对"干部"的描述："社会主义国家里，党组织、政权组织、工会组织、共青团组织和其他组织中有一定训练的工作人员，以及科学和文化部门、武装部队、国民经济各部门各种专业工作人员中的基本常备人员。"这个范围基本上沿用了新民主主义革命时期的干部概念，比日本的要广义一些，比苏联的要狭义一些。

什么是干部教育呢？有学者认为："所谓干部教育，就是按照社会的需要对在职干部进行再培训的一种社会活动。"① 在关世雄、张念宏主编的《成人教育手册》中对"干部教育"做了专门的名词解释。

> 干部教育是以国家（包括企业、事业单位）各级各类在职干部为培养对象的成人教育。
>
> 干部教育的基本任务是使全体干部在马克思主义理论、专业知识、科学文化水平领导管理能力等方面都得到提高，成为坚持社会主义道路的、具有必备的专业知识的合格干部。
>
> 干部的学历教育分为高等、中等教育。干部高等教育的培养目标是使在职干部达到相当大学专科水平。其教育形式有由中央和省、地县党校办的干部班，有由中央、国务院各部门和省、自治区、直辖市委托普通高等院校办的干部专修科，有由中央、国务院和省、自治区有关业务部门独立设置的管理干部学院。还有由中央和省、自治区、直辖市党政机关办的机关干部职工业余大学。此外普通高等院校办的函授部、夜大学、广播大学也吸收在职干部参加学习。
>
> 除了干部的学历教育外，还有干部的非学历教育，短期轮训班。如学习班、研究班等。②

干部教育属于领导教育。领导教育不仅对干部进行教育，而且还对"非干部"但在实践中具有领导作用的领导者进行教育与培养。因此，领导教育

---

① 沈思义，秦世才. 干部教育概论 [M]. 北京：中国物资出版社，1990：2.
② 关世雄，张念宏. 成人教育手册 [M]. 北京：北京出版社，1986：477.

学不仅研究干部教育的现象,还侧重研究"非干部"的领导者的教育现象和规律。

领导教育的侧重点与干部教育不同。"干部教育应该抓什么?根据社会主义初级阶段的基本任务,干部教育主要包括马列主义理论教育、文化与专业教育以及职业道德教育,也可以说,这是干部教育的三大任务。"① 领导教育的任务是培训领导者先进的领导理念、扎实的领导能力和综合的个人素质。

二、领导教育与成人教育

探讨领导教育与成人教育的关系,首先需要了解什么是成人教育。成人教育中的"成人"是一个什么概念呢?

就词源来说,成人(adult)与青春、青春期(adolescence)一样,都源自拉丁语中的一个动词——"adolescere"(意指成长到成熟)。也就是说,"adult"来自"adolescere"的过去分词"adultus",其意为已经成长到了完全的大小与强壮状态,即达到了"成熟"程度。因此,成人就是一个已经成长完成,并具备了生殖能力的个体。这是从生理的角度来看待成人的。至于达到什么样的生理年龄才算成人,才被所属国家和社会承认,不同国家之间所规定的下限是不同的。在我国,生理年龄的规定是18周岁。

在心理学上看来,所谓成人就是在心理和情绪上达到了成熟水平的人。具体说来,这种心理、情绪成熟水平,就是作为个体,能够不再依赖父母和他人,具有自我指导型的人格;能够控制冲动,忍受挫折,忍受压力;能够对自己的行为做出选择并对行为后果承担责任;能够适应新的变化和新情境,能够对假设的情况进行分析和思考,能够选择和设计自己的生活道路。

"确定'成人'概念,不仅应从人的生理、心理因素去考虑,还应从社会因素去探讨。作为成人,应是其自身的心理、生理、社会等方面要素的统一体。何谓成人,具体来说,是指达到正常人的身心发展的成熟年龄,具有一定的劳动能力和社会责任能力,并直接承担社会生产和生活的职责和义务的人们。概言之,达到一定的生理年龄,具有劳动能力,并直接负有社会义务的人们,即为成人。"② 社会学视角的成人概念强调成人所应、所能扮演的社

---

① 沈思义,秦世才. 干部教育概论[M]. 北京:中国物资出版社,1990:1.
② 叶忠海,高本义. 成人高等教育学[M]. 沈阳:辽宁教育出版社,1989:2.

会角色,所应、所能承担的社会责任。

在法律上,成人也有其特殊界定。一般是被看作开始享有各种法律上规定权利和履行各种规定义务的人。各国法律对成人的下限标准都做出了规定。如美国的法定投票年龄是18岁,我国法律也认定年满18周岁的人开始享有人民代表的选举权。总的来说,绝大多数国家和地区的法定成人年龄下限标准是16~20岁。

在对"成人"概念做出界定后,研究者给出了成人教育的界定:"成人教育是按照一定的目的、要求,对达到一定生理年龄,具有劳动能力并直接负有社会义务的成人,所进行的有计划的教育活动。它是与青少年全日制学校教育相对称的一种独立的教育体系。"①在我国,成人教育的范围很广泛,包括干部教育、职工教育、农民教育、社会教育等。

领导教育部分地属于成人教育。这不仅因为在我国领导教育的主体是干部教育,还因为参与领导教育的受教领导者主要以成年人为主。领导者绝大多数是成年人,因此领导教育属于成人教育的范围,领导教育是成人教育的组成部分。另一方面,领导教育还对未成年人进行领导力的培养,如青少年领导力的开发与提升,所以,领导教育又不完全归属于成人教育。换言之,领导教育既包含成人教育的内容,也包含未成年人教育的内容。从成人教育对象的角度看,成人教育不仅仅包括领导教育,它还包括对领导者之外的全体成人的教育。

三、领导教育与国民教育

关于领导教育与国民教育的关系,我们认为,国民教育是领导教育的基础阶段,领导教育是国民教育中的一个特殊的教育类型。

从柏拉图的《理想国》和其他领导教育的著作以及领导教育的历史实践来看,领导者是层层培养、层层选拔的结果。国民教育既是为培养国家公民而努力的,同时兼有为培养高层次领导者而努力的任务。当国民教育进行到一定水平和程度,国家和社会会通过选拔机制对受过教育的公民进行筛选和分流。一部分人分流进社会生产劳动领域,另一部分人则接受进一步的教育为成为领导者而做准备。领导教育是普通教育的高级阶段。它既培养未来的

---

① 叶忠海,高本义.成人高等教育学[M].沈阳:辽宁教育出版社,1989:2-3.

领导者，同时培养在职领导者。这些在职领导者应是受过普通教育的人。国民教育的目的是培养合格的社会公民和社会各行各业的人才。领导教育则主要是针对各行各业中的领导者。两者培养的对象是不同的，普通教育主要是针对全体公民所进行的公民教育，而领导教育主要针对受教领导者进行以知识与能力为核心的素质提升的培养。普通教育面向全体，而领导教育面向特定的群体。普通教育重在打基础，而领导教育重在提高。两者的培养层次也是不同的。一个是为社会培养公民，一个是培养社会各行业的领导者。从培养层次上来说，领导教育要比普通教育要高。在一定程度上，可以把普通教育定位于大众教育，而把领导教育定位于精英教育。

四、领导教育与终身教育

终身教育在古代的教育思想和实践中已经有所体现。但真正成系统的现代终身教育思想却是在20世纪60年代出现的。在终身教育的发展过程中，有三部著作起了非常重要的作用，它们是法国教育家保罗·朗格朗（1910—2003）于1970年出版的《终身教育引论》，联合国教科文组织于1972年出版的《学会生存》和1996年出版的《教育：财富蕴藏其中》。这三部著作可以说是终身教育理论发展的三部曲，三个里程碑，它们一脉相承、步步深入，把终身教育理念和实践引向深入，推动了终身教育事业的不断发展。

终身教育的提出与成人教育有关，但现代终身教育不等同于成人教育。朗格朗说："我们完全没有把终身教育等同于成人教育，遗憾的是人们常常把这两者等同起来……我们所说的终身教育是一系列很具体的思想、实验和成就，换言之，是完全意义上的教育，它包括了教育的所有各方面，各项内容，从一个人出生的那一刻起一直到生命终结时为止的不间断的发展，包括了教育各发展阶段各个关头之间的有机联系。"[①] 终身教育概念的提出大大超越了成人教育范畴，把教育引向了一个新的方向。

《学会生存》对终身教育概念的发展有一个简单的总结："最初，终身教育只不过是应用于一种较旧的教育实践即成人教育（并不是指夜校）的一个新术语。后来逐步地把这种教育思想应用于职业教育，随后又涉及在整个教

---

① 朗格朗. 终身教育引论 [M]. 周南照，陈树清，译. 北京：中国对外翻译出版公司，1985：15-16.

育活动范围内发展个性的各方面,即智力的、情绪的、美感的、社会的和政治的修养。最后,到现在,终身教育这个概念,从个人和社会的观点来看,已经包括整个教育过程了。""因此,终身教育就变成了由一切形式、一切表达方式和一切阶段的教学行动构成一个循环往复的关系时所使用的工具和表现方法。""从今以后,教育不能再限于那种必须吸收的固定内容,而应被视为一种人类的进程,在这一进程中人通过各种经验学会如何表现他自己,如何和别人进行交流,如何探索世界,而且学会如何继续不断地——自始至终地——完善他自己。"① 这样,终身教育的内涵被大大丰富了。

《教育:财富蕴藏其中》则认为"终身教育的概念是进入21世纪的关键所在。它超越了启蒙教育和继续教育之间的传统区别。它与另外一个往往先进的概念——教育社会的概念联系在一起。在教育社会中,事事都可成为学习和发挥才能的机会"②。教育社会概念的提出,使得每个人受教育都成为可能。既然每个人受教育都成为可能,那么领导者受教育,或曰对领导者进行教育也就成为一种可能。

终身教育的出现不仅是个人发展的内在需要,更是社会发展的现实需要。个人需要与社会需要之间有一种互动关系。当终身教育成为一种社会需要时,也会随之产生个人的学习需要。作为社会和行业领导者同样需要不断充实自己以适应社会的高速发展。终身教育的发展使得每个人,特别是领导者必须接受教育才能适应岗位,才能创造性地开展领导活动。

领导教育是终身教育的组成部分。终身教育为领导教育提供了理论支持,而领导教育为终身教育提供了实践支持。

第二节 领导教育学的基础学科

领导教育学具有独立的研究对象和研究内容,可以成为一门独立的学科。但它并不是独立存在的学科,它是学科丛林中的一员。它与其他学科有着密

---

① 联合国教科文组织国际教育发展委员会. 学会生存:教育世界的今天和明天 [M]. 华东师范大学比较教育研究所,译. 北京:教育科学出版社,1996:180.
② 国际21世纪教育委员会. 教育:财富蕴藏其中 [M]. 联合国教科文组织总部中文科,译. 北京:教育科学出版社,1996:102.

切的关系，同时又存在着这样那样的区别。领导教育学的存在是以一些学科为基础学科的。领导教育学的基础学科有哪些呢？从领导教育学的研究对象和内容看，它与马克思主义哲学、教育学、心理学、领导学、社会学、人才学等学科都有密切关系。这些学科就是领导教育学的基础学科。

一、马克思主义哲学

马克思主义哲学是领导教育学研究的思想武器。它为领导教育学研究提供了认识论基础和科学的方法论。马克思主义创始者关于人的全面发展的论述，是领导教育目的的理论基础；同时，马克思主义哲学关于实践第一的观点、理论和实际相统一的思想等，是制定领导教育原则的科学依据。马克思主义哲学是领导教育学的重要基础学科。领导教育学的研究必须以马克思主义哲学为指导。

二、教育学

领导教育学的研究离不开教育学。教育学是领导教育学的母学科，同时也是它的基础学科。

领导教育学是普通教育学的分支。普通教育学从总体上研究教育现象及其规律，领导教育学则具体深入地研究领导教育的规律。两者是整体和部分的关系。普通教育学的研究成果是领导教育学研究的理论基础，领导教育学的研究成果，又不断丰富、充实普通教育学。

领导教育学与高等教育学的关系甚为密切。两者的出发点和落脚点都是为了培养高等专门人才。但两者又有区别。高等教育学研究一般的高等教育的现象及其规律，领导教育学则研究领导教育的现象及其规律。两者是一般与特殊关系。它们之间相互促进，互为补充。领导教育学应吸取高等教育学的研究成果，作为本学科研究的基础之一。领导教育学研究的成果，反过来又可以丰富和充实高等教育学的内容。

三、心理学

心理学是研究心理现象及其规律的科学。心理现象包括两方面：认知、情感、意志等心理过程和能力、性格、气质等心理特征。研究心理现象的规律是心理学的基本任务。心理学研究心理活动的过程及其机制、心理特征的形成及其机制、心理过程和心理特征的相互关系等许多方面的规律性。

　　心理学是领导教育学的基础学科之一。心理学中的许多分支学科都可为领导教育学的研究提供支持，如发展心理学、创造心理学等。发展心理学是研究人的心理发展特点和规律的，创造心理学是研究人的创造心理的特点和规律的。它们都可为领导教育学的研究提供领导者心理发展与创造心理的基础理论和知识。心理学的研究不仅可以为领导教育提供一般的理论基础，还可为它提供特殊的理论基础。因为领导教育学的研究离不开对受教领导者心理的研究，也离不开对领导教育者和领导教育管理者心理的研究。心理学的分支学科中有专门的"领导心理学"这一分支学科。这是与领导教育学关系更为密切的一门学科。两门学科研究的出发点都是领导者，但侧重点和落脚点有别。"领导者的心理与行为是领导心理学的研究重点。"[①] 而领导者领导力的提升和综合素养的提高是领导教育学研究的重点。领导心理学的研究可以直接为领导教育学的研究提供支持和帮助。领导教育学可以运用领导心理学研究的结果。当然，领导教育学的研究也可以促进普通心理学、发展心理学、创造心理学、领导心理学等学科的发展。领导教育学与心理学的交叉结合，可以产生领导教育心理学。

　　四、领导学

　　领导学是研究领导工作的规律及其方法的学问。领导学的内容是领导教育的内容。领导教育对领导学内容的利用要经过选择、整合等过程，这个过程是领导学内容课程化、内容化和教学化的过程。因此，领导教育学必须研究领导学，把领导学作为基础学科。领导学著作本身具有教育的性质。在一定程度上领导学著作就是领导教育中的教材。领导教育活动可以验证领导学的研究成果，促进领导学的发展。

　　五、社会学

　　社会学是研究社会现象及其规律的学科。领导教育总是在既定的社会环境下进行的，教育因素与社会因素总是合力影响受教领导者。因此，领导教育学的研究必须吸取社会学的研究成果。同时，领导教育问题，也是社会学

---

① 俞文钊. 现代领导心理学 [M]. 上海：上海教育出版社，2004：16.

研究的一个重要课题，社会学要向广度与深度发展，同样需要吸收领导教育学研究成果。可见，两门学科的研究可以相互配合，相互促进。

六、人才学

人才学是研究人才成长和人才培养规律的学问。它是涉及自然科学、哲学、社会科学的跨学科、跨部门的新兴综合学科。按其内容可以分为自然人才学、个体人才学、社会人才学等。按其研究对象可分为文艺人才学、科技人才学、政治人才学等。人才学研究的目的，是促使更多的人，特别是青年走上成人之路、成才之路；研究人尽其才，也就是研究如何广开才路，发现、鉴别、选拔和合理使用人才。

人才学是与领导教育学关系密切的相邻学科。两者在根本目的上是一致的，即都是为了培养人才。但两者又有区别。领导教育学研究领导教育现象及其规律，它对人才的研究旨在领导者的教育和培养。而人才学研究人才和人才问题，它不但研究人才的教育和培养，而且要研究人才成长和发展的其他问题，即还要研究人才的类型、识别、选拔、使用和管理等其他问题。这两门学科研究目的和内容有异同，它们是相互促进、相互补充的关系。

领导者的素质问题，是人才学、领导学和领导教育学共同研究的问题。但领导教育学的研究主要是为了提高领导者的素质。人才学和领导学关于领导者素质的研究可为领导教育提供理论基础。

上述学科是领导教育学的基础学科。此外，政治学、管理学、生理学、脑科学等学科也与领导教育学密切相关。领导教育学的研究要从这些基础学科与相关学科中汲取养料，领导教育学的发展要整合利用这些学科的资源。

第三节　领导教育学的科际比较

领导教育学学科独立的一个重要表现就是它与其他学科的区别。一门学科只有彰显出它与其他学科的不同，才能彰显出其独立性。因此，要论证领导教育学的学科独立性，必须通过它与其他学科，特别是相近学科的比较来表明它的独特性，进而表明它的独立性。本节选择领导教育学与领导学的比较、与教育领导学的比较、与干部教育学的比较来说明这一问题。

一、领导教育学与领导学

之所以把领导教育学与领导学加以比较是因为有人提出，在研究领导教育学时，要站在领导学的角度进行，即有人把领导教育学看作是领导学的一个分支学科。在"领导教育学的学科归属"部分，我们已论述了两个学科之间的关系。这里我们将进一步细致地区别两个学科的不同。

首先，两个学科在中国产生的历史是不一样的。

领导教育学的产生，在绪论中已经讨论过。现在来看领导学在中国的成立过程。

1980年在全国首届未来学学术讨论会上，领导科学的名称被确定下来，在会后发表的第一篇全面论述领导科学与领导艺术的论文中，对领导科学的概念做了界定。1981年9月，中组部、中宣部联合召开的干部教育工作座谈会上提出了在各级党校、干校开设领导科学课程的设想。1982年10月3日，中共中央、国务院在《关于中央党政机关干部教育工作的决定》中提出，科学的领导方法、工作方法是各级干部的基础课，明确把领导科学列为党政干部必读的公共业务基础课，即把学习领导科学第一次写入中央文件。① 1983年5月，广西人民出版社出版了夏禹龙、刘吉、冯之浚、张念椿四人编写的《领导科学基础》一书。这是我国第一本公开出版的领导科学专著。本书发行量逾百万册，成为当时全国许多领导干部案头必备书籍。1985年3月15日，河南省社会科学联合会主办的我国第一家公开发行的领导科学专业刊物《领导科学》创刊。1985年4月（22日—28日），由领导科学杂志社、河南省社会科学联合会发起主办的全国首届领导科学学术研讨会在古都洛阳召开。② 上海市于1986年2月创办了《现代领导》杂志。1986年10月4日，时任上海市市长的江泽民同志出席由中共上海市委组织部和《现代领导》杂志联合举办的"领导科学系列讲座"开学典礼，并做了题为"各级领导干部要研究领

---

① 到了1996年，中共中央又把领导科学列入《1996—2000年全国干部教育培训规划》，特别强调"县处级以上领导干部"要"学习领导科学知识"。
② 此后分别于武汉、成都、柳州、长沙、海口、呼和浩特、成都、聊城、北京、厦门等地召开了多次全国领导科学研讨会。

导科学"的重要讲话。① 这一讲话对领导科学在我国的确立、研究和发展产生了重要而久远的影响。以领导学方面第一本专著的出版、第一份专业杂志的创刊、第一次全国学术会议的召开和江泽民同志的讲话为标志,20 世纪 80 年代中期,中国领导学正式确立了。

可见,在中国,领导学成立于 20 世纪 80 年代,而领导教育学成立于 21 世纪初。两者的成立时间与成立历程是不同的。

其次,两个学科的研究对象是不同的。

领导学的研究对象是领导者及其活动。领导学的研究范围大致有三方面:一是领导者与其所在系统的关系,二是领导者的群体结构,三是领导者的个人行为。可以说,领导学的核心是领导者及其行为。领导教育学的研究对象是领导教育活动及其现象。它的核心是领导教育者及其行为,同时关注受教领导者及其行为。

领导教育学与领导学最根本的区别在于领导活动与领导教育活动是两种不同的活动。领导系统与领导教育系统是两种完全不同的系统。

有论者认为,领导是一个社会组织系统。这个系统由领导者、被领导者和环境三个要素构成。② 有论者认为,依据现代的"场"理论,领导活动或领导过程是一个产生影响又交互作用的"场"。这个"场"即领导的特定系统。③ 可见,领导学研究者认为,领导系统的构成要素有三个:领导者、被领导者和领导环境。

第一,领导者。领导者是在领导活动中居于优势权力地位、具有有效影响源的人。领导者是领导活动的积极主体,有一定权力地位并对被领导者施加影响。"领导者角色的基本规定性有三点:领导者的职位、职权、职责。"④ 领导者的职位,是指权力机关或人事行政部门根据法律与规程,按规范化程序选举或任命领导者担任的职务和责任。领导者的职权是指法定的与职位相当的领导权力。领导者的职责,即与职位和职权相应的规定或要求和领导者应担负的成败荣辱的个人担当。领导者的职位与权力成正比,领导者的职权是一种法

---

① 这一讲话经江泽民同志同意,随即在《现代领导》杂志上发表,并于 8 年后的 1994 年,又经江泽民同志亲自审定,再次在《现代领导》杂志上发表。
② 王乐夫. 领导学:理论、实践与方法 [M]. 广州:中山大学出版社,1998:40.
③ 丁瑜. 领导学纲要 [M]. 苏州:苏州大学出版社,2003:5.
④ 王乐夫. 领导学:理论、实践与方法 [M]. 广州:中山大学出版社,1998:47.

定权力。作为负责人的领导者一般须具有三种责任：政治责任、工作责任和法律责任。领导者在领导过程中应具有三方面的内容：权力、责任和服务。社会主义国家的领导者是当权者、责任人和服务员三位一体的。领导者是领导系统中最重要的因素。领导学主要以领导者及其行为的一般规律为其研究对象。

第二，被领导者。相对领导者而言，被领导者处于领导活动中的被支配地位，是领导活动的对象和受体。但被领导者并不是单纯意义上的受支配者。被领导者是与领导者对应存在的。被领导者是领导者概念产生的前提，也是领导活动据以发生的基础。领导者与被领导者之间存在一种相互依存的关系。被领导者在领导活动中，具有主观能动性，能够在一定程度上影响甚至改变领导者。另一方面，领导者与被领导者也不是一成不变的，二者之间有调整互换的可能。再者，在正式组织和实际的社会或组织活动中，存在着被领导者实际发挥着领导作用的情况。因此，被领导者是领导学研究的不可或缺的因素。但是对被领导者的研究在领导学研究中只能处于从属地位。因为在社会组织中领导者才是权力、意志、行动的主导者，被领导者大多处在被支配的地位。

第三，领导环境。领导环境有广义与狭义之分。广义上的领导环境指与领导活动及领导过程直接关联的各种社会因素，包括政治、经济、文化、教育、科技、传统、习俗等因素。① 狭义的领导环境是指社会组织的内部环境，如组织的人员构成、人际关系、组织设施、组织财力等。领导环境是领导活动借以开展的前提条件。任何领导活动总是在一定的领导环境中展开的。领导活动与领导环境之间存在着一定程度的互动关系。一方面，领导活动受制于领导环境。领导环境对领导者、被领导者及领导活动的效果等的影响是显明的。另一方面，领导活动又能在一定程度上改善或改变领导环境。"领导环境具有特定环境的稳定性、随社会变迁产生变化的动态性、常量与变量交互作用的复杂性、主观与客观互动的交错性。"②

领导教育是一个社会组织系统。这一组织系统与领导系统是不一样的。

---

① 王乐夫著的《领导学：理论、实践与方法》（中山大学出版社，1998年8月版）中把这些看作狭义的领导环境。他所说的广义的领导环境是"几乎无所不包"的。他所界定的广义与狭义的领导环境区分度不大，几乎是同一回事。在此，我把他所说的狭义的领导环境看作是广义的领导环境。我们所界定的领导环境是从社会组织的外环境与内环境的角度界定的。

② 王乐夫．领导学：理论、实践与方法［M］．广州：中山大学出版社，1998：54．

领导教育活动也是一个"场",一个特定的社会存在系统。"领导教育"系统的构成要素有四:领导教育者、受教领导者、领导教育措施和领导教育环境。

第一,领导教育者。领导教育者是领导教育活动中的主体,是教育影响力的发出者、施加者。这里我们用领导教育者而不用领导教育教师是因为"领导教育者"既可以是正规学校中负有明确领导教育责任的教师,也可以是非正规教育中的其他人。前者负有规定性的领导教育的责任,后者则没有这种规定性或只有附带规定性。正规学校中的领导教育者的责任与普通教育中教师的责任在本质上是一致的,即教书育人。教书育人,可以理解为通过教书以育人。教书只是手段与过程,育人才是目的。这样,这里的"教书"并不是指单纯地传授知识,而是指各种方式的领导教育。这里的"书"已不再是传统意义上的"书本",而是指一切教育措施。教书育人,也可以理解为并列关系,即一方面是教书,一方面是育人。如果说"教书"是指知识传授与能力培养,那么"育人"则是指思想品德教育。不论哪种理解,领导教育者都负有对受教领导者进行知能培养与思想品德教育责任。领导教育者的责任也可用韩愈《师说》中所说的"传道""授业""解惑"来界定。这样说更具体一些。领导教育者负有对受教领导者进行思想教育、知识传授、技能培养与疑难困惑解析的责任。也就是说,领导教育者不仅负有促进受教领导者的专业发展的责任,而且负有对其进行思想教育的重任,而且这在领导教育中是十分重要的内容。领导教育者的活动在领导教育活动中处于主导地位,是领导教育学研究的主要对象。领导教育学的研究是围绕着领导教育者的活动展开的。

第二,受教领导者。受教领导者是领导教育活动中的被教育者。我们用这一术语而不用"被教育者",一则是为了区别普通教育中的被教育者与领导教育中的被教育者,二则也是基于领导教育中受教育者的特性。因为领导教育中的被教育者是具有特殊身份的学员。他们是社会各行业的领导者(在职的或未来的),但在领导教育系统中,他们并不能发挥他们在领导活动中的那种影响,他们的主要活动和任务是接受领导教育者的影响。相对而言,他们在领导教育活动中处于被领导(教育领导)和被支配的地位。但他们又并不是单纯的被领导者与被支配者,他们在接受领导教育影响过程中,仍然可以充分体现出主观能动性,以积极能动的方式回应领导教育者所施加的影响,进而影响领导教育者的教育活动,对他们的教育方法、手段、效率效果等起到制约作用。因此，受教领导者也应成为领导教育学研究的内容，但它不处于主导地位，而是居于从属地位。

第三，领导教育措施。领导教育措施是联系领导教育者与受教领导者的中介手段。领导教育者通过教育措施才能有效地影响受教领导者，受教领导者通过教育措施才能有效接收教育信息。教育措施的内容十分丰富，主要包括领导教育课程、领导教育教材、领导教育方式、领导教育评价等内容。

第四，领导教育环境。领导环境有内部环境与外部环境之别。领导教育的外部环境是指领导教育活动所处的社会、历史、时代、文化环境。任何领导教育活动总是发生在一定的社会历史时代背景中。当时的政治、经济、文化、教育、军事等的发展状况都会影响到领导教育活动，影响到它的教育目的、教育手段、教育效果等方方面面。因此，研究领导教育活动必须研究领导教育发生的环境。其中，领导教育所处的政治经济环境是重点。国家政策、制度，国家地区的经济发展水平等直接关系到领导教育的规模与质量要求。因此，要把领导教育活动放到大环境中去加以考察。这种考察往往是宏观考察，如领导教育与社会发展、领导教育与经济发展、领导教育与文化交流等。领导教育活动受制于领导教育环境，但同时，它又对领导教育环境有一种积极回应。它可以通过自身的努力影响甚至改变部分社会历史环境。

领导教育的内部环境，是指领导教育组织内部的环境，包括领导教育者的构成，受教领导者的构成，领导教育者与受教领导者的关系，领导教育机构的设施、财力、物力等。领导教育的内部环境对领导教育的影响更为直接。

领导行为所产生的影响力是"领导影响力"，而领导教育行为所产生的是"教育影响力"。领导学关注的影响力是领导影响力，而领导教育学关注的是教育影响力。领导影响力是领导者在领导活动或过程中展示出来的对追随者或被领导者的影响程度。教育影响力是领导教育者在领导教育活动或过程中展示出来的对受教领导者的影响程度。

通过以上比较，可以发现，领导教育学不属于领导学，不能从领导学的角度来研究领导教育学。

二、领导教育学与教育领导学

与领导教育学相近的一门学科是教育领导学（Educational Leadership）。"领导"与"教育"二字位置的不同决定了学科定位、学科归属的不同。

美国哈佛大学于 2009 年开设新的博士学位——"教育领导",以吸引顶尖人才,培养那些想成为高层管理人员如大区或州的教育机构领导的学生,推动美国教育系统的发展。① 有学者认为,"教育领导学已成为一门比较成熟的独立学科"②"教育领导学在国际学术界已是一门成熟的学科"③。

同样是在 2009 年,中国学者"呼吁与构建教育领导学"。④ 近年来,教育领导学在中国也有很大发展。关于什么是教育领导学,国内学者给出了自己的理解。张俊华认为,"教育领导学是一门聚焦教育领导者,研究教育行政部门、学校组织机构的领导人员实施领导和管理活动的动态过程和实践规律的学科"⑤"教育领导学是从教育学、管理学、教育管理学、教育行政学和领导学分出来的一门综合学科"⑥。陈永明等对"教育领导学"的界定:"'教育领导学'是研究教育领导活动和教育领导工作的基本原理和方法论的一门学问;或者说,'教育领导学'是以研究教育领导活动一般规律及其应用为己任的。"⑦

学科的分野,很大程度上体现为研究对象上的差别。教育领导学的研究对象是什么呢?张俊华认为,教育领导学"具体的研究对象:①各级教育行政部门的行政领导,学校的各类管理人员所从事的领导和管理活动;②领导者的性格、信仰、素质、领导目的、领导风格和领导行为;③领导者与追随者之间内在的、本质的、必然的关系;④教育领导者的社会关系及其社会领导活动"⑧。张俊华所理解的学校各类管理人员不仅包括校长、副校长,还包括教务主任、年级组长等中层管理人员,乃至教师及学生干部。⑨

可见,教育领导学是研究教育领域的领导实践与领导现象的学问,在本质上教育领导学属于领导学的范畴,是领导学的分支学科。

而领导教育学是研究各领域领导者的教育培养的学问,在本质上属于教

---

① 陈永明,等. 教育领导学 [M]. 北京:北京大学出版社,2010:1.
② 张俊华. 教育领导学 [M]. 上海:华东师范大学出版社,2008:3.
③ 张俊华. 教育领导学 [M]. 上海:华东师范大学出版社,2008:6.
④ 《教育领导研究》编辑部. 呼吁与构建教育领导学科 [J]. 教育领导研究,2009 (1):1.
⑤ 张俊华. 教育领导学 [M]. 上海:华东师范大学出版社,2008:6.
⑥ 张俊华. 教育领导学 [M]. 上海:华东师范大学出版社,2008:6.
⑦ 陈永明,等. 教育领导学 [M]. 北京:北京大学出版社,2010:4.
⑧ 张俊华. 教育领导学 [M]. 上海:华东师范大学出版社,2008:6-7.
⑨ 张俊华. 教育领导学 [M]. 上海:华东师范大学出版社,2008:7.

育学的范畴，是教育学的分支学科。

所以，领导教育学与教育领导学是不同领域、不同范畴的两门学问，两者不能混同，更不能混用。

三、领导教育学与干部教育学

在中国共产党的干部教育的基础上，产了干部教育学，并出现一些著作，例如，王助饶等主编的《党政干部教育学概论》①，柏林、许崇正主编的《干部教育学概论》②，沈思义、秦世才著的《干部教育概论》③等。"干部教育学"著作的出现标志着干部教育研究的日趋成熟化，也标志着"干部教育学"的产生。

虽然干部教育学产生了，但与领导教育学一样，"干部教育学，是一门目前尚未自立的学科，在我国学科体系中还没有独立地位"④。

干部教育学与领导教育学有不同的学科属性与研究对象。关于干部教育学的学科属性，郑金洲教授认为："干部教育学是以干部教育培训活动、管理体制机制以及相关领域为主要研究对象的综合性社会科学学科。"⑤李亮教授认为："干部教育学科是在马克思主义指导下，在总结干部教育理论和实践经验基础上建立起来的政治性、综合性、科学性、实践性很强的一门应用学科。"⑥

关于干部教育学的研究对象，郑金洲教授认为："从研究对象来看，干部教育学作为一门独立学科，其研究对象至少包括三方面内容。一是干部教育培训活动，举凡为培养培训干部所采取的一切行动及其实践形式都是干部教育学研究的范围。二是干部教育培训管理体制机制，干部教育培训在我国是一个庞大的管理系统，这一系统表现为各组织形式的结合，规定了中央、地方、部门、企业等在干部教育培训中的管理权限等，研究这方面内容是干部

---

① 王助饶. 党政干部教育学概论 [M]. 成都：四川教育出版社，1988.
② 柏林，许崇正. 干部教育学概论 [M]. 合肥：安徽教育出版社，1989.
③ 沈思义，秦世才. 干部教育概论 [M]. 北京：中国物资出版社，1990.
④ 郑金洲. 干部教育学的学科创立：问题思考与前景展望 [J]. 中国浦东干部学院学报，2022（3）：100.
⑤ 郑金洲. 干部教育学的学科创立：问题思考与前景展望 [J]. 中国浦东干部学院学报，2022（3）：101.
⑥ 李亮. 干部教育学科设立之探讨 [J]. 中国延安干部学院学报，2020（4）：114.

教育学的重要任务。三是干部教育培训的相关领域，干部教育培训与干部队伍建设紧密相关，与教育系统的建设发展也有着密切关系，研究这些相关领域及其与干部教育培训的关系至关重要。从学科属性来看，干部教育学作为研究人类社会某一具体现象的学科，从属于社会科学，具有社会科学的一般特征。"①

领导教育学与干部教育学的区别关键在于"领导"与"干部"的区别上。

在我国，"干部"是一种身份，"干部"是一个行政概念。在我国目前行政管理体制下，正常在职人员常见两种身份，即干部身份和工人身份。通过向劳动部门申请办理招工（就业）手续后具备工人身份，通过人事组织部门办理吸收、录用干部手续后具备干部身份，国家统一招收并分配的大中专毕业生执行一年见习期考核合格办理转正定级手续后也具备干部身份。我国不同部门具备不同的行政职能，其中干部管理等方面由人事组织部门负责，工人管理及社会劳动保障等方面由劳动部门负责。

"干部"概念的封闭性使得它不能包括领导者所具有的内涵。比如，私营企业的领导者，他不是国家干部，但他是一个领导者。再者，有些干部，虽然享受干部身份或干部待遇，其实并不具备领导者的作用。然而，领导者却既可以包括干部，也可以包括非干部。"干部"概念具有一定的封闭性，而"领导"概念则具有一定的动态性、流动性和开放性。因此，"领导（者）"这一概念，比"干部"概念要具有更强的包含力。"领导教育"中包括"干部教育"。以研究领导教育为己任的"领导教育学"自然可以比以研究干部为己任的"干部教育学"更具有涵盖性。"干部教育学仍然是干部教育培训理论研究的一个基本范畴。"② 而领导教育学不仅包括了干部教育学，还包括了干部之外的领导力培养的学问。

如此，是否要用"领导教育学"来取代"干部教育学"呢？在一定时期内，干部教育学仍然可以存在。因为干部教育仍然是领导教育中的一项重要甚至是最重要的内容。

干部教育的相关政策助推干部教育学学科的建设与发展。《2013—2017年

---

① 郑金洲. 干部教育学的学科创立：问题思考与前景展望［J］. 中国浦东干部学院学报，2022（3）：101.

② 孙福胜. 构建新时代中国特色干部教育学简论［J］. 福建教育学院学报，2022（10）：2.

全国干部教育培训规划》中提出："推动干部教育学学科建设。"①《2018—2022年全国干部教育培训规划》明确提出："推动设立干部教育学二级学科。"② 在相关政策的推动下，可以预见干部教育学今后还会有更好的发展。

目前，河南大学（马克思主义学院）、中国人民大学（公共管理学院）、浙江大学（继续教育学院）、四川大学（公共管理学院）等已设置"干部教育学"的学科方向并开始进行专门人才的培养。2019年，河南大学马克思主义学院在马克思主义理论一级学科下设立干部教育学二级学科，招收干部教育学方向的本科生，2020年首次招收4名干部教育学方向硕士生。③ 这是干部教育学作为独立学科在高校设立并开始制度化人才培养的开始。

近几年来，关于干部教育学建设的学术研讨也多了起来。郑金洲教授认为："干部教育学学科走向独立和稳健发展，可以在系统总结干部教育学学科建设的历史经验和教训、制订干部教育学学科发展规划的基础上，采用边培养边研究边总结边建设的方式加以推进，建设过程中要充分挖掘利用自身资源、吸引外部力量形成合力、聚力研究影响干部教育培训高质量发展的关键问题，争取尽快形成一批研究成果。"④ 李亮认为："建构新时代中国的干部教育学，需要进一步加强干部教育学基础理论与应用理论研究，培养干部教育的人才队伍，加强干部教育学科规范建设，建设干部教育学科的课程体系。"⑤ 孙福胜认为："需要从增强使命意识、加强能力建设、建强优质平台等路径来积极构建新时代中国特色干部教育学。"⑥ 曹萍等认为："中国特色干部教育学知识体系建构要以马克思主义为指导，坚持自主性、科学性和适用性，不断完善干部教育学知识体系、组织体系、传播体系和应用体系建设，聚焦核心议题、强化功能目标、注重顶层规划、健全推进主体、搭建发展载体，推动干部教育学知识体系从分散探索走向系统规划，从经验总结走向科

---

① 2013—2017年全国干部教育培训规划［N］．人民日报，2013-09-29（8）．
② 2018—2022年全国干部教育培训规划［N］．人民日报，2018-11-02（5）．
③ 刘一宁．我省在全国率先设立干部教育学二级学科［N］．河南日报，2020-10-21（3）．
④ 郑金洲．干部教育学的学科创立：问题思考与前景展望［J］．中国浦东干部学院学报，2022（3）：100．
⑤ 李亮．干部教育学科设立之探讨［J］．中国延安干部学院学报，2020（4）：114．
⑥ 孙福胜．构建新时代中国特色干部教育学简论［J］．福建教育学院学报，2022（10）：1．

学研究，从实践思考走向理论创新。"①

2024年4月19日，首届干部教育学学科建设论坛在中国人民大学举办，这表明学界已经将干部教育学的学科建设问题摆到了议事日程，并将进一步推进其学科发展。

笔者认为，可以把干部教育学看作研究领导教育活动中特殊领导者的一门学问，把"干部教育学"看作"领导教育学"的重要分支学科。

领导教育学的出现，涵盖了干部教育学的内容，同时扩展了新的研究领域。干部教育学的研究是领导教育学的重要组成部分，同时可以促进领导教育学的发展。干部教育学的研究是领导教育学的基础，领导教育学是干部教育学的拓展。

本章小结

领导教育学的横向比较可以使领导教育学区别于其他学科，从而显示其独立性。领导教育学与其他教育学科的不同，关键在于领导教育活动与其他教育活动的不同。通过比较可以发现，领导教育与干部教育、成人教育、国民教育、终身教育之间既有联系又各不相同。领导教育学是一门独立的学科，但它并不是独立存在的学科，马克思主义哲学、教育学、心理学、领导学、社会学、人才学等学科是它的基础学科。领导教育学不同于领导学，也不同于教育领导学和干部教育学。它既与它们有密切联系，同时又是独立的一门学科。领导教育学的横向比较，进一步表明了它的学科独立性。

---

① 曹萍，王慧敏，田昭. 中国特色干部教育学知识体系建构的逻辑和路径 [J]. 国家行政学院学报，2023（9）：42.

第四章

领导教育发展的历史考察

领导教育学还是一个新成立的学科。要论证它能够成为一个独立的学科，必须论证它具有自己独特的研究对象。本章我们将对中国领导教育实践和领导教育思想展开考察。之所以花费这么多的篇幅来考察这两个问题，是基于两方面的原因。

第一，是否具有普遍而独特的研究对象是学科成立最基本也是最重要的因素。如果这个问题不成立，那么其他关于学科的问题都要免谈了。领导教育学的成立问题必须首先要证明它具有自己独特的研究对象。为此，必须对已经存在的领导教育实践和领导教育思想加以探讨。

第二，对一门新学科来说，需要对研究对象的存在进行历史的梳理。一门成熟的学科往往对其研究对象的历史有较为完整系统的梳理，而一门新学科的研究对象的历史却往往以零散的、片断的、不系统的状态存在着。这就需要站在新学科研究的立场上，对它们进行比较系统的梳理。恩格斯在《自然辩证法》一文中指出："我们只能在我们时代的条件下去认识，而且这些条件达到什么程度，我们就认知到什么程度。"[①] 领导教育学所揭示的理论具有很强的实践性，始终以事实为根据，历史发展到什么程度，我们的认识才能达到什么程度。领导教育学的发展会随着领导教育的发展而不断发展超越。领导教育学是发展着的学科。在目前的状况下，我们需要对它的研究对象、研究基础做出历史的梳理。

我们所进行的大量考述，是领导教育学认识的前提，是领导教育学构建的基础。

---

① 恩格斯. 自然辩证法 [M]. 中共中央马克思恩格斯列宁斯大林著作编译局，编译. 北京：人民出版社，2018：1111.

通过本章的考察，试图论证领导教育学的研究对象：领导教育活动，在中国历史上是一直存在的，而且具有多种存在形态。领导教育活动在中国历史上具有相对独立的存在形态。它应该可以成为一个专门的独立的研究领域被加以深入细致的研究。

第一节　中国古代领导教育实践

中国古典主义的领导教育是指先秦至封建社会结束这段时间内的国家统治人才的培养与教育，主要包括太子教育、君主教育和官吏教育三部分内容。中国自古以来就对教育十分重视，认为良好的教育会改变、造就一个人，即便是一般的人也会培养出优良的品性，开启出过人的才智。中国历来重视储君的教育，而且认为对社稷江山有着重要的干系。春秋时期的楚共王反思被晋国打败的主要原因就是"生十年而丧先君，未及习师保之教训""是以不德，而亡师于鄢，以辱社稷"①（《左传》襄公十三年）。西汉的思想家贾谊、戴德等人都认为秦朝的速亡与太子教育培养失当密切相关。他们也都认为，殷、周之所以国运长久，是因为在太子教育方面做得很成功。

一、太子教育

皇帝的儿子中，作为储君而册立的叫太子，或皇太子（此外的其他儿子则称王子）。作为储君的太子身系国本之重任，储君立，则江山稳固，群臣安心，因此太子的选择是一个重大的政治问题。历史上虽有嫡长子继位制度（清雍正年间开始实施秘密立储的办法），但往往并不一定能够实行。不仅立储是件大事，对太子的教育与培养也是个重大的政治问题。中国历代皇帝大都很注重对下一代的教育。他们希望自己的后代尤其是太子能够秉承良德，做个好皇帝，以使江山基业延传万世。皇帝们都选用学品兼优、名声显赫的硕学鸿儒给皇子们当老师，希望他们能从良师那里学得良好的品德、高超的治国权术。

---

① 郭丹，程小青，李彬源. 左传：中 [M]. 北京：中华书局，2012：1180.

(一)《大戴礼记》中的太子教育

现存于《大戴礼记》的《保傅》《礼察》等篇涉及太子教育。汉朝学者戴德将汉初刘向收集的130篇学礼之文综合简化,一共得85篇,被称为《大戴礼记》。《大戴礼记》,亦名《大戴礼》《大戴记》。前人据唐孔颖达《礼记正义序》所引郑玄《六艺论》"戴德传《记》八十五篇,则《大戴礼》是也"之语,多谓其书成于西汉末礼学家戴德(世称大戴)之手。现代学者经过深入研究,推翻传统之说,论定成书时间应在东汉中期。它很可能是当时大戴后学为传习《士礼》(今《仪礼》前身)而编定的参考资料汇集。后来其弟子戴圣又将《大戴礼记》简化删除,得46篇,再加上《月令》《明堂位》和《乐记》,一共49篇,被称为《小戴礼记》。《小戴礼记》就是今天的《礼记》。《大戴礼记》当初和《小戴礼记》并行而传。但《小戴礼记》因得着郑玄作注而在唐代被列为"经书";《大戴礼记》从此长期被冷落,多赖北周学者卢辩的注释得以流传。《大戴礼记》至唐代遗失了46篇,留存至今的只有39篇。

西汉著名政治家、思想家贾谊(前200—前168)所著的《新书》①里有多篇文章谈到太子教育,如《傅职》《保傅》《胎教》《容经》等,他的这些文章曾在汉代极受重视。《新书·保傅》所载内容与《大戴礼记·保傅第四十八》略有不同。

以上这些内容对储君由胎教始的教化做了详细的记录,是我们研究古代储君教育的重要文献。

1. 重视胎教

《大戴礼记》重视对太子进行胎教。《保傅第四十八》篇云:

> 胎教之道,书之玉板,藏之金匮,置之宗庙,以为后世戒。青史氏之《记》曰:"古者胎教,王后腹之七月而就宴室。太师持铜而御户左,太宰持升而御户右。比及三月者,王后所求声音非礼乐,则太师缊瑟而称不习。"所求滋味者非正味,则太宰倚升而言曰:"不敢以待王太子。"太子生而泣,太师吹铜曰:"声中其律。"太宰曰:"滋味上某。"然后卜名,上无取于天,下无取于墬,中无取于名山通谷,无拂于乡俗,是故

---

① 方向东. 新书[M]. 北京:中华书局,2012.

君子名难知而易讳也。此所以养恩之道。①

《大戴礼记》里《保傅第四十八》篇还借周成王胎教的例子进一步说明了胎教的重要性。

> 周后妃任成王于身,立而不跛,坐而不差,独处而不倨,虽怒而不詈,胎教之谓也。成王生,仁者养之,孝者褕之,四贤傍之。成王有知,而选太公为师,周公为傅。此前有与计,而后有与虑也,是以封泰山而禅梁甫,朝诸侯而一天下。犹此观之,王左右不可不练也。②

正确的胎教加上良好的早期养育是周成王教育成功的重要原因。在这里还特别强调了"王左右不可不谏"的观点,即要重视对太子教育的人选。这人选就是保育教化太子的保傅。从本篇中可以看到,古代是非常重视对储君的教育的,这种教育不是由学校教育开始,也不是由家庭教育开始,而是由胎教开始。近代科学证明,胎儿有接受教育的能力。在那个时代就已经认识到胎教的重要性,这是非常难能可贵的。

2. 保傅教化

《大戴礼记》之《保傅第四十八》篇详细介绍了太子从一出生就受到"三公""三少"很精心周到的照顾。

> 古之王者,太子乃生,固举之礼,使士负之。有司齐,夙兴,端冕,见之南郊,见之天也。过阙则下,过庙则趋,孝子之道也。故自为赤子时,教固以行矣。昔者,周成王幼,在襁褓之中,召公为太保,周公为太傅,太公为太师。保,保其身体;傅,傅之德义;师,道之教顺:此三公之职也。于是为置三少,皆上大夫也,曰少保、少傅、少师,是与太子宴者也。故孩提,三公、三少,固明孝仁礼义,以导习之也。逐去邪人,不使见恶行。于是比选天下之端士、孝悌闲博有道术者,以辅翼之,使与太子居处出入,故太子乃目见正事,闻正言,行正道,左视右

---

① 方向东. 大戴礼记[M]. 南京:江苏人民出版社,2019:91-93.
② 方向东. 大戴礼记[M]. 南京:江苏人民出版社,2019:96.

视，前后皆正人。夫习与正人居，不能不正也，犹生长于楚，不能不楚言也。故择其所嗜，必先受业，乃得尝之；择其所乐，必先有习，乃得为之。孔子曰："少成若性，习贯之为常。"此殷、周之所以长有道也。①

这段文字以周为例，特别写了周成王的保育过程。由此可见宫内的教化方式、三公三少的职责及其对太子的作用。

《礼记》载：

凡三王教世子，必以礼乐。乐，所以修内也；礼，所以修外也。礼、乐交错于中，发形于外，是故成其怿，恭敬而温文。立大傅、少傅以养之，欲其知父子、君臣之道也。大傅审父子、君臣之道以示之，少傅奉世子以观大傅之德行而审喻之。大傅在前，少傅在后，入则有保，出则有师，是以教喻而德成也。师也者，教之以事而喻诸德者也；保也者，慎其身以辅翼之而归诸道者也。《记》曰："虞、夏、商、周有师、保，有疑、丞，设四辅及三公，不必备，唯其人。"语使能也。君子曰德，德成而教尊，教尊而官正，官正而国治。君之谓也。②（《文王世子第八》）

由上不难看出，夏商周三代是如何教导世子的。"大傅在前，少傅在后，入则有保，出则有师"四句"前""后""入""出"是互文，意思是太傅、少傅、保、师四人时时刻刻都在世子身边。疑、丞也是教养世子的官员。"四辅"即疑、丞、辅、弼。据《尚书大传》卷二《虞书·皋陶谟》云："古者天子必有四邻：前曰疑，后曰丞，左曰辅，右曰弼。天子有问无以对，责之疑。可志而不志，责之丞。可正而不正，责之辅。可扬而不扬，责之弼。"③文中所说的"三公"即太师、太傅、太保。

"三公"在不同的历史时期有不同的内涵。据杜佑《通典》卷十九"三公"载：

夏、商以前，云天子无爵，三公无官。伊尹曰："三公调阴阳。"

---

① 方向东. 大戴礼记 [M]. 南京：江苏人民出版社，2019：75.
② 胡平生，张萌. 礼记：上 [M]. 北京：中华书局，2017：403.
③ 皮锡瑞. 尚书大传疏证 [M]. 吴仰湘，点校. 北京：中华书局，2022：82.

周以太师、太傅、太保曰三公。

汉以丞相、大司马、御史大夫为三公。

魏晋、宋、齐、梁、陈、后魏、北齐,皆以太尉、司徒、司空为三公。

后周以太师、太傅、太保为三公。司徒为卿。

隋以太尉、司徒、司空为三公。

大唐因之。①

《礼记》中的"三公",即太师、太傅、太保。师,天子所师法;傅,傅相天子;保,保安天子于德义者。三公之任,佐王论道,以经纬国事,燮理阴阳。

又有少师、少傅、少保,谓之三孤,"副贰三公,弘大道化,敬信天地之教,以辅我一人之治"(《通典》卷二十《职官·三公总叙》)。三公和三孤是天子的教师与参谋,他们也各有专责。贾谊说:

> 天子不喻于前圣之德,不知君民之道,不见礼义之正,《诗》《书》无宗,学业不法,太师之责也。古者齐太公职之。天子不惠于庶民,不礼于大臣,不中于折狱,无经于百官,不哀于丧,不敬于祭,不诚不信,太傅之责也。古者周公职之。天子处位不端,受业不敬,言语不叙,音声不中,进退升降不以礼,俯仰周旋无以节,此太保之责也。古者燕如公职之。天子燕业反其学,左右之习诡其师,答诸侯、过大臣,不知文雅之词,此少师之责也。天子居处出入不以礼,衣服冠带不以制,御器列侧不以度,采服从好不以章,忿悦不以义,与夺不以节,此少傅之责也。天子居燕私,安而易,乐而耽,饮食不时,醉饱不节,寝起早晏无常,玩好器弄无制,此少保之责也。②(《通典》卷二十《职官·三公总叙》)

可见,皇帝的老师负责天子的学业以及生活的行为规范,天子的日常生活也在监理之列。

---

① 杜佑.通典[M].颜品忠,等校点.长沙:岳麓书社,1995:256.
② 杜佑.通典[M].颜品忠,等校点.长沙:岳麓书社,1995:262.

汉代的三公，已与三卿混而为一，浸失古意，与一般的政务官相同。这一点，朱熹（1130—1200，字元晦，宋代著名理学家）说得很清楚。他说：

> 汉初未见孔壁古文《尚书》中《周官》一篇说太师、太傅、太保为三公。但见伏生口授《牧誓》《立政》篇中所说司徒、司马、司空，遂误以是为三公而置之。古者，诸侯之国只得置司徒司马司空三卿。为天子，方得置三公三孤六卿。《牧誓》《立政》所纪，周是时方为诸侯，乃侯国制度。《周官》所纪，则在成王时，所以不同。三公三孤以师道辅佐天子，本是加官。周公以太师兼冢宰，召公以太保兼宗伯，是以加官而兼宰相之职也。后世官职益紊，今遂以三公、三孤之官，为阶官贴职之类，不复有师保之任，论道经邦之责矣。①（《朱子语类》卷112，《朱子九·论官》）

三公在汉时实同丞相，职总百僚，师保的职责已经丧失；后来权归尚书，更仅是一个有名无实的尊爵。"及光武即位，政事不任三公，而尽归台阁，三公皆拥虚器，凡天下事尽入于中书。尝见后汉群臣奏首云：臣某'奏疏尚书'，犹今言'殿下''陛下'之类，虽是不敢指斥而言，亦足以见其居要地而秉重权矣。当时事无巨细，皆是尚书行下三公，或不经三公，径下九卿。故东汉时不惟尚书之权重，九卿之权亦重，此也。"②（《朱子语类》卷112，《朱子九·论官》）光武之所以不任三公是为"惩王莽之弊"。其实，三公权力的消减，师保制度的消失，还有更深层的原因。"师保制度的消失是与专制主义皇权的确立直接相联系的。因为至高无上的专制皇权不能容忍有足以制约他的师保。"③ 正是因为这样，师保后来成为一种有名无实的尊爵。

3. 小学教化

当太子长到一定的年龄，知女色时，就要进小学接受教化。古者太子八岁入小学。《大戴礼记》之《保傅第四十八》篇里说：

---

① 黎靖德.朱子语类：四 [M].杨绳其，周娴居，校点.长沙：岳麓出版社，1997：2453—2454.

② 黎靖德.朱子语类：四 [M].杨绳其，周娴居，校点.长沙：岳麓出版社，1997：2455—2456.

③ 周良霄.皇帝与皇权 [M].上海：上海古籍出版社，2006：126.

> 及太子少长，知妃色，则入于小学。小者，所学之宫也。《学礼》曰："帝入东学，上亲而贵仁，则亲疏有序，如恩相及矣。帝入南学，上齿而贵信，则长幼有差，如民不诬矣。帝入西学，上贤而贵德，则圣智在位，而功不匮矣。帝入北学，上贵而尊爵，则贵贱有等，而下不踰矣。帝入太学，承师问道，退习而端于太傅，太傅罚其不则而达其不及，则德智长而理道得矣。"此五义者既成于上，则百姓黎民化缉于下矣。学成治就，此殷、周之所以长有道也。①

当太子长到知女色的时候，就要让他远离女色，深学君子之道。学习的场地是在宫室之内。因太子的年龄不大，故学仁，由对亲属分远近开始；学信，由对年长不说谎开始；学德，由圣者智者在治民之位开始；学权，由定爵位开始。年龄至十五岁则拜师入太学学君子之道。

4. 史宰教化

太子成年后，就免于保傅之严，而由史、宰加以教化。《大戴礼记》之《保傅第四十八》篇里说：

> 及太子既冠成人，免于保傅之严，则有司过之史，有亏膳之宰。太子有过，史必书之，史之义不得不书过，不书过则死；过书而宰彻去膳，夫膳宰之义，不得不彻膳，不彻膳则死。于是有进膳之旄，有诽谤之木，有敢谏之鼓，鼓夜诵诗，工诵正谏，士传民语。习与智长，故切而不攘，化与心成，故中道若性，是殷、周所以长有道也。②

太子成年后，由右史记言，左史记行，来记过错。然后用减少膳食的办法由膳宰官给予惩罚。对成年太子的教育靠自教，靠史教，靠进谏来进行。历代的君主，大体上都是循用这种古典式的儒学教育来培育太子的。

5. 巾车之教

《大戴礼记》之《保傅第四十八》中还记载了一种太子教育的方式，即巾车之教。

---

① 方向东. 大戴礼记 [M]. 南京：江苏人民出版社，2019：78.
② 方向东. 大戴礼记 [M]. 南京：江苏人民出版社，2019：79.

> 古者年八岁而出就外舍，学小艺焉，履小节焉；束发而就大学，学大艺焉，履大节焉。居则习礼文，行则鸣佩玉，升车则闻和鸾之声，是以非僻之心无自入也。在衡为鸾，在轼为和，马动而鸾鸣，鸾鸣而和应，声曰和，和则敬，此御之节也。上车以和鸾为节，下车以佩玉为度，上有双衡，下有双璜、冲牙、玭珠以纳其间，琚瑀以杂之。行以《采茨》，趋以《肆夏》，步环中规，折还中矩，进则揖之，退则扬之，然后玉锵鸣也。古之为路车也，盖圆以象天，二十八橑以象列星，轸方以象地，三十辐以象月。故仰则观天文，俯则察地理，前视则睹鸾和之声，侧听则观四时之运，此巾车之道也。①

这里记载了君子居则学礼，行则鸣佩玉，升车则鸾和而鸣。行、趋、步环、折还、进、退均需有佩玉响声。在车中俯仰如观天察天，不忘君子之道。可见当时对太子的教育是非常严格的。

6. 礼乐之教

礼在古代是非常重要的学习内容。《大戴礼记》之《保傅第四十八》中记载了天子学习礼的情况。

> 三代之礼，天子春朝朝日，秋暮夕月，所以明有别也。春秋入学，坐国老，执酱而亲馈之，所以明有孝也。行中鸾和，步中《采茨》，趋中《肆夏》，所以明有度也。于禽兽，见其生不食其死，闻其声不尝其肉，故远庖厨，所以长恩且明有仁也。食以礼，彻以乐。失度，则史书之，工诵之，三公进而读之，宰夫减其膳，是天子不得为非也。②

可见，当时十分注重在不同时节（机）对天子进行不同的教化，并且十分注重礼的教育。因为古人认为礼是品德的外化，同样可以通过礼的教育内化为人的内在品行。在礼的教育中，又十分注意乐教，所谓"行中鸾和，步中《采茨》，趋中《肆夏》""食以礼，彻以乐"。天子的行为时刻有人做严格的监督，如果不遵行制度，就会有人——"史""工""三公""宰

---

① 方向东. 大戴礼记 [M]. 南京：江苏人民出版社，2019：94.
② 方向东. 大戴礼记 [M]. 南京：江苏人民出版社，2019：80-81.

夫"——监督、惩罚之。这样的制度设计不仅保证了天子"明有度也"、行有度也,而且可以使"天子不得为非也"。

7. 道充弼承之教

天子的前后左右均有人加以教育,且各司其职。《大戴礼记》之《保傅第四十八》中记载:

> 《明堂之位》曰:"笃仁而好学,多闻而道慎,天子疑则问,应而不穷者,谓之道。道者,导天子以道者也。常立于前,是周公也。诚立而敢断,辅善而相义者,谓之充。充者,充天子之志也。常立于左,是太公也。絜廉而切直,匡过而谏邪者,谓之弼。弼者,拂天子之过者也。常立于右,是召公也。博闻强记,接给而善对者,谓之承。承者,承天子之遗忘者也。常立于后,是史佚也。"故成王中立而听朝,则四圣维之,是以虑无失计,而举无过事,殷、周之前以长久者,其辅翼天子有此具也。①

四圣之教,即周成王前后左右四位良臣,他们分执道、充、弼、承之教。道者,引导天子用君子之道治国;充者,诚实而大胆,助善而导善,鼓天子之志也;弼者,清廉而切实,校正过错而谏去邪学,使天子去掉过错;承者,博闻强记,接受到佞人之言词而能很好地回答,使天子做事不遗忘也。有四圣的辅佐可以帮助天子虑事无失,行事无过。

8. 太子老师的责任

负责教育太子的老师历来是经严格筛选的。通常是由学识渊博、德高望重、品德端正、誉满天下的文臣充任。各教师分别负责不同的养育教化内容。《大戴礼记》之《保傅第四十八》中记载:

> 天子不论先圣王之德,不知国君畜民之道,不见礼义之正,不察应事之理,不博古之典传,不闲于威仪之数,诗书礼乐无经,学业不法,凡是其属,太师之任也。
>
> 天子无恩于父母,不惠于庶民,无礼于大臣,不中于制狱,无经于

---

① 方向东. 大戴礼记 [M]. 南京:江苏人民出版社,2019:81.

百官，不哀于丧，不敬于祭，不信于诸侯，不诚于戎事，不诚于赏罚，不厚于德，不强于行，赐与侈于近臣，邻爱于疏远卑贱，不能惩忿窒欲，不从太师之言。凡是其属，太傅之任也。

天子处位不端，受业不敬，言语不序，声音不中律，进退节度无礼，升降揖让无容，周旋俯仰视瞻无仪，安顾咳唾，趋行不得，色不比顺，隐琴瑟。凡此其属，太保之任也。

天子宴瞻其学，左右之习反其师，答远方诸侯不知文雅之辞，应群臣左右不知已诺之正，简闻小诵不传不习。凡此其属，少师之任也。

天子居处出入不以礼，冠带衣服不以制，御器在侧不以度，纵上下杂采不以章，忿怒说喜不以义，赋与集让不以节。凡此其属，少傅之任也。

天子宴私，安如易，乐而湛，饮酒而醉，食肉而馁，饱而强，饥而惏，暑而暍，寒而嗽，寝而莫宥，坐而莫侍，行而莫先莫后，天子自为开门户，取玩好，自执器皿，亟顾环面，御器之不举不藏。凡此其属，少保之任也。

号呼歌谣，声音不中律，宴乐雅诵逆乐序，不知日月之时节，不知先王之讳与大国之忌，不知风雨雷电之眚。凡此其属，太史之任也。①

《大戴礼记·保傅》篇为我们保存了古代，特别是商周时期太子（储君）教育的情况，是一篇非常珍贵的领导教育文献。

(二) 帝王教子

秦始皇把自己称为始皇帝的目的不仅表明自己是天下第一个皇帝，而且希望社稷江山、帝王之位，能够代代相传，传之万世。可惜秦朝二代而亡，这是秦始皇没有想到的。后世皇帝作为国家最高统治者大都关心储君的培养与教育问题。有些皇帝更是亲自通过各种途径和方式教育太子。其中，唐太宗李世民和清康熙皇帝就是非常典型的两位。

1. 唐太宗教子

唐太宗李世民（599—649年）是我国历史上一位有作为的皇帝。他深知创业难，守成亦不易，因此励精图治，他在位期间出现了中国历史上的"贞

---

① 方向东. 大戴礼记 [M]. 南京：江苏人民出版社，2019：86-90.

观之治"。为了江山稳固,李世民十分重视对太子的教育。《贞观政要》是唐玄宗时史臣吴兢(670—749年)编撰的一部政府性的历史文献,是对贞观之治的历史经验的系统总结。《贞观政要》卷四集中讲太子教育,共分四章:《太子诸王定分第九》《论尊敬师傅第十》《教戒太子诸王第十一》《论规谏太子第十二》。书中列举了许多教育太子尊师的事例,从中可以看到李世民的教子观点与教子实践。例如,《论尊敬师傅》中载李世民诏令撰写太子接待三师的礼节制度。书中说:

> 贞观十七年,太宗谓司徒长孙无忌、司空房玄龄曰:"三师以德道人者也。若师体卑,太子无所取则。"于是诏令撰太子接三师仪注。太子出殿门迎,先拜三师,三师答拜,每门让三师,三师坐,太子乃坐。与三师书,前名"惶恐",后名"惶恐再拜"。①

由此可见,李世民对太子教育的重视与对太子的严格要求。李世民还亲自撰写了教育太子的著作《帝范》。

《帝范》是唐太宗李世民于贞观二十二年(648年)撰写,赐给太子李治(唐高宗)阅读的一部关于帝王治国修身之道的政论性著作。贞观十七年(643年),皇太子李乾被告谋反,案验有实,唐太宗废掉了他。经再三权衡,改立晋王李治为太子。李治天性软弱无能,唐太宗"每思此为忧,未尝不废寝忘食"②(《帝范·序》)。于是,于日理万机之暇,博览史籍,亲自搜集了历代帝王关于治国安邦的道理、经验和教训写成了《帝范》一书,赐给太子李治,希望他能够从中吸取教益,以此为鉴,即位后能够维持、巩固唐王朝,使唐代基业传之万世。

《帝范》原为20篇,至宋仅存6篇,清代乾隆朝修《四库全书》时,从官修《永乐大典》中辑出4卷12篇,即今之所见《帝范》。这12篇从君体、建亲、求贤、审官、纳谏、去谗、诫盈、崇俭、赏罚、务农、阅武、崇文12个角度论述了帝王的治国修身之道。《帝范》集中体现了唐太宗的政治思想。全书言简意赅,论证有据,凡"安危兴废,咸在兹焉"。武则天时的《臣轨》

---

① 骈宇骞. 贞观政要 [M]. 北京:中华书局,2011:248.
② 王双怀,梁克敏,董海鹏. 帝范·臣轨·庭训格言 [M]. 北京:中华书局,2021:14.

是专门讲"为臣之道"的，而《帝范》则是专门讲"为君之道"的。

唐太宗认为，人民是国家形成的基础，国家是君主统治的根本。为人君者要树立光辉的形象，拥有远大的胸怀，慈爱仁厚，竭尽全力地治理国家。《君体》章云：

> 夫人者国之先，国者君之本。人主之体，如山岳焉，高峻而不动；如日月焉，贞明而普照。兆庶之所瞻仰，天下之所归往。宽大其志，足以兼包；平正其心，足以制断。非威德无以致远，非慈厚无以怀人。抚九族以仁，接大臣以礼。奉先思孝，处位思恭。倾己勤劳，以行德义。此乃君之体也。①（《帝范·君体》）

君主不能只统治局部，治国的重任也非帝王一人能够承担，因此唐太宗强调君主要"建亲"，要与其他人一起共守政权。"夫六合旷道，大宝重任。旷道不可偏制，故与人共理之；重任不可独居，故与人共守之。是以封建亲戚，以为藩卫，安危同力，盛衰一心。远近相持，亲疏两用，并兼路塞，逆节不生。"②（《帝范·建亲》）

唐太宗认识到人才对治国安邦的重要性："夫国之匡辅，必待忠良，任使得人，天下自治。"③"帝王之为国也，必藉匡辅之资"④（《帝范·求贤》）、"致安之本，惟在得人。"⑤（《贞观政要·择官》）、"能安天下者，惟在用得贤才"⑥（《贞观政要·择官》），因此他认为明君要广求贤才："是明君旁求俊乂，博访英贤，搜扬侧陋。不以卑而不用，不以辱而不尊。"⑦（《帝范·求贤》）君主求才时很辛劳，但一旦任用贤能之士之后就可安逸地拱手而治了，所谓"求之斯劳，任之斯逸。"⑧（《帝范·求贤》）

君主要能够因人而用："明主之任人，如巧匠之制木，直者以为辕，曲者

---

① 王双怀，梁克敏，董海鹏．帝范·臣轨·庭训格言［M］．北京：中华书局，2021：17．
② 王双怀，梁克敏，董海鹏．帝范·臣轨·庭训格言［M］．北京：中华书局，2021：19．
③ 王双怀，梁克敏，董海鹏．帝范·臣轨·庭训格言［M］．北京：中华书局，2021：27．
④ 王双怀，梁克敏，董海鹏．帝范·臣轨·庭训格言［M］．北京：中华书局，2021：31．
⑤ 骈宇骞．贞观政要［M］．北京：中华书局，2011：186．
⑥ 骈宇骞．贞观政要［M］．北京：中华书局，2011：195．
⑦ 王双怀，梁克敏，董海鹏．帝范·臣轨·庭训格言［M］．北京：中华书局，2021：27．
⑧ 王双怀，梁克敏，董海鹏．帝范·臣轨·庭训格言［M］．北京：中华书局，2021：31．

以为轮，长者以为栋梁，短者以为栱角。无曲直长短，各有所施。明主之任人，亦由是也。智者取其谋，愚者取其力，勇者取其威，怯者取其慎，无智、愚、勇、怯，兼而用之。故良匠无弃材，明主无弃士。不以一恶忘其善，勿以小瑕掩其功。"①(《帝范·审官》)"今人智有短长，能有巨细。或蕴百而尚少，或统一而为多。有轻才者，不可委以重任；有小力者，不可赖以成职。委任责成，不劳而化，此设官之当也。"②(《帝范·审官》)官吏任用是否得当是关系到国家治乱的关键问题，因此，"必须明职审贤，择材分禄。得其人则风行化洽，失其用则亏教伤人。故云：则哲惟难，良可慎也！"③(《帝范·审官》)

君主还要善于纳谏。因为"夫王者，高居深视，亏听阻明。恐有过而不闻，惧有阙而莫补。所以设鞀树木，思献替之谋；倾耳虚心，伫忠正之说。言之而是，虽在仆隶刍荛，犹不可弃也；言之而非，虽在王侯卿相，未必可容。其义可观，不责其辩；其理可用，不责其文。至若折槛怀疏，标之以作戒；引裾却坐，显之以自非。故云忠者沥其心，智者尽其策。臣无隔情于上，君能遍照于下。"④(《帝范·纳谏》)好的君王是这样的，昏君如何呢？接下来进行了反面论证："昏主则不然，说者拒之以威，劝者穷之以罪。大臣惜禄而莫谏，小臣畏诛而不言。恣暴虐之心，极荒淫之志，其为雍塞，无由自知。以为德超三皇，材过五帝。至于身亡国灭，岂不悲哉！此拒谏之恶也。"⑤(《帝范·纳谏》)所以，广开言路才能政通人和，言路闭塞就可能身亡国灭。

君主还要去除谗佞之徒。"夫谗佞之徒，国之蟊贼也。争荣华于旦夕，竞势利于市朝。以其谄谀之姿，恶忠贤之在己上；奸邪之志，恐富贵之不我先。朋党相持，无深而不入；比周相习，无高而不升；令色巧言，以亲于上；先意承旨，以悦于君。"⑥(《帝范·去谗》)奸邪谗佞之徒的蒙蔽蛊惑会造成国家的危亡，君王要砥躬砺行，尚于忠言，如此才不会招致灾祸。

---

① 王双怀，梁克敏，董海鹏. 帝范·臣轨·庭训格言[M]. 北京：中华书局，2021：34.
② 王双怀，梁克敏，董海鹏. 帝范·臣轨·庭训格言[M]. 北京：中华书局，2021：35.
③ 王双怀，梁克敏，董海鹏. 帝范·臣轨·庭训格言[M]. 北京：中华书局，2021：37.
④ 王双怀，梁克敏，董海鹏. 帝范·臣轨·庭训格言[M]. 北京：中华书局，2021：39.
⑤ 王双怀，梁克敏，董海鹏. 帝范·臣轨·庭训格言[M]. 北京：中华书局，2021：41.
⑥ 王双怀，梁克敏，董海鹏. 帝范·臣轨·庭训格言[M]. 北京：中华书局，2021：43.

此外，君主还要"诫盈"，要"俭以养性；静以修身"①（《帝范·诫盈》），切勿骄奢，恣其嗜欲。君主要崇尚节俭："夫圣世之君，存乎节俭。富贵广大，守之以约；睿智聪明，守之以愚。不以身尊而骄人，不以德厚而矜物。茅茨不剪，采椽不斫，舟车不饰，衣服无文，土阶不崇，大羹不和。非憎荣而恶味，乃处薄而行俭。"②（《帝范·崇俭》）君主要重视农业，因为"食为人天，农为政本"③（《帝范·务农》）。君主不可穷兵黩武，但兵"不可以全除，不可以常用，故农隙讲武，习威仪也"④（《帝范·阅武》），即实行积极防预的国防政策。君主还要注重以文治施政："夫功成设乐，治定制礼。礼乐之兴，以儒为本。宏风导俗，莫尚于文；敷教训人，莫善于学。因文而隆道，假学以光身。不临深溪，不知地之厚；不游文翰，不识智之源。然则质蕴吴竿，非筈羽不美；性怀辨慧，非积学不成。是以建明堂，立辟雍，博览百家，精研六艺，端拱而知天下，无为而鉴古今。飞英声，腾茂实，光于不朽者，其唯学乎？此文术也。"⑤（《帝范·崇文》）

唐太宗认为："此十二条者，帝王之大纲也。安危兴废，咸在兹焉。"⑥（《帝范·跋》）君主"若崇善以广德，则业泰身安；若肆情以从非，则业倾身丧。且成迟败速者，国基也；失易得难者，天位也"⑦（《帝范·跋》）。

《帝范》是一部有关封建帝王修身之道的教科书，书中所反映的某些思想，如倡导任人唯贤，重视人才，虚心纳谏，远离谗佞，生活节俭、禁忌骄侈，重视农业，军事战备等，以及希望国家大治、民族繁荣兴旺的高尚理想，在今天看来也仍然具有可贵的和进步的现实意义。

2. 康熙皇帝教子

康熙是我国历史上又一位重要的帝王。他是清朝入主中原后的第二个皇帝，即爱新觉罗·玄烨（1654—1722），庙号圣祖，在位61年。他8岁即位，14岁亲政，他励精图治，开创了我国历史上的"康乾盛世"。康熙先后有子35人、女20人。后来活到成人者有子20人、女8人，他十分重视对皇子们

---

① 王双怀，梁克敏，董海鹏．帝范·臣轨·庭训格言 [M]．北京：中华书局，2021：48．
② 王双怀，梁克敏，董海鹏．帝范·臣轨·庭训格言 [M]．北京：中华书局，2021：50．
③ 王双怀，梁克敏，董海鹏．帝范·臣轨·庭训格言 [M]．北京：中华书局，2021：57．
④ 王双怀，梁克敏，董海鹏．帝范·臣轨·庭训格言 [M]．北京：中华书局，2021：61．
⑤ 王双怀，梁克敏，董海鹏．帝范·臣轨·庭训格言 [M]．北京：中华书局，2021：64．
⑥ 王双怀，梁克敏，董海鹏．帝范·臣轨·庭训格言 [M]．北京：中华书局，2021：68．
⑦ 王双怀，梁克敏，董海鹏．帝范·臣轨·庭训格言 [M]．北京：中华书局，2021：69．

的教育，希望通过教育能够提高他们的素质。

《康熙政要》①是清末使臣实录馆纂修、国史馆协修、翰林院检讨章梫编纂的一部仿《贞观政要》的书。其中的《论教诫诸皇子贝勒第十一》《论尊敬师傅第十二》等章节集中体现了康熙的教子思想与实践。

康熙教子的种种做法，法国传教士白晋（Joachim Bouvet，1656—1730）以亲身见闻，向法国路易十四大帝作了如实报告。②白晋在报告中说：中国皇上以父爱的模范施以皇子教育，令人敬佩。中国的皇上特别注意对皇子们施以道德教育，努力进行与他们身份相称的各种训练，教之以经史、诗文、书画、音乐、几何、天文、骑马、射箭、火器等。中国皇上去蒙古（今内蒙古地区）狩猎，最初只带了长子、三子和四子。狩猎开始后，又来了三个皇子，其中最大的十四岁，最小的只有九岁。这些年幼的皇子从早到晚都在马背上风吹日晒，达一个月之久。不论哪个皇子，没有一日空手而归的。

意大利神父马国贤（Matteo Ripa，1682—1745年）在《清廷十三年：马国贤在华回忆录》中记载了1711年康熙与皇子们狩猎的情形。③有超过三万名士兵随皇上到达热河，但只有一万二千人陪他去打猎。随他来的嫔妃们坐的是六辆马车，三辆黄的，三辆黑的。前者为皇后所用，后者是妃子的。那些皇子们在另外三辆马车里，一辆黄的，两辆黑的。狩猎时，"一声令下，皇帝亲自开始追猎，用弓箭射杀身边大群中的很多牡鹿。疲劳的时候，他就允许

---

① 参见章梫. 康熙政要 [M]. 褚家伟，郑天一，刘明华，校注. 北京：中共中央党校出版社，1994.
② 白晋，耶稣会传教士，又作白进，字明远。清康熙二十六年（1687）夏来华，服务于清廷，后卒于北京。康熙四十七年（1708），他奉命与其他传教士赴各省测量绘制《皇舆全图》，历时九年而成。又曾奉康熙帝命研究《易经》，著有《易经总旨》。他的著作还有《中国现状》（*Etat présent dela Chine*，1697年，巴黎出版）、《古今敬天鉴》（1707年自序，仅有抄本）。以《康熙帝传》（*Portrait historique de l'Empereurde la Chine*，1697年，巴黎出版）最著名。《康熙帝传》除对康熙帝的文治武功简要叙述外，对其品德、性格、生活、爱好等方面都作了详细介绍，有英、荷、德、意、拉丁文译本。中译本名《康熙皇帝》，系黑龙江人民出版社根据1941年日本文化生活出版社出版的后藤末雄的日译本译出，1981年出版。
③ 参见马国贤. 清廷十三年：马国贤在华回忆录 [M]. 李天纲，译. 上海：上海古籍出版社，2004. 马国贤是意大利那不勒斯人，他于1710年1月抵达澳门，1724年1月离开广州，在中国待了14年，跨了康熙朝的后12年和雍正朝的前2年。

太子和皇亲国戚们仿效他。"① 狩猎是康熙热衷的运动，因此他也就常借此机会带领太子皇子们出来接受这种实际的锻炼。

康熙还时常对皇子们进行庭训。《论语·季氏》：孔子尝独立，鲤趋而过庭，曰："不学《诗》无以言，不学《礼》无以立。"鲤退而学《诗》学《礼》。此庭训之道也。庭训的对象主要是几位皇子。只是雍正更为有心，随时记录，后来汇编成书，凡246则，取名《庭训格言》，并亲自为此书作序。乾隆四十六年（1781年），纪晓岚等人将此书进行了校订，呈奉给乾隆皇帝，并称之为帝王施政的准则。《庭训格言》是一部皇家教子书，是皇帝教子的写照。

康熙在位几十年，历经风雨，对人生、治国、权力等都有颇深的体会。他训话范围极其广泛，涉及为人做事、齐家治国、任人施政、图书经章、读书治学、修身养性、敦品养生、陶冶性情、闲情逸致，等等。《庭训格言》长短随意，重在说理，表现出父亲对孩子的循循善诱，谆谆教导。

康熙身后的儿孙们，多数能文善武，尤其是在他身后的两个杰出帝王：雍正皇帝，功业显赫，谋略超人；乾隆皇帝，儒雅风流，自号"十全皇帝"。所有这些，都是受到了康熙皇帝的道德遗泽和《庭训格言》一书的影响。

（三）太子读书

中国历代的太子、皇子通常是在六七岁开始设馆读书，接受历来被官方所推重的正统文化的教育。有的皇子在八岁时便被立为太子，入住东宫，紧接着就开始了紧张忙碌的东宫读书生活。太子所居曰东宫。在西汉时，东宫、东朝指的是皇太后，因其宫殿在长乐宫之东。把东宫当作太子的代名词，至少不晚于东汉。《后汉书·班彪传》载："时，东宫初建。"② 太子的东宫又称震宫。这与《易经》中以震为长男，其方位主东有关。

中国宫廷中太子学习的内容大致包括帝王规范、经书、史书三大类。帝王规范讲述的是君临天下的帝王应该具备的优良品德和行为规范，阐述的是治国平天下的政治之道，因而为宫廷中太子学习的必修课。经书是指儒家经籍，主要是十三经：《易》《书》《诗》《论语》《周礼》《议礼》《礼记》《左

---

① 马国贤. 清廷十三年：马国贤在华回忆录［M］. 李天纲，译. 上海：上海古籍出版社，2004：67.
② 范晔. 后汉书：二［M］. 李贤，等注. 北京：中华书局，2000：892.

传》《公羊传》《谷梁传》《孝经》《尔雅》《孟子》。中国古代有六经之说，包括《易经》《书经》《诗经》《礼经》《乐经》《春秋》。后来，《乐经》失传，只存五经。汉武帝刘彻设五经博士。宋代理学家抬高孟子，学者朱熹取《礼记》中的《大学》和《中庸》两篇，并《论语》《孟子》，称为"四书"。朱熹亲自作注，成为《四书章句集注》。此后，五经四书成为太子、皇子的首选课目。明代宫廷中太子所学包括四书、五经、《通鉴直解》、《帝鉴图说》。经史之外，书法、绘画、骑射都是太子、皇子们应当学习的，特别是太子，丝毫不能苟且。中国有许多朝代，太子学习时都是要派其他皇子陪太子读书，称为陪读，有的则是让太子和诸子一起读书，接受教育。

清朝时，皇子从六岁时开始读书。皇子们每天早晨在寅时（早晨3点—5点）即起床，洗漱穿戴完毕，便上学读书。此时，天尚未亮，由近侍太监挑灯引路至书房。一般而言，寅时前做好一切学习准备，寅时开始在书房学习。学习先温满文、蒙文，然后练习汉字书法。卯时（早晨5点—7点），师傅来教授新课程。清世宗雍正时期，规定学习的汉文功课是五经、《史记》、《汉书》、策问、诗赋。诗赋每天都必须学习。所以，清朝历代帝王的文学修养都很高，能诗能文，会词会赋。

清代末年，东宫师傅中出现了洋教师。洋教师和儒师一样，同样受到皇室和皇子、帝后的尊重。这一点可以从清代末代皇帝溥仪的英文教师英国人雷金纳德·约翰斯顿写的《紫禁城的黄昏》一书中清楚地看到。作者的中文名字叫庄士敦，是苏格兰人，先后就读于爱丁堡大学、牛津大学，获得文学学士学位，一直仰慕灿烂辉煌的中华文化，对中国历史、古典文学造诣很深，精通释典和儒经。大学毕业后，他就踏上了中国国土，一住就是30多年。1919年3月，经李鸿章的儿子李经迈推荐，受聘为宣统皇帝的英文教师。他在宫中得到了皇帝溥仪的赏识，上谕赏他头品顶戴、毓庆宫行走、紫禁城内赏乘二人肩舆，月俸一千银圆。庄士敦侍从溥仪10多年，书中详细记述了自己的切身经历和耳闻目睹。

庄士敦在"皇帝的师傅们"一章中开篇即提到帝师（imperial tutors）的崇高地位："在宫廷中，地位在其他所有人之上，而仅次于少数皇室王公（包括亲王在内）的人，是皇帝的师傅们。"[①] 他在引述了《礼记·学记》中的

---

① 庄士敦. 紫禁城的黄昏 [M]. 陈时伟, 等译. 济南: 山东画报出版社, 2007: 129.

"是故君之所不臣于其臣者二：当其为尸，则弗臣也；当其为师，则弗臣也。大学之礼，虽诏于天子，无北面，所以尊师也"之后，对此作了解释：①

  在中国，统治者习惯坐在宝座正中，面南背北。因此，那些最接近他的人，必定是面向北方。这标志着统治者与其臣属身份地位的区别。但是，这种君臣关系并不等同于师生之间的关系。因而当教师去接近一个身为他的学生的君主时，他不必拘常人的礼节。有趣的是，这种古老的规则，在帝王的学宫中贯穿始终。皇帝读书时，坐在一张方桌的北端，面向南方。指定给师傅的座位在桌子的东侧，面向西方——这就是我每次在毓庆宫与皇帝正式交谈时所坐的位置。

庄士敦还记述了皇帝尊师的行为：

  皇帝对他的每位师傅（甚至包括从海外来的"蛮夷"）表示尊重的另一个标志，就是当师傅进入室内时，他总要站起身来。如果师傅在授课过程中站起来。到书架上取一册书或者做其他必需的事，皇帝也要起立，等到师傅回到原位，才能重新就坐。②

尊师重教是中国的一项优良传统。美国传教士、清末任京师大学堂总教习的丁韪良博士说："没有一个国家如此尊崇教师的职位。不仅生活中的教师受到最深切的敬意，而且'教师'这一名称本身，从抽象的含义上说，就是崇拜的对象。在一些特定的情况下，'师'与'天、地、君、亲'联系在一起，被镌刻在碑铭中，成为五种主要的尊崇对象之一，用隆重的典礼加以奉祀。"③

据考证，"天地君亲师"的思想，发端于《国语》，形成于《荀子》。《国语·晋语一》中有"武公伐翼止栾共子无死"的故事：

---

① 庄士敦. 紫禁城的黄昏［M］. 陈时伟，等译. 济南：山东画报出版社，2007：130.
② 庄士敦. 紫禁城的黄昏［M］. 陈时伟，等译. 济南：山东画报出版社，2007：130.
③ 转引自庄士敦. 紫禁城的黄昏［M］. 陈时伟，等译. 济南：山东画报出版社，2007：129.

> 武公伐翼，杀哀侯，止栾共子曰："苟无死，吾以子见天子，令子为上卿，制晋国之政。"辞曰："成闻之：'民生于三，事之如一。'父生之，师教之，君食之。非父不生，非食不长，非教不知生之族也，故壹事之。唯其所在，则致死焉。报生以死，报赐以力，人之道也。臣敢以私利废人之道，君何以训矣？且君知成之从也，未知其待于曲沃也，从君而贰，君焉用之？"遂斗而死。①

在《国语》里强调了"父""师""君"的重要性。父亲给人以生命，师傅教人成才，君主赐人食禄。没有父亲就不能出生，没有食禄就不能成长，没有师傅教育就不知道自己生命的族类，因此事奉父、师、君要始终如一。这里，"师"被放在了与"父""君"同等重要的位置。

《荀子·礼论篇》曰：

> 礼有三本：天地者，生之本也；先祖者，类之本也；君师者，治之本也。无天地恶生？无先祖恶出？无君师恶治？三者偏亡焉，无安人。故礼上事天，下事地，尊先祖而隆君师，是礼之三本也。②

《荀子》强调了天地、先祖、君师的重要性。可见"天地君亲师"的观念可以追溯到荀子所在的战国时期。东汉时期，在《太平经》中最早出现了形式整齐的"天地君父师"的说法。北宋初期，"天地君亲师"的表达方式已经正式出现。明朝后期以来，崇奉"天地君亲师"在民间广为流行，把其作为祭祀对象也已经比较普遍。清雍正初年，第一次以帝王和国家的名义，确定"天地君亲师"的次序，并对其意义进行诠释，特别突出了"师"的地位和作用。从此，"天地君亲师"成为风行全国的祭祀对象。③ 当然，这也使得尊师之风更盛。

尊师中对君师或曰帝师的尊重要算是最为隆重的了。在太子或天子教育中十分重视尊师教育。上引《学记》中的"大学之礼，虽诏于天子，无北面，

---

① 陈桐生. 国语 [M]. 北京：中华书局，2013：272.
② 方勇，李波. 荀子 [M]. 北京：中华书局，2011：303.
③ 徐梓. "天地君亲师"源流考 [J]. 北京：北京师范大学学报（社会科学版），2006（2）：99.

所以尊师也"即是明证。在此后历代天子或帝王教育中，尊师的教育也是一直存在的。

可以说在注重等级和秩序的封建社会，尊师是为了维护社会秩序，也是为统治阶级的统治服务的。但从教育学习的角度来说，强调尊师才能虚心学习，形成"空杯心"，有助于教育效果的实现。从这个角度来说，在今天的领导教育中，强调尊师教育还是有积极意义的。

（四）太子的实际锻炼

为了锻炼太子的实际能力，皇帝往往有意提供机会安排他们参与政务。梁武帝以萧统为太子（昭明太子，其所编《昭明文选》负有盛名，有"文选烂，秀才半"之说），"太子自加元服，帝便使省万机，内外百司奏事者填塞于前"①（《南史》卷五三《梁武帝诸子》）。元世祖忽必烈在至元十六年（1279年），用群臣请，"下诏皇太子燕王（真金）参决朝政，凡中书省、枢密院、御史台及百司之事，皆先启后闻"②（《元史》卷十《世祖纪七》）。明太祖朱元璋在洪武十年（1377年），"命政事启皇太子裁决奏闻"③（《明史》卷二《太祖纪二》）。也有的皇帝，因为健康、出征或享乐等原因，让太子监国，权理政务的。这当然也会给予太子以实际的锻炼。

对太子来说，由于面临残酷的宫内竞争和随时因错被废除的危险，他最好的保护自己的办法是缄默与顺从，否则很容易招致灭顶之灾。晨昏定省，才是作为太子的最基本的任务。《礼记》载：

> 文王之为世子，朝于王季日三。鸡初鸣而衣服，至于寝门外，问内竖之御者曰："今日安否何如？"内竖曰："安。"文王乃喜。及日中又至，亦如之；及莫又至，亦如之。其有不安节，则内竖以告文王。文王色忧，行不能正履，王季复膳，然后亦复初。食上，必在视寒暖之节；食下，问所膳。命膳宰曰："末有原！"应曰："诺。"然后退。④（《文王世子第八》）

---

① 李延春. 南史：二[M]. 北京：中华书局，2000：875.
② 宋濂，等. 元史：一[M]. 北京：中华书局，2000：146.
③ 张延玉，等. 明史：一[M]. 北京：中华书局，2000：22.
④ 胡平生，张萌. 礼记：上[M]. 北京：中华书局，2017：395.

文王武王的这一套就是作太子的千古不易的标本。他们只有如此行事，才可能保全自己的太子位和身家性命。东汉制度，太子"五日一朝，因坐东箱，省视膳食，其非朝日，使仆、中允旦旦请问而已"①（《后汉书》卷四十上《班彪传》）。即使恪守晨昏定省，也不一定能够保住太子位，在谨行定省之外，不言外事，才是保全自己的唯一办法。这也是对太子的定性与耐力的一种更为实际的锻炼。

二、帝王教育

作为皇帝，他必须具有相当高的政治素养、卓越的识见、纵横捭阖的权谋手段，才可能驾驭群臣，稳定统治。具体如文书公式、政务程序、朝会仪节等各式各样的程式，也需要皇帝掌握才行。如果不具备这样一些训练和素养，皇帝也无法顺利行使皇帝的职权。因此，皇帝也有一个学习的问题。皇帝的学习不是个人的自修，而是有教师指导、监督下的学习。为此，皇帝必须配备有专任教师。

（一）侍讲、侍读、待诏

从秦朝开始，政府开始大量设置博士。《汉书·百官公卿表》："博士，秦官，掌通古今。"②秦时置博士七十人，备员弗用。汉文帝时，设置博士七十余人，国有疑事，掌承问对。汉武帝以后，诸经博士的职能主要成为国学的导师。有的皇帝也有自己的经师，讲求学业，但不成制度。例如，汉明帝自为太子，受《尚书》于桓荣；汉章帝受《尚书》于张酺。通常则以侍讲、侍读、待诏等名义，增置学习时的顾问。侍讲始设于东汉，侍读始见于南朝。北齐置文林馆，置待诏。

唐太宗很重视学习，即位不久即精选人才，商讨政事。"太宗初践祚，即于正殿之左置弘文馆，精选天下文儒，令以本官兼署学士，给以五品珍膳，更日宿直，以听朝之隙，引入内殿，讨论坟典，商略政事，或至夜分乃罢。"③（《贞观政要》卷二七）当时待诏的人很多，有词学、经术、合炼、僧道、卜祝、术艺、书弈等。各别院以廪之，日晚乃退。其中，最被重视的是

---

① 范晔. 后汉书：二 [M]. 李贤，等注. 北京：中华书局，2000：893.
② 范晔. 后汉书：二 [M]. 李贤，等注. 北京：中华书局，2000：893.
③ 骈宇骞. 贞观政要 [M]. 北京：中华书局，2011：470.

辞学。唐朝武德、贞观年间，常被诏的大臣有温在雅、魏征、李百药、岑文本、许敬宗、褚遂良等。唐高宗永徽（650—655年）以后，有许敬宗、上官仪，皆召入禁中驱使，未有名目。乾封（666—668年）中，刘懿之、刘祎之、周恩茂等以文词待诏，常于北门听候进止，时人称之为"北门学士"。唐玄宗开元三年（715年），皇帝因读书有所疑滞而无从质问，便选马怀素、褚无量更日侍读。集贤院中置侍读直学士。又创置翰林院，延致的成员，既有文章硕学之士，也有僧道、书画、琴棋、术数之能手，俱称曰待诏。后来，因为中书公务繁重，文书多壅滞，乃选文学之士号翰林供奉，与集贤院学士分掌制诏书敕。开元二十六年（738年），又改翰林供奉为学士，别置学士院，专掌内命（《文献通考》卷五十三《职官考八·学士》）。从此，翰林学士兼有皇帝学士的辅导、行政的秘书与顾问的职责。

宋人范祖禹著的《帝学》（八卷）一书可帮助我们了解侍讲侍读的情况。范祖禹（1041—1098年），字淳父，华阳县（今四川成都人）。宋仁宗嘉祐八年（1063年）进士，做官并逐渐升迁至翰林学士。后出朝廷到地方，任陕州知州。不久，因事被贬官，降职为宾化县令，死在任所。宋高宗建炎二年（1128年），朝廷为其平反，追复龙图阁学士职务。《宋史》里有其生平事迹的记载。《帝学》一书是宋哲宗（1086—1093年）初年，范祖禹在担任为皇帝讲解经史的经筵讲官时，进呈给皇帝的。书中收集编辑的都是从上古贤明的君王直到宋朝开国太祖、太宗以来，历代皇帝学习方面的事迹，目的是用此书中的故事来对皇帝劝告讲解，以增加他的学识和能力。书中所选的故事，从伏羲开始到宋神宗为止，分条目罗列，每条后附有作者的评论。这部书可以看作一部帝王教育的教科书。书中所记之故事，多为帝王求学向学之事迹。其中，有很多内容是写帝王听讲学、君臣问学的故事。这对我们了解当时帝王学习与讲学情形是非常有帮助的。①

（二）经筵制度

根据传统习惯，皇帝为皇太子时即应就读，受傅于翰林院诸学士，称为东宫出阁讲学。登极之后，除继续就读以外，他还要出席另一种形式的讲学，即所谓经筵。

宋代时，经筵作为一种皇帝进行学习的正规制度开始确立。经筵制度是

---

① 范祖禹. 帝学校释［M］.陈晔，校释. 上海：华东师范大学出版社，2015：1-162.

一项重要的君主培养制度。经筵即由皇帝简选学士、侍从之名儒硕学，加侍讲、侍读衔，为皇帝进行讲书史、经义，并备顾问应对；官资低浅者则为"说书"。当时进讲时间尚未规定，所讲的内容俱为儒典，只有《尚书·顾命》《礼记·丧礼》及《春秋》中之家臣、陪臣乱政与诸侯淫乱事则不讲，或者略而不讲。

《石林燕语》卷一载：

> 国朝经筵讲读官旧皆坐，乾兴后始立。盖仁宗时年尚幼，坐读不相闻，故起立欲其近尔，后遂为故事。熙宁初，吕申公、王荆公为翰林学士，吴冲卿知谏院，皆兼侍讲，始建议：以为六经言先王之道，讲者当赐坐，因请复行故事，下太常礼院详定。当时韩持国、刁景纯、胡宇夫为判院，是申公等言。苏子容、龚鼎臣、周孟阳及礼官王汾、刘攽、韩忠彦，以为讲读官曰侍，盖侍天子，非师道也。且讲读官一等，侍读仍班侍讲上，今侍讲坐而侍读立，不应为二，申公等议遂格。今讲读官初入，皆坐赐茶，唯当讲，官起就案立，讲毕复就坐，赐汤而退。侍读亦如之，盖乾兴之制也。①

这段记述为我们描述了宋朝时侍讲侍读的状况。

南宋初年，谏官、御史皆必充经筵。据陆游《老学庵笔记》卷六载：

> 故事，台官无侍经筵者。贾文元公为中丞，仁祖以其精于经术，特召侍讲迩英，自此遂为故事。秦会之当国时，谏官御史必兼经筵，而其子熺亦在焉。意欲搏击者，辄令熺于经筵侍对时谕之，经筵退，弹文即上。②

元朝中叶，经筵制度大备。元泰定帝元年（1324 年），"江浙行省左丞赵简，请开经筵及择师傅，令太子及诸王大臣子孙受学，遂命平章政事张珪、

---

① 叶梦得撰，宇文绍奕考异，穆公校点.石林燕语［M］//上海古籍出版社编.宋元笔记小说大观：三.上海：上海古籍出版社，2007：2479.
② 陆游撰，高克勤校点.老学庵笔记［M］//上海古籍出版社编.宋元笔记小说大观：四.上海：上海古籍出版社，2007：3505.

翰林学士承旨忽都鲁都儿迷失、学士吴澄、集贤直学士邓文原,以《帝范》《资治通鉴》《大学衍义》《贞观政要》等书进讲。复命右丞相也先铁木儿领之"①(《元史》卷二九《泰定帝一》)。泰定帝的汉文化水平甚低,但他把经筵作为文化和知识学习的方式,在位四年,未尝间废。

明朝在宣德(1426—1435年)以前,皇帝每视朝毕,无日不御文华殿或便殿,召诸大臣及诸儒臣讲经书、咨政事。初无定日,亦无定所,正统元年(1436年),太皇太后为年幼的英宗开经筵,命大臣杨士奇、杨荣、杨溥及侍讲学士王直等为经筵官,以月之二日、十二日、二十二日会讲文华殿;余日仍令讲读官四人入讲经史。前者称为大经筵,后者称为小经筵或小讲、日讲。明制规定:大体上大经筵每月三举,春讲以二月十二日起,至五月初二止;秋讲以八月十二日起,至十月初二止。经筵于春秋两季气候温和之时举行,每天三次。寒暑则免。大经筵的参加者,除皇帝外,朝臣之大僚也都出席听讲。"每次经筵,所有六部尚书、左右都御史、内阁大学士和有爵位的朝臣勋戚都要一体参加,还有给事中,御史多人也在听讲的行列中出现。"② 小经筵则是早朝毕,四讲官随驾入至文华殿内举行。课本先是《大学衍义》,次是《贞观政要》。在大经筵中,进规多于正讲;日讲则讲多而规谏少。

黄仁宇在《万历十五年》中较为详细地描绘了明朝经筵时的情形:

> 经筵举行的时间一般在早朝之后,皇帝在大汉将军二十人的保卫下首先驾到。在这文质彬彬的场合中,大汉将军也免除甲胄穿上袍服,但仍携带金瓜等必不可少的武器。皇帝在文华殿面南而坐定,传谕百官进入,行礼如仪。至此,鸿胪寺官员将书案一张摆在御座之前,专供圣鉴;另一张摆设在数步之外,为讲官所用。参加听讲的官员鱼贯而入,分列书案左右。③
>
> 经筵和其他所有的仪式一样,必有其目视耳听的对称均衡。先一日用楷书恭缮的讲义此时已经陈列于案几之上。在赞礼官呼唱之下,两员身穿红袍的讲官和两员身穿蓝袍的展书官出列。他们都是翰林院中的优秀人员。讲官面对皇帝,展书官在书案两侧东西对立。接着是讲官叩头,

---

① 宋濂,等. 元史:一 [M]. 北京:中华书局,2000:435-346.
② 黄仁宇. 万历十五年 [M]. 北京:生活·读书·新知三联书店,2006:52.
③ 黄仁宇. 万历十五年 [M]. 北京:生活·读书·新知三联书店,2006:52.

叩头毕，左边的展书官膝行接近书案，打开御用书本讲义，用铜尺压平。此时左边的讲书官也已经趋前，站在中央的位置上，开始演讲。讲完后，书本盖覆如前，讲官及展书官退列原位，以便右边的同僚履行任务。左边讲官所讲授的是"四书"，右边讲官所讲授的则为历史。此种节目，历时大半天只有讲官可以口讲指划，其他全部人员都要凝神静听，即在皇帝也不能例外。如果当今天子偶然失去了庄重的仪态，把一条腿放在另一条腿之上，讲官就会停止讲授而朗诵："为人君者，可不敬哉？"这样的责难不断重复，决无宽贷，一直到这个为人君者突然发现自己的不当而加以改正，恢复端坐的形态为止。①

……

在正面阐述圣贤之道的时候，讲官可用极委婉的言辞，在不妨碍尊严的条件下对皇帝作必要的规劝。皇帝在经筵上可以提出问题，甚至说明他不同的观点，但是责问或指斥讲官，则属于失礼。即讲官准备不充分，讲辞前言不对后语，皇帝感到不快，也不能当场流露，而只能事后间接提出。②

经筵进讲时，一般都赐座。讲毕，又有茶或酒饭赐之，隐喻尊师重道之间。参加经筵的官员们，"熬过一段悠长枯燥的时间，等到经史讲完，书案依次撤去，参加的人员鱼贯下殿，在丹墀上向御座叩头如仪，然后才能盼来这经筵之'筵'。此即在左顺门暖房内所设的酒食。这酒食为光禄寺所备，各官按照品级职务就座；其中的讲官、展书官及抄写讲义的人员，则又就座于同阶官员之上"③。

参加经筵的皇帝的老师是经过严格筛选出来。"得任为皇帝的老师是一种难得的际遇，也是'位极人臣'的一个重要阶梯。固然并不是既为老师就可以获得最高的职位，但最高的职位却经常在老师中选任。在皇帝经筵上值讲，必然是因为在政治、学术、道德诸方面有出类拔萃的表现。值讲者即使还不是卓有成就的实行者，至少也是众所推服、彻底了解国事的思想家。"④经筵

---

① 黄仁宇. 万历十五年[M]. 北京：生活·读书·新知三联书店，2006：52-53.
② 黄仁宇. 万历十五年[M]. 北京：生活·读书·新知三联书店，2006：53.
③ 黄仁宇. 万历十五年[M]. 北京：生活·读书·新知三联书店，2006：55.
④ 黄仁宇. 万历十五年[M]. 北京：生活·读书·新知三联书店，2006：45-46.

的着眼点在于发挥经传的精义,指出历史的鉴戒,但仍然常归结到现实,以期古为今用。称职的讲官务必完成这一任务,如果只据章句敷衍塞责或以佞辞逢迎恭维,均属失职。搞不好就会因此而被罢免。常言道"伴君如伴虎",如果不小心得罪了皇帝,甚至皇帝身边的人,也可能因经筵而导致罢免或降职等。武宗正德二年(1507年),"上御经筵,詹事扬廷和、学士刘忠直讲。讲毕,因致规谏语。上退,语刘瑾曰:'经筵讲书耳,何添出许多话来!'瑾曰:'二人可令南京去。'于是并迁南侍郎"(《明会要》卷十四《礼九·经筵日讲》)。

清代的经筵大体与明代相同。不同之处在于讲官分别置满、汉人员。"满直讲官先以清语进讲,毕,汉直讲官继之。""凡讲官宣讲,依原文朗诵,不增减一字。而音节之间,抑扬反复,宜得讲论口吻。遇称皇上,必仰对圣颜,以示陈善闭邪,寓规于颂之意。"(《养吉斋丛录》卷五)

到末代皇帝溥仪时,他的讲官不仅有满员、汉员,还有许多外员,如英国人、日本人等。秦翰才著的《满宫残照记》中记载了溥仪的学习情况。①

溥仪六岁上学,由大学士陆润庠和侍郎陈宝琛教读汉文,都统伊克坦教读满文。他的满文成绩很不好。②其后,有英人庄士敦教读英文,刘骧教读日文,溥仪的日文成绩不行,英文却很好。郑孝胥讲《资治通鉴》,温肃讲《贞观政要》。伪满洲国成立后,一度规定每星期六为修学日,从上午10点钟起,举行御前进讲。那时,袁金铠讲《书经》,王乃徵讲《诗经》。日本人方面也常有专家或名流担任御前进讲,像侍从开官石丸志都磨讲军事,山下奉文讲德国战事,畑晋二郎讲稀元素。在预定实现每一行动前,和溥仪灌输对这一行动应具备的知识。例如,在康德七年(1940年)为赴日本参加二千六百年祝典,先讲日本史(讲者平泉治);回来为公布建置神庙,先讲惟神之道;康德十年(1943)为东巡狩,先讲安东大势(共讲八次)。惟神之道的进讲,据《记事簿》所载,有一个相当庄严的规模。③ 一个末代皇帝、傀儡皇帝的

---

① 秦翰才. 满宫残照记[M]. 上海:上海书店出版社,1998:31-32.
② 这一点庄士敦在《紫禁城的黄昏》里也有记载,他说:"就我能够做出的判断,皇上的满文课,并不被当作十分重要的课程;尽管他学会了说一点满语,也能写得挺不错,但他从来没有能成为一个优秀的满语学习者。"见庄士敦. 紫禁城的黄昏[M]. 陈时伟,等译. 济南:山东画报出版社,2007:140.
③ 转引自秦翰才. 满宫残照记[M]. 上海:上海书店出版社,1998:32.

课业尚且具有如此之气势，其他也就可想而知了。

三、官吏教育

"官为国与民之枢纽。"①（张之洞《劝学篇·守约》）马克斯·韦伯认为："中国的官大人（Mandarin）在出身上，和我们文艺复兴时期的文人主义学者大致相似：一种以人文主义方式、用古代经典加以训练并且通过测验的文人。试读李鸿章的日记，你会发现，他最引以为傲的，就是能赋诗和善于书法。这个阶层，挟其取法中国古代而发展出来的规矩，决定了中国的整个命运。"②（《政治作为一种志业》）中国的官吏教育其实可以有不同的途径。

（一）上级的训诫

中国古代政府对官吏进行教育是官吏教育的一种重要途径，在几千年的实践中也有诸多措施。此处我们选择有代表性的秦朝的《为吏之道》和唐朝的《臣轨》加以说明。

1. 秦朝的《为吏之道》

秦朝是我国历史上第一个封建王朝。这个朝代在许多方面开创了历史的先河。秦朝在中国历史上的贡献是巨大的，也是多方面的。秦朝一统中原后，法家思想首先登台并发挥了巨大的历史作用。秦朝的法治，虽然有"皇帝"说了算的人治成分，但比之任人重亲的宗法统治，已有很大进步。秦朝十分重视法制教育。"以法制教育为中心的社会教育之根本在于官吏教育。"③秦朝在官吏教育方面做出了很大努力。秦始皇除不任人唯亲和严格要求亲人（包括太子）外，还大力整顿吏治，对各级官吏都要严格甚至严厉的要求，并专设监督各级官吏的官员。秦朝的官吏教育，不仅要求官吏必须不折不扣地切实贯彻执行朝廷的法令，而且还有许多道德方面的要求。"秦汉时期，为适应专制主义中央集权制官僚政治体制之需，迅速而大量地培养出办理官、民事庶务的吏员，便成为政府急切之要务。因之，此时学吏、训吏之风亦随之大盛。学吏、训吏必有教材，而且政府还统编过训吏教材。秦汉学吏教材的内容分为识字、学书教本，吏德教本，法律典章教本，民间庶务应酬知识4

---

① 冯天瑜，姜海龙. 劝学篇［M］. 北京：中华书局，2016：132.
② 韦伯. 政治作为一种志业［M］//学术与政治. 钱永祥，等译. 桂林：广西师范大学出版社，2004：219.
③ 陈超群. 中国教育哲学史：第一卷［M］. 济南：山东教育出版社，2000：424.

种。睡虎地出土简书10种，除文字极简略而量少的《编年记》之外，其他9种全部切关吏事，乃是研习吏事比较完备的教材。"①《为吏之道》是其中非常有名的一篇。本篇为湖北云梦睡虎地秦墓出土的秦简之一，题目是秦简整理小组据简文开端的"凡为吏之道"一语而定的。就内容而讲，本篇讲的全是官吏所当具备的道德规范与行为准则。

《为吏之道》开篇即要求官吏做到廉洁正直公正："凡为吏之道，必精絜（洁）正直，慎谨坚固，审悉毋（无）私，微密鐵（纤）察，安静毋苛，审当赏罚。"②作为秦朝官方正式文告的《语书》对"良吏"也有明确的规定："凡良吏明法律令，事无不能殹，有（又）廉絜（洁）敦悫而好佐上；以一曹事不足独治殹，故有公心；有（又）能自端殹，而恶与人辨治，是以不争书。"廉洁是为吏之道的重要品质，廉洁就要守本分，不贪赃枉法，即"戒之戒之，材（财）不可归"；不能巧取豪夺，即不能"居官善取"，此为吏五失之一。正直即能够"自端"，不偏不倚，"审悉毋私""审当赏罚"，一切按法律办事，公正无私。《为吏之道》为适应统治者的需要还要求官吏要"忠"。"忠"有两方面的含义：一是忠于上，即在行政事务上绝对服从和切实执行上级法令；一是要忠于百姓，为吏之道的宗旨是"除害兴利，兹（慈）爱万姓"。《为吏之道》中特别提到了"审知民能"的观念："审智（知）民能，善度民力，劳以率之，正以桥（矫）之。反赦其身，止欲去愿。"但"审知民能"是把群众当作了利用的工具，利用群众的能力为封建统制服务，与我党的群众路线有着本质的区别。我党对人民群众的态度，不是把群众当作工具，让工具为自己服务，恰恰相反，我党以民为本，一切为了群众，一切依靠群众，相信人民，依靠人民，为了人民，始终站在最广大人民的立场上。全心全意为人民服务，始终代表最广大人民群众根本利益。官吏还被要求以身作则："凡戾人，表以身，民将望表以戾真。表若不正，民心将移乃难亲。"这种论述在《论语》中亦有多处："政者，正也。子帅以正，孰敢不正？"（《论语·颜渊》）"其身正，不令而行，其身不正，虽令不从。"（《论语·子

---

① 张金光.论秦汉的学吏教材：睡虎地秦简为训吏教材说[J].文史哲，2003（6）：65-72.
② 佚名.为吏之道[M]//为政恒言.章言，李成甲，注译.西安：三秦出版社，1998：1.关于《为吏之道》的引文均出自此书，以下不注。因简文多有难字，为了行文方便，文中尽量使用已经释读出来的文字，不再将难字写出。

路》)官吏以身作则才能教化民众,畅行法令,保证政策实施效果。

《为吏之道》中最经典的部分莫过于"五善"与"五失"的为吏原则:

> 吏有五善:一曰中(忠)信敬上,二曰精(清)廉毋谤,三曰举事审当,四曰喜为善行,五曰龚(恭)敬多让。五者毕至,必有大赏。
>
> 吏有五失:一曰夸以迣,二曰贵以大(泰),三曰擅裻割,四曰犯上弗智(知)害,五曰贱士而贵货贝。一曰见民倨敖(傲),二曰不安其(朝),三曰居官善取,四曰受令不僂,五曰安家室忘官府。一曰不察所亲,不察所亲则怨数至;二曰不智(知)所使,不智(知)所使则以权衡求利;三曰兴事不当,兴事不当则民指;四曰善言隋(惰)行,则士毋所比;五曰非上,身及于死。

可见,秦时为吏要做到"五善",防止"五失"。《为吏之道》还讲了官吏应注意的其他事项。例如:

> 戒之戒之,材(财)不可归;谨之谨之,谋不可遗;慎之慎之,言不可追;蘩之蘩之,食不可赏(偿)。术(怵)愓(惕)之心,不可不长。以此为人君则鬼,为人臣则忠;为人父则兹(慈),为人子则孝;能审行此,无官不治,无志不彻,为人上则明,为人下则圣。君鬼臣忠,父兹(慈)子孝,政之本也;志彻官治,上明下圣,治之纪也。

从全篇看,"廉""直""公""忠""宽""信""慈""孝""恭""敬""让"等品德均是被强调的。为便于基层官员学习和掌握这些规范,《为吏之道》大部分以四字口诀形式编成,流畅通俗,易于记诵。这体现了本篇作为学吏教材的特点。

秦朝的官吏教育取得了较好的效果。从秦代史料中很少看到秦朝官吏贪污腐化的现象(秦始皇本人除外)。这说明秦朝时的法治精神和吏治教育起到了较好的作用。

2. 唐朝的《臣轨》

《臣轨》旧题唐武则天撰。《臣轨》成于武则天在位时,是武则天规诫群臣的训条,也是神龙二年(706年)以后贡举之士习业的学习材料之一。《臣轨》仿照唐太宗《帝范》的模式，上卷分为同体、至忠、守道、公正、匡谏五章，下卷分为诚信、慎密、廉洁、良将、利人五章，通过从儒家和道家经籍中精选引语，以论述和体现这一时期的政策，强调各级各类官员都要恪守职责、竭尽忠诚的工作，并且一再重申国家利益和权力高于个人这一主题。

《臣轨》写作的目的是"发挥言行，镕范身心，为事上之轨范，作臣下之绳准"①（《臣轨·序》）。《臣轨·序》的出台，说明武则天对官员素质的重视，强调从政的规范，它实际上提出了许多从政者必备的素质要求。

《臣轨》首先要求官员们要树立起整体的观念，提倡"君臣同体""上下相资"。它把君臣之关系比喻为人之体与父子关系："夫人臣之于君也，犹四肢之载元首，耳目之为心使也，相须而后成体，相得而后成用。故臣之事君，犹子之事父。父子虽至亲，犹未若君臣之同体也。"②（《臣轨·同体》）君臣是相辅相成，"共其安危，同其休戚"的共同体，只有君臣同心同德，密切配合，国家才能治理得好。《臣轨》认为，"天下至广，庶事至繁，非一人之身所能周也。故分官列职，各守其位，处其任者，必荷其忧"③（《臣轨·同体》）。它强调君主不可专断，主张群臣共治。君有君任，臣有臣职："冕旒垂拱无为于上者，人君之任也；忧国恤人竭力于下者，人臣之职也。"④（《臣轨·同体》）

与所有帝王一样，武则天也要求臣下为忠臣。《臣轨·至忠》云：

> 盖闻古之忠臣事其君也，尽心焉，尽力焉，称材居位，称能受禄。不面誉以求亲，不愉悦以苟合。公家之利，知无不为。上足以尊主安国，下足以丰财阜人。内匡君之过，外扬君之美。不以邪损正，不为私害公。见善行之如不及，见贤举之如不逮。竭力尽劳而不望其报，程功积事而不求其赏。务有益于国，务有济于人。夫事君者以忠正为基，忠正者以慈惠为本。故为臣不能慈惠于百姓而曰忠正于其君者，斯非至忠也。所

---

① 王双怀，梁克敏，董海鹏.帝范·臣轨·庭训格言[M].北京：中华书局，2021：80.
② 王双怀，梁克敏，董海鹏.帝范·臣轨·庭训格言[M].北京：中华书局，2021：86.
③ 王双怀，梁克敏，董海鹏.帝范·臣轨·庭训格言[M].北京：中华书局，2021：90.
④ 王双怀，梁克敏，董海鹏.帝范·臣轨·庭训格言[M].北京：中华书局，2021：88.

以大臣必怀养人之德，而有恤下之心。①

人臣要做到"忠"有三层含义。首先是要"慈惠百姓""有济于人"，只有惠民利民、有济于民（当时为避唐太宗李世民之讳，《臣轨》中凡言"民"处多用"人"替）才能"居上而下不重，处前而后不怨"②（《臣轨·利人》）。其次，臣下要"有益于国"，做到"忧国""奉国""安国"。再次要忠于君主，主要是尽心竭力、任劳任怨。"人之事君也，使无难易，无所惮也；事无劳逸，无所避也。其见委任也，则不恃恩宠而加敬；其见遗忘也，则不敢怨恨而加勤。险易不革其心，安危不变其志。见君之一善，则竭力以显誉，惟恐四海之不闻；见君之微过，则尽力而潜谏，唯虑一德之有失。孜孜为此以事其君，焉有为人君主而憎之者也？"③（《臣轨·至忠》）这种以民为先、为重，然后才是国和君的排列，与孟子的"民贵君轻"论极为相似。④

《臣轨》还要求臣下要一心为公，"忍所私而行大义"。《臣轨》认为："理人之道万端，可以行之在一。一者何？公而已矣。唯公可以奉国，唯公可以理家。公道行，则神明不劳而邪自息；私道行，则刑罚繁而邪不禁。"⑤（《臣轨·公正》）公是治国理政最根本的原则。对国家来说是这样，那么，"人臣之公者，理官事则不营私家，在公门则不言货利，秉公法则不阿亲戚，奉公举贤则不避仇雠"⑥（《臣轨·公正》）。《臣轨·公正》篇引用《说苑》的观点，要求臣下"应处六正之道，不行六邪之术"⑦。所谓"六正"，主要指臣下应具备预见、胸怀、勤勉、洞察、本分、忠直等品格能力；"六邪"，指臣下当杜绝谋私、谄媚、险恶、陷害、专断、结党等邪恶品格。臣下若能"行六正，去六邪"，则可"上安而正理"。

《臣轨》要求官吏要廉洁奉公。"知为吏者，奉法以利人；不知为吏者，枉法以侵人。理官莫如平，临财莫如廉。廉平之德，吏之宝也。""知者不为

---

① 王双怀，梁克敏，董海鹏. 帝范·臣轨·庭训格言 [M]. 北京：中华书局，2021：92-93.
② 王双怀，梁克敏，董海鹏. 帝范·臣轨·庭训格言 [M]. 北京：中华书局，2021：143.
③ 王双怀，梁克敏，董海鹏. 帝范·臣轨·庭训格言 [M]. 北京：中华书局，2021：95.
④ 田广清，等. 中国领导思想史：修订本 [M]. 北京：九州出版社，2003：324.
⑤ 王双怀，梁克敏，董海鹏. 帝范·臣轨·庭训格言 [M]. 北京：中华书局，2021：105.
⑥ 王双怀，梁克敏，董海鹏. 帝范·臣轨·庭训格言 [M]. 北京：中华书局，2021：105.
⑦ 王双怀，梁克敏，董海鹏. 帝范·臣轨·庭训格言 [M]. 北京：中华书局，2021：108.

非其事，廉者不求非其有，是以远害名彰也。"①(《臣轨·廉洁》) 从政者能够做到务公不言利，执法不徇私，用人不唯亲，临财不敬取，则邪恶可禁，国家可治。

《臣轨》还要求臣下要讲诚信："非诚信无以取爱于君，非诚信无以取亲于百姓。"②(《臣轨·诚信》) 在军队中将领有无诚信，直接影响战斗力："将不诚信，则卒不勇。"③(《臣轨·良将》) 将领要体恤部下："将之求胜者，先致爱于兵。夫爱兵之道，务逸乐之，务丰厚之，不役力以为己，不贪财以殉私，内守廉平，外存忧恤。"④(《臣轨·良将》) 只有将领体恤下情，才能上下同心。

《臣轨》要求一个好的领导者要做到"知道"，即洞悉规律；"达理"，即通达事理；"明权"，即善于权变。"夫知道者，必达于理；达于理者，必明于权；明于权者，不以物害己。言察于安危，宁于祸福，谨于去就，莫之能害也。"⑤《臣轨·守道》即领导者要能够察安危，见祸福，知进退，明去就，动静得宜，行事有度，"名不动心"，"利不动志"，如此才能远祸害，永远立于不败之地。

《臣轨》认为，领导者不管是出于修身正德，还是谋求事业成功，都需要谨言慎行，处事慎密。《臣轨·慎密》云：

> 夫修身正行，不可以不慎；谋虑机权，不可以不密。忧患生于所忽，祸害兴于细微。人臣不慎密者，多有终身之悔。故言易泄者，召祸之媒也；事不慎者，取败之道也。明者视于无形，聪者听于无声，谋者谋于未兆，慎者慎于未成。不困在于早虑，不穷在于早豫。非所言勿言，以避其患；非所为勿为，以避其危。孔子曰："终日言，不遗己之忧；终日行，不遗己之患，唯智者能之。故恐惧战兢所以除患也，恭敬静密所以远难也。终身为善，一言败之，可不慎乎！"

---

① 王双怀，梁克敏，董海鹏. 帝范·臣轨·庭训格言 [M]. 北京：中华书局，2021：130.
② 王双怀，梁克敏，董海鹏. 帝范·臣轨·庭训格言 [M]. 北京：中华书局，2021：119-120.
③ 王双怀，梁克敏，董海鹏. 帝范·臣轨·庭训格言 [M]. 北京：中华书局，2021：135.
④ 王双怀，梁克敏，董海鹏. 帝范·臣轨·庭训格言 [M]. 北京：中华书局，2021：134.
⑤ 王双怀，梁克敏，董海鹏. 帝范·臣轨·庭训格言 [M]. 北京：中华书局，2021：99.

夫口者关也，舌者机也，出言不当，驷马不能追也。口者关也，舌者兵也，出言不当，反自伤也。言出于己，不可止于人；行发于迩，不可止于远。夫言行者，君子之枢机，枢机之发，荣辱之主。

夫君子戒慎乎其所不睹，恐惧乎其所不闻，莫见乎其隐，莫显乎其微，是故君子慎其独。①

上述教诲自然包含统治者对臣下不要乱说乱为，要规规矩矩等要求，同时从谨严修身、谨言慎行、居安思危等角度来看，也有借鉴之处。

《臣轨》的内容充满了封建教诲，具有强烈的长官意志和统治意识，但其中也不乏对领导者和普通人有益的可资学习借鉴之处。《臣轨》作为一部封建时代的领导教育教材应该说还是有其历史地位和独到之处的。

3. 宋后的官箴之训诫

为了对官吏进行更为简捷的教育，朝廷也会通过官箴来训诫官员。

人们最熟悉的官箴可能要算从宋朝开始立在全国各州县衙门的16字"戒石铭"，全文如下：

尔俸尔禄，民脂民膏。
下民易虐，上天难欺。

据传，这是五代时蜀主孟昶（919—966）亲撰，共24句，宋太祖赵匡胤（927—976）即位后，删为16字，并下令天下郡县勒石铭碑，置于大堂，让官员们晨夕接目，服膺莫忘。②宋代吕本中的《官箴》有云："当官之法，惟有三事：曰清，曰慎，曰勤。知此三者，可以保禄位，可以远耻辱，可以得上之知，可以得下之援。"③康熙皇帝对此箴十分欣赏，从中录出"清慎勤"三字，欣然御书，然后令下发各州各县，刻于匾额，挂于大堂之上，其警示意义一目了然。

---

① 王双怀，梁克敏，董海鹏. 帝范·臣轨·庭训格言[M]. 北京：中华书局，2021：124-126.
② 李隆汉. 官箴古今谈[J]. 党的建设，2006（6）：32.
③ 吕本中. 吕本中全集：三[M]. 韩酉山，辑校. 北京：中华书局，2019：1059.

(二) 同僚经验的传递

官吏在为官从政的过程中会产生许多切身的体验与思考，积累丰富的经验与思想。因此，有些人就把自己的从政经验与思考，加之古人的教诲写成一些为官从政的"官箴"，以资同僚学习参用。另一方面，从政为官者也需要从有经验的同僚和前辈那里学习这些经验。在这样的情况下，官箴著作就顺势而生了。"深入考察之后，可以发现官箴作者群有如下一个特点，即皆为从政有成之儒士，他们之中既有宰辅三公、封疆大吏，也有知州、知县及幕僚等下层官员，而且其中不乏硕儒名臣。"① 不少官箴的作者本人是清官循吏，他们言传身教，在中国历史的领导教育上产生了良好的影响。这在有意无意之间形成了领导教育的一种方式，即同僚间经验的传递。

什么是官箴呢？"官箴，顾名思义就是做官的箴言录，或者说怎样当官的道理，基本上是官员对官员的告诫和指导，是古代上至卿相，下及七品县令的自律戒条和行为规范。"② 有论者认为，"官箴原指各级官员对君主进行劝谏和告诫，大致在唐代时，才演变成官员进献给皇帝的箴词、对各级官员的'儆戒训告'之词"③。据查，"官箴"一词最早见于《左传·襄公四年》："昔周辛甲之为大史也，命百官，官箴王阙。"④ 西晋学者杜预注说："使百官各为箴词戒王过。"唐代孔颖达疏曰："汉成帝时，杨雄爱《虞箴》，遂依放之，作《十二州二十五官箴》，后亡失九篇，后汉崔骃、骃子瑗、瑗子寔，世补其阙。及临邑侯刘騊駼、太傅胡广各有所增，凡四十八篇，广乃次而题之，署曰《百官箴》，皆放此《虞箴》为之。"从字面理解，"箴"原为中医治疗所用的针一类的器具，《文心雕龙·铭箴》篇解释说："箴者，针也。所以攻疾防患，喻针石也。"⑤ 由上可见，官箴最初的含义是官员们对君主的谏言，后来才发展成为对一般官员的规诫。

最早而又最为具体的官箴可从云梦秦简中的《为吏之道》算起。历代比

---

① 彭忠德. 古代官吏的职业道德规范：官箴 [J]. 湖北大学学报（哲学社会科学版），2002（3）：96-100.
② 崔宪涛. 关于中国古代官箴书的几个问题 [J]. 理论学刊，2005（1）：100-102，128.
③ 彭忠德. 古代官吏的职业道德规范：官箴 [J]. 湖北大学学报（哲学社会科学版），2002（3）：96-100.
④ 郭丹，程小青，李彬源. 左传：中 [M]. 北京：中华书局，2012：1185.
⑤ 王志彬. 文心雕龙 [M]. 北京：中华书局，2012：128.

较出名的官箴著作有：北宋陈襄的《州县提纲》，南宋吕本中的《官箴》、真德秀的《西山政训》、朱熹的《朱文公政训》，元代张养浩的《三事忠告》（《牧民忠告》《风宪忠告》《为政忠告》），明朝薛瑄的《薛文清公从政录》、吕坤的《吏品》，清朝石成金汇编的《嘉官捷径》、陈宏谋著《从政遗规》、徐栋辑的《牧令书》以及汪辉祖的《佐治药言》、《学治臆说》、《学治续说》等。

《四库全书》史部职官类"官箴之属"中列入6部17卷，即不著撰人名氏的《州县提纲》4卷，宋代吕本中撰《官箴》1卷，宋代许月卿撰《百官箴》6卷，宋代胡太初撰《昼帘绪论》1卷，元代张养浩撰《三事忠告》4卷，清代顺治帝撰《御定人臣儆心录》1卷。《四库全书》存目的史部职官类"官箴之属"又有8部107卷，如明代宣德帝撰《御制官箴》1卷，明代祁承㸁撰《牧津》44卷，明代吕坤撰《明职》1卷，明代鲁伦撰《仕学全书》45卷，清代郑端撰《政学录》12卷，等等。存目中的8部书多为明代作品。这可能与这些书那时较易得有关。

官箴书的数量，以清朝为最多。据不完全统计，有清一代流传下来的达500多种，如蒋植的《宦海慈航》、张运清的《治镜录》、徐栋辑的《牧令书》、盘侨野人的《居官寡过录》等，可谓洋洋大观，五花八门。陈宏谋历任高官，名声一向又好，是常获皇帝褒奖的清官，加之学养深厚，因此他的《从政遗规》深受当时及后世官员的重视。汪辉祖长期为人做幕僚，在解决用人、断狱方面的疑难问题方面积累了丰富的经验，他的《学治臆说》系列和《佐治药言》系列所写多是很具体的官场知识和处理问题的办法。乌尔阿通的《居官日省录》汇集了前人的施政经验，注重通过具体的事例来说明一个又一个主题。袁守定的《图民录》则告诉官员初次上任要注意哪些问题。

在众多的官箴书中，"从行文特点和历史影响看，历代官箴当以吕本中的《官箴》为最简练，被后世许多官员奉为圭臬；以元代张养浩的《三事忠告》为最规整，一度成为仕途中人的从政教科书，以陈宏谋的《从政遗规》为最深刻，深发官场之哲理；以汪辉祖的《学治臆说》系列为最实用，号称'翻书可决疑难狱讼'"[①]。

古代官箴的道德取向是以儒家思想为基础的。官箴的内容主要是修身齐

[①] 崔宪涛. 关于中国古代官箴书的几个问题 [J]. 理论学刊, 2005 (1): 100-102, 128.

家、待人接物和尽心公职。历代官箴作为官员们的道德行为戒条,在内容上表达了帝王们的要求,也在一定程度上表达了民众对官员的政治愿望,同时也体现了官员们的自律意识。官箴在官员教育上起到了十分重要的作用,值得领导教育研究者深入研究。

(三) 官吏的自我教育

除了官箴书之外,许多官吏还具有较强的自我教育意识。他们通过各种方式进行自我教育,以修身养德,自律从政。

历代清官良吏多有自己的良言警句传之于世。如柳宗元的"蠲浊而流清,废贪而立廉";范仲淹的"先天下之忧而忧,后天下之乐而乐";包拯的"廉者,民之表也;贪者,民之贼也";岳飞的"文官不爱财,武官不怕死";林则徐的"苟利国家生死以,岂因祸福避趋之"等。①

> 吏不畏吾严,而畏吾廉;民不服吾能,而服吾公。公则民不敢慢,廉则吏不敢欺。公生明,廉生威。

这36字是中国历史上的著名官箴。据考证此箴言是历经明永乐年间理学大师曹端和天顺年间清官年富的先后创作,最终确定下来的。这段官箴最早由明代泰安知州顾景祥刻石置于泰安府衙,后又有清代名臣颜伯焘刻石立于西安碑林。此箴言简意赅,字字珠玑,成为一代代清官廉吏恪守的为政箴言,影响深远。

清代名臣张伯行,由巡抚擢升为礼部尚书,赴任前,四方宾客皆携礼来相见,他非但不拿一文,反而挥笔写下《禁止馈送檄》:

> 一丝一粒,我之名节;
> 一厘一毫,民之脂膏;
> 宽一分,民受赐不止一分;
> 取一文,我为人不值一文。
> 谁云交际之常,廉耻实伤;
> 倘非不义之财,此物何来?

---

① 参见叶大春. 官箴 [J]. 社会, 1998 (1).

林则徐悬挂在府衙门的箴联是:"求通民情,愿望已过",表达了体恤民情、广开言路、闻过则喜的品质。林则徐用于自勉的堂联是:"海纳百川,有容乃大;壁立千仞,无欲则刚",表达了他胸怀宽广,刚正不阿的气节。清代晋州州官陈景登的楹联:"头上有青天,作事须循天理;眼前皆瘠土,存心不刮地皮。"

官员们的自我约束、自我激励,是一种最好的自我教育。"古代的官诫,是官员自我鞭策、激励、约束的话语,是扶正祛邪的药石。"① 这种自我教育有助于保证官员们清廉勤政。官员能够不断地自我教育时,领导教育才达到了理想的效果。

第二节　中国领导教育思想探析

中国有着历史悠久、内容丰富的领导教育实践。许多有识之士对如何进行领导教育进行了思考,由此形成了他们的领导教育思想。当然,有些领导教育思想并没有直接表达出来,而是隐含在他们的领导教育实践或相关著作里。从他们的领导教育实践或相关著作里,我们可以勾勒出他们的领导教育思想。这些领导教育思想是我国思想史上一笔值得珍视的思想财富。这些领导思想对认识我国的领导教育实践活动有着重要作用,对指导今后领导教育实践仍然具有启示作用和借鉴意义。从领导教育学的学科建设角度来说,它们也是领导教育学的重要研究对象。

我国有着丰富的领导教育实践,当然从中也可以勾勒出丰富的领导教育思想。这里选择《论语》、陈模、张居正、胡适的领导教育思想加以考察。

一、《论语》的领导教育思想

先秦诸子的著作中多有他们对领导者进行教育的对话、片断等。如果从领导教育的角度加以解读,可以解读出诸多领导教育的思想。限于篇幅,本文仅以《论语》为例加以说明。

《论语》是我国最重要的文化典籍之一。《论语》的内容十分丰富,涉及

---

① 罗维扬,罗原. 文学杂技 [M]. 北京:知识出版社,2002:402.

治学、修身、交友、生活、治国、文艺、军事、农业等多方面的内容。不同研究领域的人多能够从中寻找到源头性的研究内容。领导教育学也不例外。从领导教育的角度重新审视《论语》会发现，《论语》里包括了诸多领导教育的实践与思想。

（一）孔子的领导教育实践与思想

从整体上看，《论语》可以看作是一部讲人如何修身、治国、平天下的书。如果仅仅是这样，只能说它是一部"领导学"的源头性著作。然而《论语》中有众多的如何传授这些知识、培养这些能力的教学实践。这些教学实践就是领导教育学研究的重要内容。《论语》里的许多片断，都可看作是古代领导教育的教学实录。领导教育思想的体现，可以有不同的方式。一种方式是通过著作直接表达，即通过著书立说的方式来表达；一种方式是通过演讲学说的方式来表达；还有一种方式是通过个人的领导教育实践来体现。《论语》中孔子的领导教育思想主要通过他的教育实践体现出来。下面我们选择《子路》一章里的部分内容略作分析。

《论语》中多次提到学生"问政"：

> 子路问"政"。子曰："先之，劳之。"请益。曰："无倦。"（《论语·子路》）
>
> 仲弓为季氏宰，问"政"。子曰："先有司，赦小过，举贤才。"曰："焉知贤才而举之？"曰："举尔所不知，人其舍诸？"（《论语·子路》）
>
> 子路曰："卫君待子而为政，子将奚先？"子曰："必也正名乎！"子路曰："有是哉？子之迂也！奚其正？"子曰："野哉，由也！君子于其所不知，盖阙如也。名不正，则言不顺；言不顺，则事不成；事不成，则礼乐不兴；礼乐不兴，则刑罚不中；刑罚不中，则民无所措手足。故君子名之必可言也，言之必可行也。君子于其言，无所而已矣！"（《论语·子路》）
>
> 子曰："鲁、卫之政，兄弟也。"（《论语·子路》）
>
> 子曰："苟正其身矣，于从政乎何有？不能正其身，如正人何？"（《论语·子路》）
>
> 叶公问政。子曰："近者说，远者来。"（《论语·子路》）
>
> 子夏为莒父宰，问政。子曰："无欲速；无见小利。欲速则不达；见

小利则大事不成。"(《论语·子路》)

子曰:"如有王者,必世而后仁。"(《论语·子路》)

子曰:"诵诗三百;授之以政,不达;使于四方,不能专对;虽多,亦奚以为?"(《论语·子路》)

孔子对这样的提问给予了不同的回答。这就是孔子领导教育的实践。从孔子的回答中,可以看到孔子教育内容的不同与教育方式的多样。在这样一些片断里不难看到,孔子是如何对学生进行从政指导的。从这些教学对话的内容,可以看到他们在讨论的是如何从政的问题,用今天的话来说,是如何治理和领导好行政事务。从这些片断里,我们可以总结出孔子的领导教育思想,有如下几点。

第一,对话式教学。当时的教育主要是对话式的,不是由教师先讲而是由学生先问,是谓"求学"。对话式教学决定了师生之间有较好的师生关系。甚至当子路说"子之迂也"时,孔子还了一句"野哉,由也!"

第二,层次清楚。子路问政时,孔子回答的"先之、劳之、无倦"。仲弓问政时,回答的"先有司,赦小过,举贤才"。与子路的对话中孔子回答"名不正,则言不顺;言不顺,则事不成;事不成,则礼乐不兴;礼乐不兴,则刑罚不中;刑罚不中,则民无所措手足。故君子名之必可言也,言之必可行也"。这些回答层次非常清楚,而且富有逻辑性,易于问学者把握要领。

第三,循序渐进。如子路问"政",他回答:"先之,劳之。"若子路不再寻问回答即至此为止。当子路"请益"时,他才再答"无倦"。这样的教学遵循了循序渐进,不陵节而施的教学规律。仲弓问政等片断,也体现了这样的教育规律。

第四,因材施教。不同的人问政,孔子所给予的回答是不同的。孔子的回答既根据了学生个人的性情,也根据了具体的问题(虽然,同是问政,所问的内容或背景可能是不一样的),体现出因材施教的特点。

第五,道德导向。学生的提问可能是由具体的事件所引发的,但他们所寻求的却大都是"从政"的方法。孔子对问政的回答不是技术主义、方法导向的,而是道德导向的,即注重从政者个人素养,特别是道德素养的提升。这与孔子整体的思想有关。孔子主张仁政,因此,在对学生进行教育时主张注重个人的道德修养,注重"礼"在政事中的作用,注重正其身,舍小利成大事。孔子认为，领导者领导力的发挥与提升取决于领导者本人的德行。领导者注重自身修行，才能够做好政事，领导好人民，治理好国家。

孔子教学的上述思想，当然不是专门针对领导教育而来的，这也是他一般教育的思想。但从领导教育的角度来说，也可以把它看作是孔子领导教育的思想。

(二) 子夏的领导教育思想

《论语·子张》里，子夏曰："仕而优则学，学而优则仕。"这种话从领导教育的角度进行解读，也可以解读出其领导教育的思想。朱熹对这句话的注解曰："优，有余力也。仕与学理同而事异，故当其事者，必先有以尽其事，而后可及其余。然仕而学，则所以资其仕者益深；学而仕，则所以验其学者益广。"① 从此不难看出"学可资仕"，即学习可以提升领导力。对"学而优则仕"，我们也可以理解为"学"是"仕"的前提条件。这样看来，在"仕"前进行必要的学习，接受适当的教育是十分必要的。为了"仕"而进行的"学"是领导教育的研究范畴。这里涉及"仕"与"学"的关系。其实，在学的过程中，还会涉及求学的问题，进而涉及教学的问题。学什么、如何学等问题，属于领导教育中的学习论问题。

领导教育的任务有二：一是提高在职领导者，二是培养未来领导者。如果把《论语》里的这句话借用过来，我们可说，"仕而优则学"是提高在职领导者的领导力与个人素养；"学而优则仕"是培养未来领导者的领导力与个人素养。

二、陈模的太子教育思想

宋朝大臣陈模编辑的《东宫备览》也是一部太子教育的专著。陈模，字中行，泉州人，宋庆元二年（1196）进士。陈模博学多识，对皇帝也忠心耿耿。他将经史旧文中关于教育训练太子的文章汇集到一起，编成《东宫备览》一书。顾名思义，该书是为太子提供的参考书。《四库全书总目提要》载：

《东宫备览·六卷》（浙江吴玉墀家藏本）。宋陈模撰。模字中行，泉州永春人。庆元二年进士。嘉泰二年除秘书省正字。三年兼国史院编

---

① 朱熹. 四书章句集注 [M]. 北京：中华书局，2011：177.

修官。开禧三年又兼实录院检讨官。嘉定二年除校书郎仍兼检讨。其历官始末见于《馆阁续录》中。是书乃其为正字时所上。取经史旧文有关于训储者汇成一编。凡分二十条,曰始生,曰入学,曰立教,曰师傅,曰讲读,曰宫僚,曰择术,曰广诲,曰谨习,曰主器,曰正本,曰问安,曰友悌,曰戒逸,曰崇俭,曰辨分,曰正家,曰规谏,曰几谏,曰监国。支分缕析,节次详明。前有《进书表》一篇,叙一篇。又有《上宰相札子》申言二十馀条,中择妃嫔、简宫僚、谨游习三条,尤为切务。又冠以改官省札及诰词,以温峤《侍臣箴》比之,盖当时甚重其书也。

  按《宋史·艺文志》载陈谟《东宫备览》一卷,然校进表及,皆称分为六卷,则《宋史》字误矣。其第二卷讲读条阙一页,宫僚条阙一页,第六卷监国条阙一页。今无别本可校,亦姑仍其旧录之焉。①(《四库全书总目提要》卷九十二·子部二)

  《东宫备览》在写法上,先是辑录先籍旧文中的观点,然后以"臣某曰"的方式阐发作者自己的观点,此仿《史记》太史公笔法。前边辑录的内容,多为史实,据实以录。而后面的"臣某曰",则为作者自己的认识观点,从中,可以了解到陈模的太子教育思想。

  陈模充分认识到教育的重要作用,认为太子必须通过学习来积累知识,提高能力:"学之为王者事,其已久矣。自逊志时敏积而至于德修罔觉之馀(余),自日就月将极而至于缉熙光明之盛,其功用甚大。"②(《东宫备览·入学》)

  陈模十分重视典乐之教,即音乐教育,认为音乐是教育的根本,"典乐之教始于舜之命夔,而详于《周官》之《大司乐》。尝考其故,然后知胄子与夫合国之子弟,诚非乐不可以教也。何者?此教之本也"③(《东宫备览·立教》)。胄子教育尚且重乐教,太子教育更应该如此。"教之入人也深,无切于乐者。胄子且然,而况于教王太子者乎!"④(《东宫备览·立教》)他对后世不重视礼乐之教深为惋惜:"惜哉后世以礼、乐为虚文,有司具其器而不识

---

① 参考纪晓岚编,宋作新,李继新,等编译.帝范观止[M].北京:昆仑出版社,2001.
② 陈模,文皇后.东宫备览·皇后内训[M].长沙:湖南人民出版社,1999:21.
③ 陈模,文皇后.东宫备览·皇后内训[M].长沙:湖南人民出版社,1999:24.
④ 陈模,文皇后.东宫备览·皇后内训[M].长沙:湖南人民出版社,1999:24.

其意，而典乐之教荡然无复存。"①(《东宫备览·立教》) 他的这种慨叹对今天的领导教育也仍然有借鉴意义。

陈模认为为太子选择合适的老师是件重要的事情。"务学不如务求师，虽夫人犹当知之，况于教太子乎！"②(《东宫备览·师傅》) 严格选择师傅，才能使太子受到良好的教育。他认为，学习贵在精与择："学不贵乎博而贵乎精，诵习不贵乎多而贵乎择。"③(《东宫备览·讲读》) 因此，学习要有所选择，有所次序："勤于学者，必首及于读《易》诵《书》阅《诗》观《礼》，而遗编旧史则次之。"④(《东宫备览·讲读》)

陈模还区分了学术与心术的关系，认为"有学术，有心术。太子，国之储君，异日将以一心运天下。而学术所以养吾心术者也，其可以不谨乎？"⑤(《东宫备览·择术》) 因此，他强调要谨慎择术来教育太子。他认为习染可以改变一个人的性情，所以，"习之不可不谨也。如此，则欲养成太子之德者，惟日以诗、书、礼、乐之教，帝王治心修身之法启迪其志虑，撙节其言动，勿容有一习之或移可也"⑥(《东宫备览·谨习》)。只有通过日常的练习使太子的性情发展到不可移的程度，才是教育达到成功的时候。

《东宫备览》中讨论的其他内容，如教育太子注意友悌、戒逸、崇俭、规谏等，也大都有积极的意义。

三、张居正的领导教育思想

张居正（1525—1582年），字叔大，号太岳，湖广江陵（今属湖北）人，又称张江陵。明代政治家，改革家。嘉靖二十六年（1547年）进士，由编修官至侍讲学士令翰林事。隆庆元年（1567年）任吏部左侍郎兼东阁大学士。隆庆时与高拱并为宰辅，为吏部尚书、建极殿大学士。万历初年，与宦官冯保合谋逐高拱，代为首辅。当时万历皇帝明神宗朱翊钧（1563—1620年）年幼，一切军政大事均由居正主持裁决，前后当国10年，实行了一系列改革措

---

① 陈模，文皇后. 东宫备览·皇后内训 [M]. 长沙：湖南人民出版社，1999：24.
② 陈模，文皇后. 东宫备览·皇后内训 [M]. 长沙：湖南人民出版社，1999：29.
③ 陈模，文皇后. 东宫备览·皇后内训 [M]. 长沙：湖南人民出版社，1999：34.
④ 陈模，文皇后. 东宫备览·皇后内训 [M]. 长沙：湖南人民出版社，1999：34.
⑤ 陈模，文皇后. 东宫备览·皇后内训 [M]. 长沙：湖南人民出版社，1999：37.
⑥ 陈模，文皇后. 东宫备览·皇后内训 [M]. 长沙：湖南人民出版社，1999：44.

施，收到一定成效。帝称之曰"元辅张少师先生"，待以师礼。他亦自负帝者师。他清查地主隐瞒的田地，推行一条鞭法，改变赋税制度，使明朝政府的财政状况有所改善；用名将戚继光、李成梁等练兵，加强北部边防，整饬边镇防务；用潘季驯主持浚治黄淮，亦颇有成效。万历十年（1582年）卒，赠上柱国，谥文忠。死后不久即被宦官张诚及守旧官僚所攻讦，籍其家；至天启（1621—1627年）时方恢复名誉。著有《太岳集》四十六卷，及《太岳杂著》《书经直解》《帝鉴图说》，均入《四库总目》并传于世。

张居正给明神宗皇帝上课，实际上是一项必须谨慎努力的政治工作。尽管他博学多才，学问宏富，但每一次上课是绝对不能马虎的。他主持日讲、经筵，所用的教材虽说是传统的儒经祖训，但是他在内容的诠释和编排次序上都下了很大功夫。他把原来深奥难懂的经史子集按神宗的知识水平和理解能力，一一译成白话直解。经他讲解的讲义后辑成书的，据不完全统计有如下几册：《四书直解》27卷，《通鉴直解》28卷，《诗经直解》2卷，《帝鉴图说》2册，《女戒直解》1卷，《谟训类编》40卷。此外，他还选录了《皇陵碑》《高皇御制集》《郊祀图考》3册，重新删定《大学》1册、《虞书》1册、《通鉴》4册等。未见之于书册的还有《职官书屏》《疆域地图》等。这些教材不仅是当时宫廷教育的珍本，而且在儒学经典研究方面至今仍有学术参考价值。今择其中的《通鉴直解》和《帝鉴图说》考察张居正之领导教育思想。

（一）《通鉴直解》所体现的领导教育思想

《通鉴直解》[①] 是张居正等人为了给万历皇帝讲述和阅读而编写的教材。明代万历皇帝朱翊钧六岁被立为太子。两年后，太学士张居正奏请太子出阁讲学。两年后（1512年）朱翊钧十岁正式入学，随后继位为万历皇帝。张居正主张改革弊政。在成为帝师之后，他一举铲除了朝廷中的异己势力，此后他权重一时，成为内阁首辅大臣。张居正充当辅臣与严师的双重角色，为万历皇帝讲解《资治通鉴》，共一年半。由于当时朱翊钧才10岁，毕竟还是个孩子，所以张居正点评的时候不能说得过于晦涩，多采用当时的白话方式，对一些佶屈聱牙的词汇还进行了注解。这也是后来这一版本在大众中普及和

---

① 可参考张居正.资治通鉴：皇家读本[M].陈生玺，等译解.上海：上海古籍出版社，1998.

流传的原因。开始时，是老师边写边讲解，到后来，张居正积累存稿又经删定，成《通鉴》四本"装潢进呈，伏望皇帝万机有暇，时加温习"。

《通鉴直解》以《资治通鉴》为蓝本，撷取重要段落，予以通俗的讲解，所以叫作《通鉴直解》，共 28 卷。《资治通鉴》是北宋司马光编著的一部历史著作。它上起战国周威烈王二十三年（公元前 403 年）韩、魏、赵三家分晋，止于五代末后周显德六年（905 年）。该书编著的目的是给当时的皇帝英宗进讲之用。每编完一段，即进呈一段，给皇帝讲读。《通鉴直解》则是给皇帝讲解《资治通鉴》和进呈阅读的讲稿。此书涵盖的时间比《资治通鉴》要长。它上起三皇，下至宋元。战国以前的内容采摘自宋刘恕的《通鉴外纪》，宋元部分采摘自明薛应旗的《宋元通鉴》。因此，《通鉴直解》一书事实上是一部以《通鉴》为主，采摘其他史书而成的编年体通史。

《通鉴直解》选择标准非常严格，将中国传统文化的核心——伦理道德，作为选取主线，"言国家大体，必以辅养君德，精思危虑而后成国"。张居正选取《资治通鉴》中的一些重要片断，加以通晓明畅的讲解。一方面对皇帝讲解中国传统道德中那些流传已久的良好道德品质和优良传统，如主张轻徭薄赋、善于用人、崇尚节俭、反对浪费、强调德治、提倡君德仁政、体恤下民等；另一方面张居正也针对明朝当时政治和社会的特点，重点讲解历史上的各种改革，总结历代王朝兴替变更的教训。同时，张居正也会对一些治国策略和历史问题，提出自己的独到见解。

张居正教学不拘于传统，采用边讲边议的方法，启发皇帝提问，而且善于针对具体的问题，引申开来，以小见大。这样，就形成了一种君臣论政，统一朝廷大政方针，构筑励精图治的一种讲解模式。这种方法很具有启发性。在讲解中，张居正侧重于历代王朝正反两方面的治政得失，但很少触及皇室内部斗争的种种凶残酷烈。

以张居正为首的几位大学士就通过这种方法，以典雅优美的文辞、明朗清晰的叙事，向小皇帝阐发了对人生、人性的深邃独到的见解，对其进行了敦品盛行的教诲。而这些对万历皇帝确实起到了良好的作用，使得万历初年的国政蒸蒸向上，是明中期难得的治年。

现在让我们进入文本来探讨张居正的领导教育思想。张居正对《资治通鉴》选文讲解的结构大致可分为三个部分：一是疑难名物的解释，二是选文内容的讲解，三是他个人的评论。疑难名物的解释主要是解释一些国名、地名、人名、事物、词语的释义，等等。选文内容的讲解有的是直译选文内容，更多的则是加以适当的内容给以通俗易懂的解释。张居正的个人评论是结合所选事例进行的，是对事件所包含道理的升华、提炼与总结。这里不仅表明了他的个人认识，而且寄托了他的个人理想与愿望。当然，有的选文是直接的翻译或讲解，有的是名物解释与选文翻译。下面，我们选择一个能够体现这三种结构的片断，来直观感知一下张居正的教学。

《通鉴直解》卷二夏纪"大禹"部分有选文如下：

古有醴酪，禹时仪狄作酒，禹饮而甘之，遂疏仪狄，绝旨酒。曰："后世必有以酒亡国者。"①

张居正直解：

醴是薄甜酒。酪，是将牛马乳造成酒浆。古时只有醴酒酪浆，至禹时有个人叫做（作）仪狄，始用曲蘖造酒，其味甚美，与醴酪不同，禹饮其酒，觉得甘美，有好之之意。恐因此妨了政事，就疏远仪狄，断绝旨酒，再不饮它。说道："酒之可好如此，后世人君，必有以酒之故，流连迷乱而亡其国者。"夫酒之作，本为祭祀燕享之用，岂能遽亡人国，但好之无厌，其祸必至于此。圣人见事之始，而即虑其所终，故深恶而豫防之如此。其后禹之子孙名桀者，果以酒为池而亡天下，然则禹之为虑，岂不远哉。②

这一段直解，先是解释了"醴"和"酪"，接着对选文进行解释。从"夫酒之作"至最后，是张居正的评论。张居正选择这个片断讲解，不仅止于让皇帝注意戒酒，而是把这件事件上升到"圣人见事之始，而即虑其所终"的角度来看待，并举桀以酒亡国的例子来证之。

事与理俱，是张居正讲解《资治通鉴》的一个特点。可以说，他的目的

---

① 张居正.资治通鉴：皇家读本［M］.陈生玺，等译解.上海：上海古籍出版社，1998：51.
② 张居正.资治通鉴：皇家读本［M］.陈生玺，等译解.上海：上海古籍出版社，1998：51.

不仅在于让皇帝知历史之变迁，历代之兴亡，更在于让他知晓其中所蕴含的为君之道、治国之理。这才是更重要的，也是更有价值的。

这里需要特别注意的是张居正个人的评论。他正是通过个人的评论直接地或间接地对皇帝施加了各种教育影响。

在"商纪"讲"成汤"这一部分是通鉴选文中选有：

"是时伊尹耕于有莘之野，汤使人以币聘之，因说汤以伐夏救民之事，汤进伊尹于桀，桀不能用，伊尹复归汤。"①

张居正对这段作过讲解后，发议论说：

"夫以伊尹之贤，使桀能用之，则化暴虐为宽仁，夏道可复兴也，乃不能用，而卒底灭亡。可见天下不患无贤，患有而人君不能用耳。桀不能用而亡，汤能用之而王，贤人之为国重轻也如是夫。"②

此一评论讲人君当学会用人才。用才得当则可使国兴盛，若反则可至亡国。

在卷五秦纪"二世皇帝"部分选讲了刘邦"常徭咸阳，纵观秦皇帝，喟然太息曰：'嗟乎！大丈夫当如此矣。'"③ 后张居正发议论曰：

"盖秦为无道，天下将亡，群雄并起争逐，故豪杰见之而生心也。如使上无失政，下无叛民，虽有豪杰，乐为使用，其谁敢萌异志域。故人君之修德凝命，所以镇服人心，而止乱于未形也。"④

---

① 张居正. 资治通鉴：皇家读本 [M]. 陈生玺，等译解. 上海：上海古籍出版社，1998：74.
② 张居正. 资治通鉴：皇家读本 [M]. 陈生玺，等译解. 上海：上海古籍出版社，1998：74.
③ 张居正. 资治通鉴：皇家读本 [M]. 陈生玺，等译解. 上海：上海古籍出版社，1998：252.
④ 张居正. 资治通鉴：皇家读本 [M]. 陈生玺，等译解. 上海：上海古籍出版社，1998：252.

从这样一件事上,他引申出"人君之修德凝命"的结论,显然具有教育人君的目的。

张居正的教学还注意结合明朝的时代状况和皇帝的接受程度加以进行。例如,卷二夏纪"大禹"部分选文中有"有典则以贻子孙"一句,张居正讲解道:

"典则,是一代的典章法度,如今时《大明会典》与律令条例之类。贻,是传流的意思。禹以为创业之君,不立下一代的典章法度,则后王何所遵守,于是以其治天下之大经大法,著为谟训,留与子孙,使世守之。以后禹之子孙,传世几五百年,实赖此为之维持也。"①

在解释"典则"时,他举"如今时《大明会典》与律令条例之类",结合明朝实例,易于理解。

《通鉴直解》是一部有关帝王修身之道的历史教科书。它所反映的思想,主要是倡导任人唯贤,宽容心态,谦虚谨恭,虚心纳谏,生活节俭,禁忌骄奢,重视农业、军备,等等。这些思想在今天看来也难能可贵,还具有借鉴意义,不失其进步性和现实意义。通过对《通鉴直解》的考察可以发现,张居正注重通过历史讲解为君之道,以史为载体,以君道为鹄的,事与理俱是张居正领导教育思想的主要体现。

(二)《帝鉴图说》所体现的领导教育思想

《帝鉴图说》全名《历代帝鉴图说》,是明代隆庆六年(1572 年)12 月,张居正亲自组织翰林人员为神宗编纂的,供当时年仅 10 岁的小皇帝明神宗(万历皇帝)阅读的教科书。张居正提倡早期教育,而且对儿童心理颇有研究。他认为神宗皇帝是 10 龄幼童,书本上的高深道理光凭讲读难以领会,因此,应当使教材具有直观性、趣味性、故事性,寓理于故事之中。此书由一个个小的故事构成,每个故事配以形象的插图。全书共收录从尧舜至北宋上下四千年以来多位帝王的善恶故事 117 则。全书分为上、下两篇,上篇"圣哲芳规"讲述了历代贤君圣主励精图治、兴国安邦的典故 81 则;下篇"狂愚

---

① 张居正.资治通鉴:皇家读本[M].陈生玺,等译解.上海:上海古籍出版社,1998:56.

覆辙"剖析了历代帝王的倒行逆施之祸,讲述历代昏君暴主祸国殃民、穷奢极欲的典故36则。这是一部绘图立说的书,在每一事前各绘一图,图后辑录传记本文,并且将本文直解附在后面。全书共117典117图,图文并茂,"虽条目仅止百余,而上下数千载理乱之源,庶几略备矣"(张居正:《进〈帝鉴图说〉疏》)。在万历后,明清历朝讲读此书,多次翻印,流传很广。时至今日,《帝鉴图说》仍然有大量版本在流传。

张居正编写《帝鉴图说》一书的目的是借图文向小皇帝诠释帝王之道,引导小皇帝以史为鉴,学习为君之道。他希望小皇帝能够从正反两方面的故事典例中汲取有益的精神营养,形成优良的品行。即"视其善者,取以为师,从之如不及;视其恶者,用以为戒,畏之如探汤。每兴一念,行一事,即稽古以验今,因人而自考"(张居正:《进〈帝鉴图说〉疏》)。

下面让我们选择其中一则,以便直观感受《帝鉴图说》。《帝鉴图说》上篇第55则为"如试县令"①。选文如下:

> 唐史纪:玄宗悉召新除县令至殿庭,试理人策,惟韦济词理第一,擢为醴泉令,余二百人不第,且令之官,四十五人放归学问。又敕京官五品以上外官刺史,各举县令一人,视其政善恶,为举者罚。②

张居正解曰:

> 唐史上记:玄宗以县令系亲民之官,县令不好,则一方之人皆受其害,故常加意此官,是时有吏部新选的县令二百余人,玄宗都召至殿前,亲自出题考试,问他以治民之策,那县令所对的策惟有韦济词理都好,取居第一,拔为京畿醴泉县令,其余二百人,文不中第,考居中等,姑令赴任,以观其政绩何如。又四十五人,考居下等,放回原籍学问,以其不堪作令,恐为民害也。又敕令在京五品以上官,及外面的刺史,各举他所知的好县令一人,奏闻于上,既用之后,遂考察那县令的贤否,以为举主的赏罚,所举的贤,与之同党,所举的不肖与之同罚,所以那

---

① 《召试县令》篇内容出自《旧唐书·韦思谦传》(卷八十八),《资治通鉴·唐纪二十七》也有记载。
② 张居正. 帝鉴图说 [M]. 刘微,评. 昆明:云南美术出版社,2005:110.

时县令多是称职，而百姓皆受其惠，以成开元之治。今之知县，即是古之县令，欲天下治安，不可不慎重此官也。①

从张居正的解说里，可以看到，他对原文进行了通俗易懂的讲解，而不是直接的翻译。在讲解原文前他加了唐玄宗重视县令的背景，讲解原文后加了这一举措的效果，并且对古今之名作了解释。特别重要的是，他借此典故对皇帝进行了教育："欲天下治安，不可不慎重此官也。"这才是他选择这一故事进行教育的最终旨归。

这种教材假于丹青，图文并茂，语言浅显，幼童触目生感，自然十分喜爱。朱翊钧"自冲年即有小世宗之号，然亦由《帝鉴》一书启沃圣心，故孜孜讲究不辍"②（《万历野获编补遗·今上史学》）。由此可见，《帝鉴图说》一书对小皇帝还是起了很重要的影响。

《帝鉴图说》是一部事关封建帝王及其继承者修身、养性、齐家、治国、平天下的读物，其中重点是培养为人君者必备的品质。虽然它是封建时代的产物，但是，书中所叙述的某些思想、某些道理、某些方略，在今天仍然具有现实意义。例如，虚心纳谏，接受批评建议，随时检讨得失，闻过则改，勇于自我批评；勤政不怠，任贤图治；重视人才，重视教育；勤俭节约，富贵不忘贫贱，反对奢侈浪费；不荒于酒色；反对贪污受贿；近贤臣，远小人；提倡讲实话，提倡刚直不阿，反对阿谀奉承；关心民间疾苦；反对外戚、宦官和佞臣擅权乱政；等等。

从《帝鉴图说》可以反映出张居正如下方面的领导教育思想。第一，根据教育的对象编选合适的教材。第二，教材选择具有极强的针对性。《帝鉴图说》所选择的材料都是精选的，每则材料都要阐明一个道理，因此具有极强的针对性。这一点在领导教育课程内容的精选上仍然具有借鉴意义。第三，图文并茂，注重生动直观形象的教学。这一点不仅在未成年领导者教育中有作用，即使在成人领导者教育中也应该给予重视。第四，注重案例教学，通过案例解析阐明所要传授的道理。《帝鉴图说》里的典故事例，相当于今天案例教育中的案例。《帝鉴图说》的教育方式可以说是古代的案例教学。通过具

---

① 张居正. 帝鉴图说 [M]. 刘微, 评. 昆明: 云南美术出版社, 2005: 111.
② 沈德符撰, 杨万里校点. 万历野获编 [M] //上海古籍出版社编. 明代笔记小说大观: 三. 上海: 上海古籍出版社, 2005: 2743.

体案例结合实际进行分析,启发领导者,这一点在今天仍然是领导教育的重要方式。总之,张居正这些方面的领导教育思想,对今天的领导教育仍然具有很强的启发意义、学习与借鉴的作用。

张居正是明代中后期杰出的政治型教育家。他长期从事教学实践,把一个不满 8 岁的儿童培养成一位国家君主,其教学自成特色,如教学过程中,运用启发式教学,注重教学的直观性;为了培养神宗的从政能力,他把读书讲学与政事训练结合起来,以学为主,兼习政事,学习为政,以政辅学。张居正教学非常严格,对神宗学习十分严厉,毫不马虎。在张居正的严厉管教之下,神宗进步神速,三年后不仅能阅读儒经,而且书法、诗文也很有造诣,政治能力也逐步形成。张居正从皇太子 8 岁当他的老师,直到万历十年张居正病逝,整整 12 个春秋,他的全部心血一半花在政权上,一半无私地奉献在教育上,这样不仅延缓了明王朝的命运,同时也造就了一代统治明朝 47 年的神宗皇帝。

四、胡适的领导教育思想

近现代以来,西方列强侵入中国,加之中国内部的混乱不堪,救国图强成为有识之士、爱国之士的理想与奋斗目标。在西方政治、经济、科技、文化、教育的冲击之下,中国的教育也发生了翻天覆地的变化。有识之士纷纷提出自己的教育主张,希冀通过教育一途,实现救国图强的目的,其中,不乏对人才,对领袖人才培养的思考与识见。限于时间和精力,本节选取胡适的领导教育思想作一简要介绍。

胡适(1891—1962 年),原名胡洪骍、嗣穈、字希疆,参加留美考试后改名适,字适之,安徽绩溪人,现代学者,历史学家、文学家、哲学家,以倡导五四文学革命而闻名于世。胡适早年在上海的梅溪学堂、澄衷学堂求学,初步接触了西方的思想文化,受到梁启超、严复思想的影响较大。1906 年考入中国公学,1910 年考中"庚子赔款"留学生,赴美后先入康奈尔大学农学院,后转文学院学哲学。1915 年入哥伦比亚大学研究院,师从哲学家杜威,接受了杜威的实用主义哲学,并一生服膺。1917 年回国,任北京大学教授,加入《新青年》编辑部,撰文反对封建主义,宣传个性自由、民主和科学,积极提倡"文学改良"和白话文学,成为当时新文化运动的重要人物。五四时期,与李大钊等展开"问题与主义"辩难;陪同来华讲学的杜威,任杜威的翻译两年多;与张君劢等展开"科玄论战",是当时"科学派"丁文江的后台。

在胡适的诸多著作中有两篇文章谈到领袖人才的问题,即《领袖人才的来源》和《论六经不够作领袖人才的来源:答孟心史先生》。这两篇文章都是他和北京大学教授孟森的争鸣文章。《领袖人才的来源》,原载1932年8月7日《独立评论》第12号,第4-5页,后收入《胡适论学近著》第1集。孟森回答后,他又作后一篇。这两篇文章里包含了胡适的领导教育思想。

(一)某种范型的训育自然产生某种范型的领袖

胡适认为,领袖人物需要有一定的天赋,但也离不开教育训练。他认为一个时代的教育范型产生一个时代的范型领袖。他说:

> 凡成为领袖人物的,固然必须有过人的天资做底子,可是他们的知识见地、做人的风度,总得靠他们的教育训练。一个时代有一个时代的"士大夫",一个国家有一个国家的范型式的领袖人物。他们的高下优劣,总都逃不出他们所受的教育训练的势力。某种范型的训育自然产生某种范型的领袖。(《领袖人才的来源》)①

胡适所谓的领袖人物,并不仅指政治领袖,而是指的各行各业的领袖人物。"如梁任公所举'中国之武士道',此一个时代的范型人物也。如萧望之、匡衡、孙光、张禹,此又一个时代的范型人物也。如阮籍、嵇康,此又一个时代的范型人物也。过此以往,代有其人。理学以前,有范文正、王荆公诸人;理学时代,有朱子、方正学、王文成以至东林诸公。"(《论六经不够作领袖人才的来源》)②胡适通过对不同历史时期范型领袖的介绍,说明了不同的范型培育出不同的领袖的观点。胡适之所以探讨范型教育与范型领袖的问题,是因为当其时,中国面临着新型领袖培养的问题。中国新式领袖的培养需要新范型教育的出现。

(二)领袖的培养必经学校教育一途

在清政府废除科举、兴学堂之前,政府主要通过科举取士录官。士人的

---

① 胡明. 胡适精品集8·信心与反省 [M]. 北京:光明日报出版社,1998:202.
② 胡明. 胡适精品集8·信心与反省 [M]. 北京:光明日报出版社,1998:206-207.

学习主要通过私塾、书院等教育机构展开。随着西方列强的入侵和国际形势的风云变化，传统的人才培养与官员素质都受到了严重的挑战。随着废科举、兴学堂等一系列现代教育的变革，传统的教育机构已经不能适应时代发展的需要，它们的功能也逐渐被新式学校所取代。胡适国外留学多年，对西方文化甚是熟悉。因此，他提出领袖的培养必经学校教育一途的思想。这种思想可以说代表了近现代中国领导教育转型的一个方向。

胡适对中国没有专门训练领袖人才的机关大为感叹：

> 在我们这个不幸的国家，一千年来，差不多没有一个训练领袖人才的机关。贵族门阀是崩坏了，又没有一个高等教育的书院是有持久性的，也没有一种教育是训练"有为有守"的人才的。五千年的古国，没有一个三十年的大学！八股试帖是不能造领袖人才的，做书院课卷是不能造领袖人才的，当日最高的教育——理学与经学考据——也是不能造领袖人才的。现在这些东西都快成了历史陈迹了，然而这些新起的"大学"，东抄西袭的课程，朝三暮四的学制，七零八落的设备，四成五成的经费，朝秦暮楚的校长，东家宿而西家餐的教员，十日一雨五日一风的学潮——也都还没有造就领袖人才的资格。①（《领袖人才的来源》）

胡适认为，领袖人物的训育的来源，在古代差不多全靠特殊阶级（如中国古代的士大夫门阀，如日本的贵族门阀，如欧洲的贵族阶级及教会）的特殊训练。在近代的欧洲则差不多全靠那些训练领袖人才的大学。欧洲之有今日的灿烂文化，差不多全是中古时代留下的几十个大学的功劳。他认为，"至于今日，西方国家的领袖人物，那（哪）一个不是从大学出来的？即使偶有三五个例外，也没有一个不是直接间接受大学教育的深刻影响的"②（《领袖人才的来源》）。胡适对中国缺乏领袖人才的训练机关而大发慨叹："茫茫的中国，何处是训练大政治家的所在？何处是养成执法不阿的伟大法官的所在？何处是训练财政经济专家学者的所在？何处是训练我们的思想大师或教育大师的所在？"③（《领袖人才的来源》）

---

① 胡明. 胡适精品集 8·信心与反省 [M]. 北京：光明日报出版社，1998：203.
② 胡明. 胡适精品集 8·信心与反省 [M]. 北京：光明日报出版社，1998：202.
③ 胡明. 胡适精品集 8·信心与反省 [M]. 北京：光明日报出版社，1998：203.

胡适充分认识到，传统的领袖教育方式已经不能适应时代发展需要了。他说：

> 领袖人物的资格在今日已不比古代的容易了。在古代还可以有刘邦、刘裕一流的枭雄出来平定天下，还可以像赵普那样的人妄想用"半部《论语》治天下"。在今日的中国，领袖人物必须具备充分的现代见识，必须有充分的现代训练，必须有足以引起多数人信仰的人格。这种资格的养成，在今日的社会，除了学校，别无他途。①（《领袖人才的来源》）

胡适提出领袖人才的培养必须经由学校这一途径，特别是要经由大学教育。这是符合时代发展的一种趋势，是现代领导教育的一种方向和一种几乎不可逾越的途径。

胡适对当时中国领袖匮乏深以为痛：

> 我们到今日才感觉整顿教育的需要，真有点像"临渴掘井"了。然而治七年之病，终须努力求三年之艾。国家与民族的生命是千万年的。我们在今日如果真感觉到全国无领袖的苦痛，如果真感觉到"盲人骑瞎马"的危机，我们应当深刻地认清只有咬定牙根来彻底整顿教育、稳定教育、提高教育的一条狭路可走。如果这条路上的荆棘不扫除，虎狼不驱逐，奠基不稳固；如果我们还想让这条路去长久埋没在淤泥水潦之中——那么，我们这个国家也只好长久被一班无知识无操守的浑人领导到沉沦的无底地狱里去了。②（《领袖人才的来源》）

正是因为认识到领袖人才的匮乏与教育，特别是学校教育在领袖人才培养中的重要性，胡适才提倡要彻底地整顿教育，通过学校教育来培养领袖。值得一提的是，即使政治学出身的国民党人程天放，也深感"政治领袖人才的缺乏"，并同样认为，"这种政治领袖也只有用教育力量去造成"③。可见，当时对领袖人才的缺乏深有同感的不只胡适一人；当时呼吁通过教育来培养

---

① 胡明．胡适精品集 8·信心与反省 [M]．北京：光明日报出版社，1998：203．
② 胡明．胡适精品集 8·信心与反省 [M]．北京：光明日报出版社，1998：204．
③ 程天放．改革中国学校教育刍议 [J]．中华教育界，1932（5）：101．

新范型的领导的呼声也不止胡适一种。

（三）六经不够作领袖人才的来源

近现代领袖人才培养的转型，表现在很多方面，其中很重要的方面是表现在教育内容上的转变。教育内容上的转型，必然涉及对传统教育内容的变革。传统教育是以儒家经典为核心的。到了近现代，传统的经典已经不能适应社会发展的需要了。因此，必须改变教育内容。在这样背景下，胡适提出了"六经不够作领袖人才的来源"的观点。他对尊经一点，深以为疑，"儒家经典之中，除《论》《孟》及《礼记》之一部分之外，皆系古史料而已，有何精义可做人模范？"①（《论六经不够作领袖人才的来源》）他认为，《诗》可以文学眼光读之；《左传》与《书》与《仪礼》，可以历史材料读之，皆宜与其他文学历史同等齐观，方可容易了解。他认为"制造士大夫之具，往往因时代而不同，而六经则非主要之具"②（《论六经不够作领袖人才的来源》）。一个时代有一个时代的士大夫，一个国家有一个国家的范型式的领袖人物。"若分析此等人物所受训育，有得力于一时代的特殊阶级之特别风尚者，有得力于学问者，有得力于宗教者，有得力于史传者——其途径不一，而皆不能以经学一事包括之。"③（《论六经不够作领袖人才的来源》）胡适的这个观点拓宽了人们对领袖人才来源的认识，即影响领袖、造就领袖的原因是多方面的，并不仅仅是"六经"一途。如果把领袖人才的培养理解为一途，那就太狭隘了。就教育影响而言，胡适以为："经学的影响不如史传，史传的影响又不如宗教，书本的教育又不如早年家庭的训育。""至于家庭教育，则宗教与俗文学的势力尤远过于六经四书。"④（《论六经不够作领袖人才的来源》）从教育影响的角度来探讨教育内容，这种思路对领导教育研究及普通教育研究都是很有启发意义的。

胡适认为，古人培养人才，至少在两汉以前，必不全靠书本子，尤必不靠六经。那时，射御等艺，礼乐等事，都是很受重视的，这些都足以养成士大夫之根本品质。后世却不再重视这些艺事，只剩下一个"书"字，而"书"之中又损之又损，以至于几本最不足养成人才的六经。

---

① 胡明．胡适精品集 8·信心与反省 [M]．北京：光明日报出版社，1998：206.
② 胡明．胡适精品集 8·信心与反省 [M]．北京：光明日报出版社，1998：206.
③ 胡明．胡适精品集 8·信心与反省 [M]．北京：光明日报出版社，1998：207.
④ 胡明．胡适精品集 8·信心与反省 [M]．北京：光明日报出版社，1998：207.

胡适"六经不够作领袖人才的来源"的观点拓展了领导教育的视野与途径。领导教育不能仅靠所谓的"经典"——虽然经典是要的;不能仅靠"书本"——虽然书本教育是必不可少的。领导的教育还需要多种途径,尤其需要社会条件的支持。

(四)中国训育工具的几个最大弱点

胡适分析了中国训育工具的几个最大的弱点,他认为这是成为中国致命伤的地方。第一,儒家经典著作并不能真正给予一般的平常老百姓什么影响,不能改变他们的人生观,也不能使他们受用。第二,佛教与道教这两大宗教都太偏于消极的制裁,都不曾产生伟大范型人物足以供千百世人的歌泣模仿。第三,士大夫太偏重制举的文艺与虚伪的文学,而不注重通俗文学,不足以养成一种健全的最低限度的道德习惯。第四,传记文学太贫乏,虽偶有伟大的人物,而其人格风范皆不能成为多数人的读物。第五,女子的教育太忽略了,没有好母教,则虽有士大夫门第而难于长久保存其门风。第六,人民太穷苦了,无暇治礼义。①(《论六经不够作领袖人才的来源》)胡适认为,西方之所以见长,是因为无上述六种弊病,而且在这六方面都做得很好。

胡适从文化、文学的角度探讨了中国为什么不能产生领袖人才的根源。这是很深刻的。他告诉我们,要产生伟大的领袖人才,就必须营造适宜的文化土壤。这种文化土壤不是单纯的单方面的,而是多方面的。领袖人才的培养还必须有良好的社会环境和经济实力,使人民生活能够有保障,甚至需要有较高的生活。这样的教育才能有力。

近现代的领导教育力求从传统教育转型到正规化、学校化、现代化的道路上来。这种转变需要的是领导教育范式的转换、领导教育机构的变革、领导教育内容的革新。胡适的思想代表了领导教育现代转型的渴望。

第三节 党的干部教育实践考察

1919年的五四运动拉开了中国新民主主义革命的序幕。五四时期,以李大钊、毛泽东、蔡和森、邓中夏等人为代表的革命知识分子,通过《新青年》

---

① 胡明. 胡适精品集8·信心与反省[M]. 北京:光明日报出版社,1998:207-208.

《向导周报》《民国日报》等进步报刊，介绍和传播马克思列宁主义。他们还通过青年团组织和团所出版的机关刊物，如《先驱》《中国青年》等，引导和教育青年。他们还提倡留法勤工俭学等。早期革命知识分子的活动，对当时的知识青年起着巨大的革命教育作用。他们通过宣传、外出留学、组织共产主义小组等活动为革命培养了大批干部。

1921年，中国共产党的成立是中国历史上开天辟地的大事，中国革命的面貌从此焕然一新。中国共产党从一诞生就十分重视干部教育与培养。党的干部教育已经历了100多年的历史，积累了丰富的实践经验。中国共产党的干部教育是领导教育史上的重要篇章。

学者们对党的干部教育的研究已取得了丰硕的成果。例如，出版的著作有，中共安徽省委党校编的《党校教育学概论》（安徽人民出版社，1986年11月版），《中国共产党的干部教育（抗日战争时期）》（中国人民大学出版社，1988年4月版），史遵衡著《干部教育概论》（山东大学出版社，1988年9月版），柏林、许崇正主编的《干部教育学概论》（安徽教育出版社，1989年版），王助尧等主编的《党政干部教育学概论》（四川教育出版社，1988年版），刘家骐等著《党校教育原理概论》（中共中央党校出版社，1989年版），沈思义、秦世才著《干部教育概论》（1990年2月版），刘家琪等主编的《党校教育论文集》（辽宁人民出版社，1990年6月版），王仲清主编的《党校教育历史概论（1921—1947）》（中共党史出版社，1992年10月版），吴林根、石作斌著《中国共产党干部教育研究》（黑龙江人民出版社，2001年6月版），吴林根著《中国共产党干部教育九十年》（东方出版社，2011年6月版），魏茂明、王守光主编的《新时期干部教育概论》（中共中央党校出版社，2004年版），高世琦编著《中国共产党干部教育世纪历程》（党建读物出版社，2013年2月版）等。关于干部教育和党校教育的文章、资料等更是散见于诸多刊物和文集、史料集中，如李桂林编《中国现代教育史教学参考资料》（人民教育出版社，1987年1月版），张腾霄编《中国共产党干部教育研究资料丛书》（第一、二、三、四辑）（中国人民大学出版社，1988年6月版），成仿吾著《战火中的大学：从陕北公学到人民大学的回顾》（人民教育出版社，1982年2月版），等等。这些研究和资料为领导教育学的研究提供了坚实的基础。下面我们将简要回顾中国共产党的干部教育史，厘清党的干部教育实践活动的历史状况。

一、新民主主义时期的干部教育

(一) 第一次国内革命战争时期的干部教育

中国共产党成立后就把工人干部的培养问题提上重要日程。1921年7月,党的第一个决议就提出:"因为工人学校是组织产业工会过程中的一个阶段。所以在一切产业部门应成立这种学校。""工人学校应逐渐变成工人政党的中心机构。""学校的基本方针是提高工人的觉悟,使他们认识到成立工会的必要。"1924年5月,中共中央所作的《党内组织及宣传教育问题决议案》强调指出:"党内教育的问题非常重要,而且要急于设立党校养成指导人才。"①这一阶段党的重要文件中,均把开展各种类型的干部教育作为重要内容提出,确定了一系列具体方针政策,强调对干部进行教育培养。这一时期,党开始积极创办完全由党领导的干部教育学校。1925年1月,党的四大决议强调要建立党校对党员进行系统的教育。1926年2月中共中央特别会议作出《关于开办最高党校的问题的决议》。这一时期党创办的主要党校见下表。②

表4.1 第一次国内革命战争时期党创办的主要党校

党校名称	成立时间	主要责任人	开设课程	特点与意义
安源党校	1923年冬	刘少奇任校长;任岳主持教务	政治经济浅说、俄共党史和少运史等。	第一学期后,选派学员去苏联学习或分配参加工作。
北京党校	1925年9月	罗亦农任校长;赵世炎、陈乔年等任教员	党的基本知识、马克思主义政治经济学、国际共产主义、时事政治等。	这是一所秘密党校

---

① 转引自吴林根,石作斌.中国共产党干部教育研究[M].哈尔滨:黑龙江人民出版社,2001:25-26.
② 参考吴林根,石作斌.中国共产党干部教育研究[M].哈尔滨:黑龙江人民出版社,2001:27-29.

续表

党校名称	成立时间	主要责任人	开设课程	特点与意义
中共上海区委开办的党校	1925年10月	瞿秋白、罗亦农、尹硕夫（尹宽）、王一飞、郑超麟、彭述之等讲课	资本主义特征及其崩溃、第三国际的政策、共产党与无产阶级的解放、帝国主义对中国侵略的方式与中国国民革命、中国劳动运动与我党的发展、现时国际状况与世界革命运动之趋势、目前中国各种社会阶级之倾向与吾党之策略、党的组织及纪律、农民问题及中国农民运动之发展、目前的政局与国民革命的工作等。	
湖南党区、团区委高级研究班	1926年1月21日—2月21日	曹典琦任校长；党、团区委负责同志任课	政治报告、资本主义与中国、职工运动、农民运动、社会革命与民族革命、世界革命史等。	
中共上海区委开办的高级与初级党校	1926年2月	高级党校由罗亦农、尹硕夫等讲课	高级党校课程：马克思主义概论、政治经济学、阶级斗争史、列宁主义、第三国际党纲与策略、俄罗斯革命运动史、最近中国革命运动史、辩证的唯物论、中国共产党的任务、职工运动的四形式等。	
			初级党校的课程：中国共产党略史、共产党与民族革命运动、共产党与工人运动、宣传鼓动工作、共产党与农民运动、共产党与学生运动、共产党与社会主义青年团、如何做党的工作、党的建设问题等。	

第一次国内革命战争时期，除党创办的党校外，还有许多由党创办或国共合作创办或利用国外教育机构进行干部教育的学校。这些学校主要有如下几所。①

---

① 参考吴林根，石作斌. 中国共产党干部教育研究[M]. 哈尔滨：黑龙江人民出版社，2001：29-43.

表 4.2　第一次国内革命战争时期的其他干部教育学校

干部学校名称	成立时间、地点	主要负责人	课程教学内容	意义或影响
湖南自修大学	1921年8月长沙	毛泽东何叔衡	文科科目：中国文学、西洋文学、英文、伦理学、心理学、教育学、社会学、历史学、地理学、新闻学、哲学等。 政治经济科：法律学、政治学、经济学等。 其中，《共产党宣言》《哥达纲领批判》《社会主义从空想到科学的发展》是必修课程，结合主题还学习有关中国革命问题的材料。 教学方法：自学讨论为主，教师辅导为辅。 创办校刊：《新时代》。	党领导下的干部教育第一次具有了正规的高等学校
上海平民女学	1921年10月上海	李达任校长 王会悟负责具体事务	以语文和社会科学为主。	中共中央创办的第一所培养妇女干部的党校
东方大学（莫斯科东方劳动者共产主义大学）	1921年莫斯科	这是一所俄国干部学校	外国部设有中文、朝文、日文、土耳其文、法文、英文和俄文7个班。以学习马列主义理论为主。	第一次大革命失败后，共产国际和中国共产党选派了700人赴东方大学军事速成班学习。
上海大学	1922年10月上海	邓中夏任总务长 瞿秋白任教务长	设社会学系、中国文学系、美术系、英国文学系，并设中学部和俄文班。	党在上海秘密培养干部的又一重要高等学校

157

续表

干部学校名称	成立时间、地点	主要负责人	课程教学内容	意义或影响
黄埔军校	1924年5月创办，原名中国国民党陆军军官学校，1926年1月，改名"中国国民党中央军事政治学校"广州黄埔岛	孙中山任学校总理蒋介石任校长	教育特点：学习苏联建军的有效方法，加强政治教育，使政治教育与业务、学科、术科相结合。 出版革命刊物：《青年军人》《中国军人》《革命画刊》《黄埔生活》。	培养了大批军事干部。1927年蒋介石叛变革命后，改名"中央陆军军官学校"，成为蒋介石反对民主革命的工具。
农民运动讲习所	1924年7月—1926年9月 广州	彭湃、罗绮园、阮啸仙、谭植棠、毛泽东等主办，共6届。专职教员有毛泽东、彭湃、周恩来、萧楚女、李立三等。	基础理论方面：帝国主义、社会问题与社会主义、中国民族革命史、地理。 专业理论方面：中国农民问题、海丰及东江农民运动状况、广宁高要曲江农民运动状况、农村教育、军事运动与农民运动。 革命文艺方面：教唱革命歌曲、教绘革命画。 军事方面：军事基本理论、军事实际调查、军事操练等，教学侧重于实践、夜战的军事技能训练；整个军事学习占总课时的三分之一。 教学除课堂讲授、讨论与研究相结合，还注重自学。 主办《农民问题丛刊》	前五届主要招收、培养广东、广西、湖南等8省市的农村运动干部，第6届向全国26个省市招收农民运动干部。

续表

干部学校名称	成立时间、地点	主要负责人	课程教学内容	意义或影响
劳动学院	1925年10月	邓中夏任院长 刘少奇、萧楚女等任教员	中国职工运动史、工会组织法、中国工人八大斗争、中国政治状况、世界革命运动史等21门课程。	我国第一所工人干部高等学校。由于1927年的反革命大屠杀仅开办二期即被迫停办。
莫斯科中山大学	1925—1930年 莫斯科	拉狄克（1925—1927）、米夫（1928—1929）、威格尔分别任校长	目的在于培养熟练的政治工作人员，没有设立自然科学学科。训练速成，讲究实效，学期2年。 课程设置有：俄语、第二外语（英语、法语或德语）；历史（包括社会发展史、中国革命运动史、俄国革命史、西方革命运动史，重点讲近代史）；哲学（包括辩证唯物主义和历史唯物主义）；政治经济学（主要学习马克思的《资本论》，用考茨基的《卡尔·马克思的经济学说》作教材）；经济地理；列宁主义；军事学等。	苏联和国共合作的产物，为中国共产党培养了大批革命干部。
中央农民运动讲习所	1927年3月—6月 武昌	毛泽东实际主持 周以栗任教务主任	毛泽东开设中国社会各阶级的分析、湖南农民运动考察报告、农民问题、农民教育、农村合作等课程。 除开设理论课程，还进行军事训练、作农村调查等活动。	目的是更大规模地培训农村干部。

除上述对中国共产党的干部教育与培训产生过重大影响的学校外，在广州还有广东区委举办的干部训练班、国民党中央宣传部设立的政治讲习班、社会主义青年团广东区委办的团干部培训班、国民党青年部举办的青年干部训诵养成所、国民党中央妇女部举办的妇女运动讲习所、共产党和国民党联

合举办的华侨运动讲习所。1927年,党的陕西地方组织还创办了培养党的政治、军事和群众运动干部的中山学院,创办了培养党的军事干部的中山军事学院（史可轩任校长,邓小平任政治部主任）。在当时的革命中心武汉,以董必武为首,创办了党务干部学校,随之一大批干部学习班、干部学校不断涌现。

第一次国内革命战争时期的干部教育深深打上了国共合作、统一战线的历史烙印。党的第一代领导人,如毛泽东、刘少奇、周恩来、恽代英、何叔衡、彭湃、任弼时等,都投注了精力从事党的干部教育活动。这一时期的干部教育,为党在第一次国内革命战争时期的干部教育培养了党、政、工、青、妇各方面的优秀干部,为第二次国内革命战争准备了骨干领导力量。第一次国内革命战争时期的干部教育是中国共产党干部教育的产生和发展阶段。

(二) 第二次国内革命战争时期的干部教育

1927年蒋介石发动反革命政变,大革命失败,第二次国内革命战争开始。为了适应新的时局,党中央采取一系列措施进行干部教育。大革命失败后,党中央采取秘密的小型的短期训练班的方式培训党员和干部,同时要求各省委也开办训练班。中央指出办训练班应成为当前教育与培养干部的主要方式。中央对办训练班的原则、方针、方法等也多次作出指示。在党中央的领导下,党的干部教育得到了迅速加强与发展。这一时期党创建了革命根据地,创立了革命政权,为党的干部教育提供了发展动力和一定的物质条件。第二次国内革命战争时期的干部教育,主要是苏区的干部教育。苏区干部教育的主要对象以红军干部和苏维埃政权所需要的各类干部为主体。

最早的干部教育以军事干部教育为重点。1927年12月,为提高干部素质,毛泽东在江西省宁冈县砻市创办了第一个红军教导队。在此影响下,各部队相继成立了教导队、随军学校。最早的较正规的红军干部学校是1930年彭德怀在湖北阳新龙港创办的红军第一步兵学校,后改名彭扬学校。较正规的学校还有1931年在江西瑞金创办的中国工农红军军事政治学校,后改名为中央红军学校,由刘伯承、叶剑英先后任校长、政委。到1933年该校与苏维埃大学军事政治部合并,改名为中国工农红军大学。红军大学到1934年随军进行二万五千里长征后教学基本停止。长征胜利后,红军大学在陕北改名为抗日军政大学。在革命根据地,还举办了红军特科学校,该校是主要训练炮兵和工兵部队的干部学校。此外,还创办了红军步兵学校、游击队干部学校、红色医务学校、无线电学校等一大批训练各类军事干部的学校。

苏区的干部教育除进行军事干部的培训，还对经济建设、政治建设、文化建设的各类行政、党务管理干部进行了教育。1933年在瑞金成立苏维埃大学。这是一所培养各类行政管理干部的学校，毛泽东任校长。1934年学校改名为国立沈泽民苏维埃大学，由瞿秋白任校长。

根据中共中央的历次指示，1931年1月，中华全国苏维埃临时中央政府委员会第31次常务委员会决议，与中共苏区中央局及全总执行局，合办苏维埃党校。经筹备，1933年3月13日，为了纪念马克思逝世（3月14日）五十周年，宣布成立"马克思共产主义学校"，校址设在江西瑞金。这个学校是中共苏区中央局和政府、青年团、工会联合举办的，它是中央党校的前身。首任校长任弼时，副校长杨尚昆。不久，改由张闻天兼任校长，董必武兼任副校长，罗明任教务主任。专职教员仅有成仿吾、冯雪峰。他们是1934年为参加六届五中全会到苏区的，讲政治常识。其他都是兼职教员，如董必武讲苏维埃建设，刘少奇、陈云讲工人运动，李维汉讲党的建设等。这一时期的教学，基本上是训练班性质的。

1934年10月，马克思共产主义学校的干部和部分学员随中央红军主力长征。长征到达陕北后，1935年年底，中央决定在瓦窑堡恢复建立中央党校，董必武任校长。1937年1月，中央党校随中共中央进驻延安，进入了比较稳定的发展时期，成为党在延安时期创办的培养地委以上及团级以上具有相当独立工作能力的党的实际工作干部及军队政治工作干部的学校。

除中央苏区的马克思共产主义学校外，各个革命根据地相继创办了党校以培训干部、教育党员。同时，成立了培养农业建设方面人才的中央农业党校。为进一步搞好干部教育，提高干部党校的教学质量，解决苏区的师资问题，1932年10月还成立了中央高级列宁师范学校。学校由徐特立任校长，开设课程有语文、算术、历史、地理、政治、图画、唱歌、生理、体操、游戏、劳作等，学习期限为3—6个月。苏区的教师培训至1934年已初步形成完整的体系。苏区还创办中央教育干部学校、高尔基戏剧学校等培养教育干部、俱乐部剧社剧团干部、文艺骨干力量的专业干部。除正规的高、中等学校教育外，干部教育还办了许多短训班，如苏维埃训练班，土地税、合作社及会计工作训练班，银行专修班等。这些短训班根据需要及时灵活地开设，培养了大批具有实用知识的干部。

苏区的干部教育是新民主主义教育的形成期,也是我国干部教育的成型期。这一时期的干部教育总的来说是在党的正确路线的指导下建立和发展的,但也受到"左"倾路线的影响和干扰。

(三) 抗日战争时期的干部教育

1937年的七七卢沟桥事变把中国拉进了抗日战争的新阶段。从1931年到1945年日本投降中国人民经历了14年艰苦卓绝的抗日斗争。在新的形势面前,老干部有一个大力提高的问题,而大批新干部则有一个进行培训和教育的问题。为了适应抗日战争的需要,中国共产党加强了干部教育,作出了一系列重要的政策性决定,创办了许多干部教育党校。

1. 全党范围的延安整风运动

1938年10月,毛泽东在党的六届六中全会上指出:"政治路线确定之后,干部就是决定的因素。因此,有计划地培养大批的新干部,就是我们的战斗任务。"① 毛泽东倡导开展马克思主义理论学习运动,用理论联系实际的方法,总结历史经验,吸取教训。从1939年起,根据地的学习运动蓬勃展开,但学习运动本身仍存在教条主义。中共中央和毛泽东针对这种情况,遂从干部学校教育与在职干部教育改革入手,发动整风运动。

《改造我们的学习》是毛泽东于1941年5月19日在延安干部会议上的报告。在报告中,他重申在中共六届六中全会上倡导的研究现状、研究历史、注重马克思主义理论应用的精神,进一步明确提出"对于在职干部的教育和干部学校的教育,应确立以研究中国革命实际问题为中心,以马克思列宁主义基本原则为指导的方针"。中共中央参照这个报告的精神,先后发布《关于延安干部学校的决定》与《关于在职干部教育的决定》,作为干部教育改革的纲领。

从1941年开始,在毛泽东《改造我们的学习》和中央《关于延安干部党校的决定》《教育上的革命》等的指引下,干部教育进行了彻底改革的理论和政策准备。1942年2月1日,毛泽东在中共中央党校开学典礼上作《整顿学风党风文风》的报告(后收入《毛泽东选集》时改名为《整顿党的作风》)。报告中提出"反对主观主义以整顿学风,反对宗派主义以整顿党风,反对党

---

① 毛泽东. 中国共产党在民族战争中的地位 [M] //毛泽东选集:第2卷. 北京:人民出版社,1991:526.

八股以整顿文风,这就是我们的任务"①。在这个报告中,着眼于理论联系实际,既肯定学习掌握书本知识的必要性,又指出书本知识的局限性,重在书本知识的运用。1942年2月28日,中央通过《关于在职干部教育的决定》,强调贯彻党的整风精神。至此,以整顿三风(党风、文风、学风),与其相关的整顿主观主义、教条主义和党八股为标志的延安整风开始。从此,由党中央的整风学习逐渐形成全党的整风学习运动。

《反对党八股》是毛泽东于1942年2月8日在延安干部会议上的演说。在这个演说中,总结了五四运动以来在学风(思想方法)与文风方面的经验与教训,提倡实事求是的学风(用历史唯物主义的批判精神具体分析现状、历史与外国经验)和生动活泼、新鲜有力的文风。

《改造我们的学习》《整顿党的作风》和《反对党八股》是毛泽东关于整风运动的基本著作。在这些著作里,他从思想问题上总结了过去中国共产党内路线的分歧,分析了广泛存在于党内的非马克思列宁主义的思想作风,主要是主观主义的倾向、宗派主义的倾向和作为这两种倾向的表现形式的党八股。毛泽东号召开展全党范围的马克思列宁主义的教育运动,即按照马克思列宁主义的思想原则整顿作风的运动。毛泽东的这个号召,很快地在中国共产党内和党外引起了怎样以实际出发的观点而不是以教条主义的观点来对待马克思列宁主义原理,怎样使马克思列宁主义的基本原理和中国革命的实际相结合,以及怎样对待1931年初至1934年年底这段时期党内两条路线的斗争这样一些重大问题的大讨论,巩固了马克思列宁主义思想在党内外的阵地,使广大干部在思想上大大地提高了一步,使中国共产党达到了空前的团结。②

《在延安文艺座谈会上的讲话》是毛泽东于1942年5月在延安文艺座谈会上的报告。这个报告针对新文艺运动中由来已久、在根据地文艺界依然存在的各种争议,在总结历史经验基础上,分析了文艺与革命的关系;提出文艺"为工农兵服务"的方向,并强调只有站在无产阶级的立场上才能真正地为工农兵服务;以"为工农兵服务"为中心,论述了普及与提高、批判与继承、文艺与生活、文艺专门家与普及工作者的关系;最后,把思想认识问题的解决归结为文艺工作者世界观的改造。这个报告不仅成为当时文学艺术学

---

① 毛泽东.整顿党的作风[M]//毛泽东选集:第3卷.北京:人民出版社,1991:812.
② 毛泽东.毛泽东选集:第3卷[M].北京:人民出版社,1991:795.

校教育改革的纲领,而且对于当时根据地普通教育改革和以后的文艺运动也产生了深刻影响。

经过整风学习,全党一致认识到,党的政治路线、军事路线和组织路线的正确与否,其思想根源在于它们是否从马克思主义的辩证唯物论和历史唯物论出发,是否从中国革命的实际出发,只有实事求是,才是有生命力的马克思主义,这种马克思主义对革命才能发挥不可或缺的指导作用。同时,经过整风学习,全党还进一步认识到毛泽东思想就是民族化、中国化的马克思主义,从而使全党的思想理论水平及工作能力有了一个大的提高。

整风运动既有长远的战略意义,也有当时的策略意义。它对党进一步团结统一和加强一元化集中领导;对广大党员群众政治觉悟水平的提高、党员思想认识的统一、党的战斗力的增强,都起到了空前重大的作用。

整风运动是对全党的一次集中教育,同时也是对干部教育的有力推动。整风运动使党的干部得到了重新提高,为党培养了大批抗战干部,为争取抗日战争的伟大胜利做了必要的领导准备。

2. 干部教育的两篇光辉文献

抗日战争时期,中共中央对干部教育作出了许多重要决定。例如,1940年1月3日,中共中央书记处发出《关于干部学习的指示》,对加强干部学习规定了一系列具体措施;1940年2月15日,中共中央发出《关于办理学校的指示》,决定创办各级党校。① 在这一时期,出现了党的干部教育史上的两篇光辉文献,即《中共中央关于延安干部学校的决定》和《中共中央关于在职干部教育的决定》。这两篇文献在理论上对党的干部教育进行了科学总结,在实践上推动了党的干部教育的切实行进,在党的干部教育史上具有重要地位。

(1)《中共中央关于延安干部学校的决定》

1941年12月17日,中共中央政治局通过了《中共中央关于延安干部学校的决定》(这个决定于1941年12月20日由《解放日报》发表。下称《关于延安干部学校的决定》)。这是党的干部教育史上的一篇光辉的理论文献。下面对这一重要文献加以简要介绍,以期明确当时干部教育的政策方针与方向。

---

① 朱敏彦,李学昌,齐卫平. 中国共产党80年事典[M]. 上海:上海人民出版社,2001:315-318.

《关于延安干部学校的决定》开篇第一条即指出了当时干部教育中存在的种种问题:"目前延安干部学校的基本缺点,在于理论与实际、所学与所用的脱节,存在着主观主义与教条主义的严重的毛病。这种毛病,主要表现在使学生学习一大堆马列主义的抽象原则,而不注意或几乎不注意领会其实质及如何应用于具体的中国环境。"① 针对当时干部教育中的这些不良现象,《关于延安干部学校的决定》指出:

> 为了纠正这些毛病,必须强调学习马列主义理论的目的是使学生能够正确地应用这种理论去解决中国革命的实际问题,而不是为了书本上各项原则的死记与背诵。第一,必须使学生区别马列主义的字句与马列主义的实质;第二,必须使学生领会这种实质(而不是望文生义,而是心知其意);第三,必须使学生学会善于应用这种实质于中国的具体环境,而抛开一切形式的空洞的学习。为了这个目的,除正确地教授马列主义的理论之外,同时必须增加中国历史与中国情况及党的历史与党的政策的教育,使学生既学得理论,又学得实际,并把二者生动地联系起来。

在学校培养目标问题上,《关于延安干部学校的决定》认为,各学校没有明确规定自己的具体目的,也是存在的缺点之一。为此,《关于延安干部学校的决定》还对各种类型的干部学校分别制定了相应的培养目标:"中央研究院为培养党的理论干部的高级研究机关";"中央党校为培养地委以上及团级以上具有相当独立工作能力的党的实际工作干部及军队政治工作干部的高级与中级学校";"军事学院为培养团级以上具有相当独立工作能力的军事工作干部的高级与中级学校";"延大、鲁艺、自然科学院为培养党与非党的各种高级与中级的专门的政治、文化、科学及技术人才的学校"。上述学校的课程、教材与教学方法,必须与各校具体目的相适合。

在干部学校的领导和管理问题上,《关于延安干部学校的决定》第三条指出:

---

① 李桂林.中国现代教育史教学参考资料[M].北京:人民教育出版社,1987:70.以下关于该《决定》的引文均出此书。

为加强各校的具体领导及使各校教育与中央实际工作部门联系起来，决定中央研究院直属中央宣传部，中央学校直属中央学校管理委员会，军事学院直属军委参谋部，延大、鲁艺、自然科学院直属中央文委。各校主管机关，应把自己直属学校的工作，当作该机关业务的重要部分。中央宣传部对各校课程、教员、教材及经费，应协同各主管机关进行统一的计划、检查与督促。

《关于延安干部学校的决定》第十二条对学校行政组织作了规定：

学校行政组织以短小精干为原则。学校内党支部的任务，是在保证学校教育计划的完成，纠正支部与行政并立的不正确现象。支部对学校行政的建议，可经党的路线提出，但不能出于干涉。在统一战线性质的学校内，应纠正党员包办一切的党化作风。

在招生问题上，《关于延安干部学校的决定》提出了"少而精的原则"：

为实现各校具体目的，使党的有限精力财力收到最大效果，各校对招收学生应采取少而精的原则。各校及其主管机关应重新审查学生成分，凡不合校具体目的的学生，以分配工作或转学他处为原则。

在教学的方向、方式方法等方面，《关于延安干部学校的决定》都提出了新的要求。第九条规定：

关于马列主义的教授与学习，应坚决纠正过去不注意领会其实质，而注重了解其形式，不注意应用，而注重死读的错误方向。学校当局及教员必须全力注意使学生由领会马列主义实质到把这种实质具体地应用于环境的学习。学生的是否真正领会（理解、认识、懂得），以学生的是否善于应用为标准。这里所说的应用，是指用马列主义精神与方法分析中国历史与当前的具体问题，去总结中国革命的经验，使学生养成这种应用的习惯，以便在他们出校之后善于应用马列主义的精神与方法去分析问题与指导实践。

《关于延安干部学校的决定》第八条规定：

> 凡担任学校教育工作的同志，均应认真地研究教课内容与教学方法，使理论与实际一致的原则，在教课内容与教学方法中贯彻起来。在教学方法中，应坚决采取启发的、研究的、实验的方式，以发展学生在学习中的自动性与创造性，而坚决废止注入的、强迫的、空洞的方式。

对干部教育的师资来源、教学分工、老师待遇等具体问题，《关于延安干部学校的决定》第五条作了详细规定。

> 改善教员质量是学校办好的一个决定条件。凡地委及团级以上干部的教育，应由中央委员会及中央各机关负责同志亲身担任指导。对现有各校教员，应根据新的标准分别审查处理之。中宣部应给各校专任教员以实际帮助，提高他们的质量。对教员的政治的和物质的待遇，应改善之。

对干部教育的具体课程设置及课时比例，《关于延安干部学校的决定》在第七条作了具体规定：

> 凡带专门性质的学校（例如军事的、政治法律的、财政经济的、自然科学的、文艺的、师范教育的、医学的等等）应以学习有关该项专门工作的理论与实际的课程为主。文化课、政治课与专门课的比例应依各校情况决定之。一般说来，专门课应占百分之五十（不须补习文化之学校，则专门课应占百分之八十），文化课应占百分之三十，政治课占百分之二十。坚决纠正过去以政治课压倒其他一切课目的不正常现象。

对干部学校的教材编制、出版，《关于延安干部学校的决定》在第十条作了规定：

> 在学校政治教材方面，应该充分利用《解放日报》、中央文件、中央各部委出版的材料书。各种必要的课本与辅助读物，应该有计划地编印

或翻印。中央宣传部应协同出版机关及财政机关制定一九四二年有关教育的出版计划及经费预算，交中央批准实行。

关于干部学校的学风，《关于延安干部学校的决定》在第十三条作了具体要求：

> 应在学校内养成学生自由思想、实事求是、埋头苦干、遵守纪律、自动自治、团结互助的学风，而坚决反对主观主义、宗派主义、教条主义、好高骛远、武断盲从、夸夸其谈、自以为是及粗枝大叶不求甚解的恶习。

总之，《关于延安干部学校的决定》从教育制度、学校培养目标、学校领导与管理、学校招生、师资建设、课程设置、教材编制、教学内容、教学原则、教学方法、学风建设等多方面作出了规定，为党的干部教育制定了一个全方位的新标准，丰富了党的干部教育理论与政策。《关于延安干部学校的决定》特别注明"本决定同时亦适用于各抗日根据地"。因此，它的影响和使用范围绝不限于延安干部学校，它是当时开展抗日民主根据地干部教育的重要政策依据，正确而有效地推动和指导了抗日根据地的干部学校教育。《解放日报》于1942年1月13日发表了题为《教育上的革命》的社论。社论对《关于延安干部学校的决定》作出了高度评价，称它是"反对主观主义的精神在党校教育中的具体运用，这是培养干部工作中的新纪元，这是中国教育上的一个革命"。"我们相信这个决定的彻底推行和干部学校的彻底改革，将为主观主义教条在党内敲响最后死亡的丧钟，并且给予抗战建国以有力的推动。"《中共中央关于延安干部学校的决定》是中国共产党成立以来对干部教育所作的一个重要总结，是我党以政策形式出现的马克思主义教育理论文献，是中国特色干部教育理论形成并成熟的标志。

（2）《中共中央关于在职干部教育的决定》

1942年我党开展了历史上第一个大规模的全党范围的马克思主义教育运动——延安整风运动。为了更好地开展干部在职教育，1942年2月28日中央政治局通过了《中共中央关于在职干部教育的决定》（下称《决定》，这个《决定》于1942年3月2日由《解放日报》发表）。

《决定》对干部教育特别是在职干部教育的重要性作了明确而深刻的阐述:

> 在目前条件下,干部教育工作,在全国教育工作中的比重,应该是第一位的。而在职干部教育工作,在全部干部教育工作中的比重,又应该是第一位的。这是因为一切工作,包括国民教育工作在内,都须经过干部去做,"在政治方针决定之后,干部就是决定一切的因素";如不把干部教育工作看得特别重要,把他放在全部教育工作中的第一等地位,就要犯本末倒置的错误了。同时,着重的认真的办理干部学校,抽调许多干部,进入各种干部学校,施以系统的教育,当然是很重要的任务,对此决不应该稍有忽视;但最广大数量的干部,百分之九十以上的干部,还是在工作中,在人力财力与工作需要上,目前又不可能办理很多的干部学校;因此,对在职干部,就其工作岗位上,施以必须的与可能的教育,实是全部干部教育工作中的第一位工作,应该引起党政军各级领导机关及其宣传教育部门的充分注意。

《决定》指出:"在职干部教育,自六中全会以来,已经引起党内相当的注意,在许多地方与许多部门的在职干部中引起了学习的热潮,这是极好的现象。但忽视的现象还是存在着,在有些地方与有些部门中,甚至还没有开始。没有强调业务教育,而大多数在职干部要求学习业务与精通业务的热情则是很高的。政治教育虽一般地注意了,但或则不得其法,或则轻重不分,或则没有经常性。文化教育,是我党多数工农出身的干部所迫切需要的,但也没有引起党政军各级领导机关的充分注意。高级干部的理论教育,或则至今没有引起注意,或则脱离实用,成了教条主义的东西;而理论教育的成败则是革命成败的第一个关键。所有这些,都是必须改革,或必须加强的。"

《决定》指出:"在职干部教育,应以业务教育、政治教育、文化教育、理论教育四种为范围",并分别指出了四种范围的内容和教学措施。(1)业务教育。"对一切在职干部,都须给以业务教育,实行'做什么、学什么'的口号。"一切干部必须学会与精通自己的业务,这是第一个教育任务与学习任务。学习范围包括五个方面:第一是关于与各部门业务密切关联的周围情况的调查研究,第二是关于与各部门业务密切关系的政策法令指示决定的研究,

第三是关于各部门业务具体经验的研究，第四是关于各部门业务的历史知识，第五是关于各部门业务的科学知识。对于上列各项业务学习，各部门领导机关负有供给教材、指导学习及考查成绩的责任，务使所属干部从理论与实际两方面，逐渐达到学会与精通自己职业之目的。(2) 政治教育。"对一切在职干部，都须给以政治教育。其范围，包括时事教育及一般政策教育两项。""政治教育之目的，在于使干部除精通其专门业务、局部情况与局部政策之外，还有通晓一般情况与一般政策，扩大干部的眼界，避免偏畸、狭隘、不懂大局的弊病。"(3) 文化教育。"对于一切文化程度太低或不高的干部，除业务教育和政治教育外，必须强调文化教育，反对轻视文化教育的错误观点。对于他们，提高文化水平，是他们全部学习的中心一环。其教育与学习范围，暂定为国文、历史、地理、算术、自然、社会、政治等课，宣传教育部门应负责解决课本问题。其教育办法，在环境许可的地方，必须一律开办文化补习班或文化补习学校，或一机关独办，或数机关合办，或采取轮训制，轮流抽调干部集中一地学习，都是好的。"(4) 理论教育。"高级及中级之具有学习理论资格（文化程度、理解力与学习兴趣等）者，于业务学习和政治学习之外均须学习理论。范围分为政治科学、思想科学、经济科学、历史科学等项，依次逐步学习之。其学习方法，以理论与实际联系为原则，例如政治科学以马列主义论战略策略的著述为理论材料，以我党二十年奋斗史为实际材料；思想科学以马克思主义的思想方法论为理论材料，以近百年中国的思想发展史为实际材料；经济科学以马克思主义的政治经济学为理论材料，以近百年中国的经济发展史为实际材料；历史科学则研究外国革命史与中国革命史。其具体进行，应采取高级学习组与中级学习组的办法，以自学为主，加以集体讨论与指导。"关于四种学习之间的协调，《决定》指出："四种教育的时间分配及课程分配，使之互相联系而又不互相冲突与脱节，由党政军宣传教育部门负责调理之。"

《决定》还指出："在职干部教育是长期的，以发展其业务而不妨碍其业务并不妨碍干部健康为原则。""在鉴定干部的时候，学习情况如何应作为鉴定的标准之一。""各级党政军领导机关应以极大的注意力放在干部教育（在职干部教育和干部学校教育）上面。"

《中共中央关于在职干部教育的决定》是继《中共中央关于延安干部学校的决定》之后又一个重要的干部教育文件。它详尽而系统地对干部业务学习的各个方面进行了阐述,成为在职干部教育开展的重要政策标准。

《中共中央关于延安干部学校的决定》和《中共中央关于在职干部教育的决定》有机结合起来,使整个干部教育的两大部分——干部学校教育和干部在职教育构成了"两条腿走路"的完整体系,使整个干部教育从内容到形式都发生了革命性变化。这两个决定是推动、开展整个解放区干部教育的总政策。在这两个决定的推动下,解放区的干部教育进入了一个新局面。

3. 抗战时期的干部教育学校

抗日民族统一战线建立后,由于国民党执行片面抗战路线,人们对它的幻想逐渐破灭。特别是广大爱国知识分子和青年学生,他们从抗战的实践中认识到中华民族解放的希望在中国共产党,掌握抗日救国本领,报效祖国的地方在解放区。于是,他们冲破各种阻挠,从四面八方奔赴延安和各抗日根据地。他们有革命的愿望和抗日的热情,但他们毕竟未经过系统的革命理论的训练,也缺乏实际斗争的经验,而且他们的思想状况各式各样,较为复杂。因此,怎样在较短的时间内,把他们培养成坚强的抗日干部,这是一个十分艰巨的任务。基于上述情况,党中央和毛泽东审时度势,决定把干部教育工作作为重点,把创设干部学校作为增加抗日力量的一个办法。在党中央和毛泽东的指导下,各抗日根据地克服一切困难,相继办起了各类干部学校。仅在党中央所在地的延安,就先后创办了中央研究院、中共中央党校、马列学院、中国人民抗日军政大学、陕北公学、鲁迅艺术学院、中国女子大学、泽东青年干部学校、自然科学院、延安大学、军事学院、行政学院等十多所高等干部学校。此外,还根据形势发展的需要开办了许多培训班。

(1) 中共中央党校

中国共产党中央党校是党中央直接领导的一所培养党的高中级干部以及马克思主义理论工作者的干部学校。它的前身是1933年3月13日在中央苏区建立的马克思共产主义学校。1935年11月中共中央到达陕北后正式改名为中国共产党中央党校。

中央党校从组织机构上分为6个部:第一部负责中央及各省一级的领导干部学习;第二部专门培训从抗日前线调回延安学习的干部;第三部负责党的理论研究工作者的学习和进步作家的教育;第四部是培养一般的工农革命干部,提高他们的政治、文化水平;第五部培养陕甘宁边区地方干部;第六部专门培养新来革命根据地的干部。这6个部门的工作范围说明当时干部教育学校内部已有相当明确的分工，干部教育的专门化程度已相当高了。这6个部的学员总数达3000多人，可见当时中央党校的干部教育规模也是相当大的。

中央党校在1942年由毛泽东任校长、彭超任副校长后，对党内的"左倾"思想、教条主义进行了批判，以"理论联系实际""实事求是"为校训。这个校训至今对党的干部教育和党的建设仍然发挥着巨大的作用。中央党校从成立至今为党的干部教育做出了卓越贡献。

（2）抗日军政大学

抗日军政大学，全称为中国人民抗日军事政治大学，简称抗大，成立于1936年6月1日。它的前身为中央革命根据地的工农红军大学，到陕北后称为抗日红军大学，1937年改称抗日军政大学。1936年2月中央红军干部团的一部分教职员和陕甘宁红军军事政治学校合并，在瓦窑堡成立红军学校，由周子昆任校长。不久，西北革命军事委员会在红军学校的基础上筹办西北抗日红军大学，于1936年6月1日成立，由林彪任校长。该校共分三科：第一科以军师级干部为对象，第二科以中级干部为对象，第三科以连排级干部为对象。当月，第三科迁至环县；7月，第一、二科随中共中央移至保安；11月，第三科同红军第二、四方面军两所随营学校合并，组成西北抗日军政大学第一校，由周子昆任校长，该校以班排干部为对象。1937年1月20日，西北抗日红军大学（第一、二科）迁至延安，更名为中国人民抗日军事政治大学（简称"抗大"）。西北抗日红军大学第二校（设在甘肃庆阳）改为中国人民抗日军事政治大学附属步兵学校，由刘伯承任校长。

抗大是中国共产党培养抗日军政干部的学校。1937年1月拟订的《抗日军政大学招生简章》明确规定，抗大"以训练抗日救国军政领导人才为宗旨"。毛泽东同志十分关心抗大的工作。在办学条件十分艰苦的情况下，毛泽东要求抗大要继承黄埔精神，完成黄埔未完成的任务，要为争取中华民族的独立解放而努力。1939年5月26日，毛泽东在抗大三周年纪念会上的讲话中指出："抗大的教育方针是：坚定正确的政治方向，艰苦奋斗的工作作风，灵活机动的战略战术。"（《新中华报》1939年5月30日）[1] 毛泽东亲自为抗大题写了"团结、紧张、严肃、活泼"的校训。他还亲自为抗大的学员讲课，

---

[1] 李桂林. 中国现代教育史教学参考资料[M]. 北京：人民教育出版社，1987：102.

如《实践论》《矛盾论》《中国革命战争的战略问题》等。1939年7月25日,毛泽东在《中共中央军事委员会关于整理抗大问题的指示》中提出教育知识青年的四条原则:"1. 教育他们掌握马列主义,克服资产阶级及小资产阶级的思想意识。2. 教育他们有纪律性、组织性,反对组织上的无政府主义与自由主义。3. 教育他们决心深入下层实际经验,反对轻视实际经验。4. 教育他们接近工农,决心为他们服务,反对看不起工农的意识。"① 毛泽东除亲临学校进行政治教育外,对抗大的文化教育和其他问题也非常关心。

抗大共办了8期,招生对象主要是红军干部和知识青年。抗大的教师队伍采取专兼职相结合的方法,既有专业教员队伍,又根据需要聘请党政军领导同志兼课。抗大的课程中,政治课内容有:哲学、政治经济学、社会发展史、中国革命运动史、国内外形势、统一战线和党在抗战时期制定的各种路线方针政策。军事教育内容有:毛泽东的军事思想及一些军事理论和近战、夜战、射击、刺杀、投弹等军事战术训练。抗大的教育注重教学与实际密切结合,真正做到"教学做"合一,"学与用"一致,学习与生产结合,劳心与劳力结合。教学方法遵循"少而精""理论与实际联系""中国化大众化""'革命的''批判的'"基本原则。

抗大的校歌:

> 黄河之滨,
> 集合着一群,
> 中华民族优秀的子孙。
> 人类的解放,
> 救国的责任,
> 全靠我们自己来担承。
> 同学们:努力学习,
> 团结紧张,活泼严肃,我们的作风;
> 艰苦奋斗,英勇牺牲,我们的传统。
> 像黄河之水,汹涌澎湃,

---

① 人民教育出版社编. 毛泽东同志论教育工作[M]. 北京:人民教育出版社,1992:69-70.

> 把日寇驱逐于国土之东!
> 向着新社会——
> 前进,前进!
> 我们是劳动者的先锋。

抗大的校歌反映了学员们的生活与志向,是当时学员生活的一种写照。

抗日军政大学是陕北第一所正规大学,在整个抗日战争时期,培养了大批抗日的各种干部,为抗日战争做出了贡献。

(3)陕北公学

陕北公学,简称陕公,是抗日战争初期中国共产党培养干部的学校。1937年9月,由林伯渠、吴玉章、董必武、徐特立、成仿吾和张云逸6人倡议在延安县成立陕北公学。同年11月1日,正式举行开学典礼。成仿吾任校长。陕北公学是为了解决大量涌入延安的青年接受教育的需要而设立的,招收来自全国各地的进步青年,给以短期的革命教育。为了扩大培养青年干部的范围,学校于1938年7月7日,在陕西省枸邑县成立了分校。1939年7月并入华北联合大学。1939年12月,中共中央又决定在延安复校,通称"后期陕北公学",由罗迈任校长。1941年8月底,学校又同其余几所干部学校合并,建立延安大学。

陕北公学成立前夕,毛泽东提出:"陕北公学的重要任务是培养抗日先锋队。"据此,陕公确定的教育方针是:"坚持抗战,坚持持久战,坚持统一战线,实行国防教育,培养抗战干部。"[①] 1937年10月23日,毛泽东为陕北公学成立与开学纪念题词:

> 要造就一大批人,这些人是革命的先锋队。这些人具有政治远见,这些人充满着斗争精神和牺牲精神。这些人是胸怀坦白的,忠诚的,积极的,正直的。这些人不谋私利,唯一的为着民族与社会的解放。这些人不怕困难,在困难面前总是坚定的,勇敢向前的。这些人不是狂妄分子,也不是风头主义者,而是脚踏实地富于实际精神的人们,中国要有

---

① 吴林根.中国共产党干部教育九十年[M].上海:东方出版中心,2011:110.

一大群这样的先锋分子,中国革命的任务就能够顺利地解决。①

从这里,我们不难看出陕北公学的培养目标。

陕北公学各部、系(主要是大学部)招生的一般标准约略如下:

(一) 忠实并热心从事抗战建国事业者;
(二) 中等学校以上文化程度,或在救亡工作中有经验者;
(三) 身体健康无传染病并无不良嗜好者;
(四) 十八岁以上的男女。②

陕北公学校歌:

这儿是我们祖国发祥之地,今天我们又在这儿团聚,民族的命运全担在我们双肩。抗日救亡要我们加倍努力,忠诚团结,紧张活泼,战斗的学习。努力!努力!争取国防教育的模范,努力!努力!锻炼成抗战的骨干。我们要忠实于民族解放事业,我们献身于新社会的建设,昂头看那边,胜利就在前面!③

陕北公学从1937年8月至1939年7月共培养干部6000多人,为抗日战争做出了巨大贡献。

(4) 中国女子大学

党为培养自己的妇女运动干部并使大量投奔延安的爱国女青年受到教育,于1939年7月在延安成立了中国女子大学。1939年7月20日,毛泽东在中国女子大学开学典礼上的讲话中讲道:

女大的成立,在政治上是有着非常重大的意义。它不仅是培养大批有理论武装的妇女干部,而且要培养大批做实际工作的妇女运动的干部,

---

① 人民教育出版社编.毛泽东同志论教育工作 [M].北京:人民教育出版社,1992:41.
② 中央教育科学研究所编.成仿吾教育文选 [M].北京:教育科学出版社,1984:24.
③ 中央教育科学研究所编.成仿吾教育文选 [M].北京:教育科学出版社,1984:275-276.校歌由成仿吾作词,吕骥作曲,1937年冬作于延安。

准备到前线去，到农村工厂中去，组织二万万二千五百万妇女，来参加抗战。假如中国没有占半数的妇女的觉醒，中国抗战是不会胜利的。妇女在抗战中是有非常重大的作用：教育子女，鼓励丈夫，教育群众，均须（需）要通过妇女；只有妇女都动员起来，全中国人民也必然会动员起来了，这是没有问题的。①

毛泽东充分肯定了中国女子大学成立的意义，充分肯定了妇女在抗战中的重要作用。

中国女子大学由王明任校长，后由李富春接任，副校长为柯庆施、林莎，教育长是张琴秋，总务长吴朝祥。学校的基本方针是："以养成具有斗争理论的基础、革命工作方法、妇女运动专长和相当职业技能等抗战建国知识的妇女干部为目的。"学校根据学员的文化程度设普通班、高级班、陕干班和特别班。普通班主要由敌占区、国统区来延安的、具有初高中文化程度的女青年组成。高级班主要由红军中的妇女领导干部和敌占区、国统区来的高级女知识分子组成。陕干班专门培养边区妇女工作干部。特别班培养经过长征、有一定战斗经验，但文化素质较差的红军女战士和初级干部。

中国女子大学的课程设置有政治经济学、社会发展史、近代史、抗日游击战争及抗日民族统一战线、新民主主义、中国共产党问题、妇女运动等政治课程。除此之外，还开设了选修课程，如外语、新闻学、速记技术、会计、医药等职业课程。教员由中央各机关抽调干部兼任。毛泽东、周恩来、邓颖超、博古等中央领导干部曾亲自为中国女子大学讲授党课。

1941年9月中国女子大学并入延安大学，建制取消。在成立短短的两年中，它为抗日事业培养了1000多名妇女干部。

(5) 泽东青年干部学校

为训练战时的青年干部，由西北青年救国会主办的中国青年干部训练班于1937年10月正式开学。朱德任名誉主任，冯文彬为主任。起初训练班设在三原斗口镇附近，开办不久迁至云阳。从1938年1月起又迁至云阳北安吴堡，因此通称"安吴青训班"。1939年7月，一部分师生并入华北联合大学。从1937年10月至1940年4月间，共举办12期培训，培养青年抗日干部

---

① 人民教育出版社编. 毛泽东同志论教育工作 [M]. 北京：人民教育出版社，1992：71.

10000多名。1940年5月迁至延安，改设泽东青年干部学校。

泽东青年干部学校由陈云任校长，冯文彬任副校长。学校的教育方针定为：为创立新民主主义的教育制度而斗争。学校按青年工作的性质把学员分为6个班。高级班学员的文化水平普遍较高，具有较丰富的青年运动工作经验，培训期为一年。普通班由两个班组成，主要培训具有相当文化水平而参加青年运动工作不久的青年干部，培训内容为一般的政治理论知识和一般的青年工作理论、工作方式。陕干班主要培养陕北抗日根据地内从事青年运动的干部。军事班培养青年武装干部。儿童班培养开展儿童、青年抗日积极分子的青年干部。

学校以学生为主体，由学生与工作人员共同管理学校，学校制度以学生自治为原则，学生民主选举学生会来进行学生中的各种活动，学生一切活动以学习为主。学校组织机构原则上是简单精干、建立学生会系统；学校的教育方法是实行理论联系实际、减少正课时间、注重研究、加强个人阅读辅导等。

1941年9月，泽东青年干部学校并入延安大学，建制取消。泽东青年干部学校是我党成立以来第一个培养青年干部的学校，它标志着我党对青年工作和青年干部培养的重视。

（6）中央自然科学院

中央自然科学院成立于1939年5月。其时由中共中央财经部管辖，其性质为协助边区经济建设工作的研究机关。由李富春、陈康白任正副院长。1940年1月，改为专门学校性质。先是设立了中学部，后又成立了大学部本科。1940年9月正式开学。学校的任务是：培育既通晓革命理论，又懂得自然科学的专业人员和理论与实践相统一的人才。学生来源，一部分是由陕北公学、泽东青年干部学校学生自愿报名，考试录取；一部分是外来青年知识分子经中央组织部分配入学。总的招生原则是，思想觉悟高、文化程度高、年纪轻。

1941年1月，中央自然科学院改由中央文委领导，由徐特立任院长。学院设大学本科、预科和补习班三个文化等级。学校本科分物理、化学、地矿、生物四个系。业务课程基本上仿照国民党统治区大学物理系的课程设置，只是把一学年分为三个学期。一年级学习基础学科、外语。外语这个等级学习时显得很重要，许多教材都是英文版，需要具有较高的外语水平才学习。二、三年级开设专业基础课、少数专业课，如微积分、物理学、普通物理、普通化学、应用力学、热机学、机械原理等。预科班的教学按大学预科要求进行。主要公共课程有数学、物理、化学、政治、外语。招收初中毕业生。学制2年。补习班的教学基本按普通中学课程进行，开设数学、物理、化学、语文、英语、政治等中学文化课。主要招收高中毕业生、来源于延安革命根据地的烈士后代和革命干部子弟。学制为三年。

在学术风气上，徐特立大力提倡学术思想自由、学术讨论自由。在办学指导思想上，徐特立于1941年10月提出了科学教育机关、科学研究机关和经济建设机关三位一体是科学正常发育的园地的思想。

中央自然科学院是我党成立以来第一所培养自然科学技术干部的干部学校。学院在徐特立的主持下，培养出了建党后第一批科学技术干部，为当时边区经济建设培养了230名专门人才。在抗战期间，学院教学紧紧与生产服务联系。生物系的师生在边区南泥湾进行了科学的生物观察，为名震中外的南泥湾大生产提供了科学依据，在边区经济建设中，发挥了重要作用。1943年4月，中央自然科学院并入延安大学，成为延安大学的一个学院。

（7）华北联合大学

1939年，当抗日战争发展到新阶段时，党中央根据当时形势发展的需要，决定在延安成立华北联合大学。这是一所综合性的革命干部的大学。学校由陕北公学、延安鲁迅艺术学院、安吴堡战时青年训练班、延安工人学校四所学校合并而成。学校正式成立于1939年7月7日，由成仿吾任校长，江隆基任教务长。成立后即于12日踏上重任，开赴华北敌后抗日根据地办学。学员主要来自知识青年。学习都是短期训练性质，一般为4—6个月。目的是为敌后根据地培养大批干部。

学校在组织结构上，以原来的四所学校为基础，设立了社会科学部、文艺部、工人部、青年部。各部下设系。社会科学部设有两个系，开设了世界革命史、中国革命运动史、政治经济学、哲学等课程。文艺部下设文学系、戏剧系、音乐系、美术系。文学系主要课程有：文学概论；戏剧系学习编剧、导演、表演、技巧、戏剧概论；音乐系主课有音乐概论；美术系专业课程为美术概论、木刻和宣传画创作方法。工人部学习青年运动、工人运动、社会科学概论等课程。根据抗日战争的形势需要，各部都设有军事训练课，学习军事理论、军事技能。1949年10月，华北联合大学将各部改为学院。整个学习时间1—2年。1941年3月，边区抗战建国学院、群众干部学校也并归到华北联合大学，又新设了法政学院，由社会科学院、抗战建国学院组成，并新设了群众工作、中学两个部。

华北联合大学校歌：

> 跨过祖国的万水千山，突破敌人一层层封锁线，民族的儿女们联合起来！到敌后方开展国防教育。为了坚持华北的抗战，同志们我们团结，我们前进，我们刻苦，我们坚定。国土要收复，人民要自由，新社会的创造，要我们担任。努力学习革命的理论，培养我们革命的品质，我们誓死绝不妥协投降，战斗啊，胜利就在明天！①

华北联合大学成立的6年中，为抗日前线培养了大量的各种专业的干部：文艺工作干部1000多人，教育干部2000多人，工业建设、工人运动干部200多人，一般行政干部三四千人，毕业生总数达8000多人。它对华北地区抗日战争的胜利做出了巨大贡献。著名民主人士李公朴评价它是在敌后办起的第一所高等学府，是历史上从来没有过的，是英雄的事业，是插在敌人心脏上的一把剑。

（8）鲁迅艺术学院

1937—1938年初，上海救亡演剧队第五队、第一队、北京学生流动宣传队、上海蚁社流动宣传队部分队员陆续到达延安。为了发展革命文学艺术、培养文学艺术人才，由毛泽东、周恩来、林伯渠、徐特立、成仿吾、艾思奇与周扬联名发起建立鲁迅艺术学院（简称"鲁艺"）。1938年4月10日鲁迅艺术学院在延安成立。负责学院工作的有沙可夫、周扬、艾思奇、朱光、李伯钊、徐以新、吕骥、张庚等。学院曾于1939年夏合并到华东联合大学。1939年11月，又以留在延安的部分鲁艺师生为主体恢复了"鲁艺"，院长是吴玉章，副院长为周扬。

1939年4月10日，在鲁艺成立一周年之际，罗迈（李维汉）在全院师生员工大会上指出：学院过去相当长的一个时期中，缺乏明确的教育方针；提

---

① 中央教育科学研究所编. 成仿吾教育文选［M］. 北京：教育科学出版社，1984：279-280. 校歌由成仿吾作词，吕骥作曲，1939年秋作于晋察冀边区。

出鲁迅艺术学院的教育方针是:"以马列主义的理论与立场,在中国新文艺运动的历史基础上,建设中华民族新时代的文艺理论与实际,训练适合今天抗战需要的大批艺术干部,团结与培养新时代的艺术人才,使鲁艺成为实现中共文艺政策的堡垒和核心。"培养的具体目标为:"适合抗战建国需要的、具有文艺创作和某种技术专长的以及有历史知识与艺术理论修养的人才。"毛泽东亲自为鲁艺题写了"紧张、严肃、刻苦、虚心"的校训。

学院第一期设有戏剧、音乐、美术三系,学员约有60人。第二期增设文学系,共有四个系,并建立鲁迅艺术学院剧团,学员约有100人。鲁艺的学制开始是短期培训性质的,以9个月为一期,分3个阶段进行。第一阶段以理论学习为主,各系均开设相应专业理论课和专业技术课,并开设政治理论和文艺理论公共课。第二阶段为实地实习阶段,主要到抗日前线实习或在根据地从事具体宣传工作,进行抗战文艺宣传的实践活动。第三阶段是实习后集中返回学院进行3个月的学习。这样的教学是理论联系实际的,取得了较好的效果。

1939年2月,鲁艺第一次改制,除设专修部外,增设研究部与普通部。普通部训练音乐、戏剧等各种艺术都通的一般文艺干部。第三期学员约有400人。1939年2月改制后不久,由于敌人加紧围攻晋东南敌后抗日根据地,并逼近陕甘宁边区,学院实行军事编制,把第三期学员编为两个连队。一个连队留守,一个连队约200人(大都是普通部学员,于1939年7月并入华北联合大学)开赴晋东南敌后抗日根据地。

1941年6月,鲁迅艺术学院又进行了一次改制。这次改制旨在确立正规学制的基础。学院成立戏剧、音乐、文学、美术四个部,原有四个系及五个工作单位分属四个部之下,使各艺术部门自成体系。1943年戏剧、音乐两部合并成为鲁迅艺术学院工作团。

鲁迅艺术学院在整风运动前,除在延安开展文艺活动外,还曾赴敌后抗日根据地宣传、演出。他们的文艺活动对鼓舞革命军队和人民的斗志,揭露、抨击国民党反动派和日本帝国主义侵略者的罪行,瓦解敌伪军的军心、士气做出了很大的贡献。可见,鲁艺不是一个单纯的艺术学校,而是一支特别的抗日队伍。1943年4月,鲁艺合并到延安大学中,成为该校的独立学院,更名为鲁迅文学艺术学院。至此,鲁艺完成了它的历史使命。

（9）白求恩卫生学校

为了扩大对医务技术干部的培训，以适应根据地的扩大和抗日军队人员的增多，晋察冀军区于1939年9月18日创办了晋察冀军区卫生学校。同年下半年，加拿大共产党员、国际共产主义战士、优秀外科医生诺尔曼·白求恩（1890—1939）来到晋察冀军区卫生部。他对这所冀中根据地唯一的卫生专业学校非常关心。在他的支持和推动下，学校有了新发展。1940年2月，学校改名为晋察冀白求恩卫生学校。校长由留学日本的病理学博士江一真（1915—1994）担任。

学校的教育方针遵循白求恩大夫1939年11月2日的遗教："让一切理论服从于实际的、明亮的、清透的光辉吧！""以培养学生'学一点，会一点，用一点'，成为白求恩式工作者为目的"，白求恩的"医生要去找病人，不要病人去找医生"是办学的宗旨。

学校创办时，招收了131名学员，教员只有4人。学校按专业分成军医、调剂、护士3个班。1941年2月，又增开了妇产班、高级班。在专业教学中，分基础课和临床课。例如，军医班的基础课重点是解剖和诊断；临床课以内科、外科为重点；实习病例的重点是本地区常见的疾病。同时，加强了对学生基本技能的训练，要求医生也要掌握护士的本领，打针、灌肠、洗胃、上石膏等常规性护士训练也成为军医班的教育内容。后来，延安卫生学校的部分师生和抗日军政大学第二分校的部分青年学员与卫校合并，使卫校规模不断扩大。最多时在校学员达720多人。在6年办学过程中，学校培养了1500多名卫生专业干部。1946年6月，卫校与中国医科大学合并，改名为白求恩医科大学。

（10）延安大学

1941年9月22日，由陕北公学、中国女子大学与泽东青年干部学校合并而成立了延安大学。延安大学是一所综合性的干部学校，在它的暂行方案中规定："本校以适应抗战与边区建设需要，培养与提高新民主主义即革命三民主义的政治、经济、文化建设的实际干部为目的。"学校成立时，由吴玉章任校长，赵毅敏任副校长，设三院二系，即社会科学院、教育学院、法学院及俄文系、英文系。1943年2月，曾把三院二系缩编为三个单位，即法学院与俄文专修科、社会科学院与英文专修科、教育学院。1943年4月，自然科学院、鲁迅艺术学院、民族学院与新文字干部学院并入延安大学。并校后由周扬任校长。1944年春，延安大学中学部同延安师范合并成立延安中学，延安大学所属民族学院与三边师范合并，成立三边公学。1944年5月，行政学院并入延安大学。改组后，延安大学属陕甘宁边区政府领导。

除上述著名的干部学校外，属于中央各机关主持创办的学校和训练班还有：组织部训练班（由中共中央组织部管辖）、工人学校（于1939年5月开学，同年7月合并入华北联合大学）、俄文学校（成立于1942年，培养高级翻译干部）等。此外，在陕甘宁边区还设立了外国无产阶级革命组织创办的学校，主要有成立于1941年5月的延安日本工农青年学校，由野坂参三（1892—1993）领导；由朝鲜义勇军主办的朝鲜青年革命学校等。与此同时，各根据地的干部教育也得到了发展。例如，冀中区党委于1938年5月创办了河北抗战学院，晋察冀边区于1939年创办了抗战建国学院，鄂豫边区举办了洪山公学；等等。

尽管各校的教育方针和培养任务有所区别，但它们却反映了党在那个时期干部教育的基本特点：首先，是从抗战的实际需要出发；其次，是带有鲜明的无产阶级的特征；最后，是以培养德才兼备的民族革命干部为目的。

抗日战争时期是党的干部队伍迅速发展壮大的时期。在这个过程中，党领导的延安各类干部学校发挥了重要作用，做出了巨大贡献。这些学校之所以能为中国革命培养出成千上万的军事、政治、经济、文化等方面的优秀干部，很重要的原因就是它们重视、加强了思想政治工作，坚持以马列主义理论来教育学员，坚持了正确的办学方向。

抗日战争时期是我党干部教育发展的一个高峰，创造了历史的辉煌。经毛泽东等人的努力，形成了较为系统的以马克思主义为指导的、联系中国实际的、体现中国特色的干部教育理论体系，并达到成熟。

（四）解放战争时期的干部教育

1945年抗日战争结束，解放战争开始。1946年6月，内战全面爆发。从1945到1949年这段时间，是人民解放战争时期。这一时期是中国人民解放事业取得决定性胜利的阶段。此时期，全国面临着即将解放的大好形势，新中国即将成立，党的工作中心将从原来的以农村斗争为主转为以城市建设为中心上来。大量被解放的城市，急需大量各方面的干部去管理。1948年《中共中央关于9月会议的通知》指出：

夺取全国政权的任务，要求我党迅速地有计划地训练大批的能够管理军事、政治、经济、党务、文化教育等项工作的干部。战争的第三年内，必须准备好3万至4万下级、中级和高级干部，以便第四年内军队前进的时候，这些干部能够随军前进，能够有秩序地管理大约五千万至一万万人口的新开辟的解放区。中国地方甚大，人口众多，革命战争发展甚快，而我们的干部供应甚感不足，这是一个很大的困难。

面对新形势的需要，干部教育必须作出及时调整，必须有计划地大量培养、训练和提拔干部。在党中央和毛泽东的指示下，各解放区在"干部教育第一"方针指引下，纷纷办起了众多干部学校。

华北解放区内，晋察冀边区有华北联合大学、白求恩医科大学、军区军政干部学校、铁路学院、边区工业专科学校、边区农业专科学校、边区商业专科学校、晋东建国学院等干部学校。在晋冀鲁豫解放区有军政大学、新华大学（后改名为北方大学，并与华北联合大学合并为华北大学）。其中，最著名的是华北联合大学、北方大学，以及由这两所大学合并而成的华北大学。华北联合大学，于1934年在延安成立，成立后转入晋察冀敌后抗日根据地。1945年日本投降后迁入张家口，1946年10月放弃张家口前，转移到冀中。校长为成仿吾。1939—1949年8月间，该校共培养干部19000多人。北方大学，于1945年11月成立于邢台。1945年11月—1948年8月间，该校共培养干部1000多人。华北大学由华北联合大学与北方大学于1948年合并而成，校长为吴玉章。

华东解放区，在解放战争期间还建立了一系列中共中央华东局直属干部学校。主要有：成立于1946年12月的华东军事大学（由张云逸任校长）；成立于1947年的华东白求恩医学院（前身是新四军军医学校，1945年5月在淮南解放区成立，抗战胜利后转移到山东，于1947年更名为华东白求恩医学院，1949年5月划归山东省人民政府领导，改称山东省立医学院）；成立于1947年3月的华东医科大学（由邓子恢兼任校董事会董事长，江上峰任校长）；1948年2月由华中建设大学和山东大学合并而成立的华东建设大学（由彭康兼任校长）；成立于1948年4月的华东第二高级工业学校（由张协和兼任校长）；成立于1948年6月的华东农村（业）专科学校；成立于1948年8月的华东工商干部学校（由李继祥任校长）；成立于1948年8月的华东交通专科学校（由于眉任校长）；成立于1948年8月的华东新闻干部学校（由恽逸群任校长）；成立于1948年8月的华东大学（由韦悫任校长）；成立于1948年9月的华东邮电学院；等等。

华中解放区内，山东省于1946年1月建立了山东大学。两个月后，该校与苏皖边区的华中建设大学合并。学校设有政治、经济、文化、教育、医学等系。苏皖解放区有建设大学、教育学院、工业专科学校。苏北有华中公学，后改名为华中大学。

西北解放区内，许多干部学校随着抗日战争的胜利相继迁往了东北解放区。陕甘宁边区保留了延安大学的一部分。解放战争时期，西北解放区还设有直属干部学校，主要有中共中央西北局党校（1945年10月从中共中央党校第五部分与第六部分出成立的，1949年5月迁入西安，改为西北人民革命干部学校）、中共中央西北局业余学校（1946年9月成立，李卓然任校长）、西北军事政治大学（1948年成立于山西临汾，贺龙兼任校长，1949年5月西安解放后，迁至西安，并把西北军区所属其他干部学校并入该校）、西北人民革命大学（1949年由延安大学和成立于1949年4月的西北人民艺术学校、成立于1948年8月的西北财经学校合并而成，校长为马明方）等。

东北老解放区内，干部学校最集中。1945年8月，中国人民抗日军政大学总校奉命挺进东北，更名"东北军政大学"，于1946年7月1日在北安举行开学典礼，由林彪任校长。1945年11月，延安鲁迅艺术文学院也开赴东北，1946年抵达佳木斯，设文学、美术、音乐、戏剧4个系；东北全部解放后，迁至沈阳。在鲁迅艺术文学院出发的同时，延安大学部分师生在校长张如心率领下也抵达东北，同辽宁省文教干部于1946年3月共同创建了东北大学。后来，陆续将吉林大学和国民党统治区的东北大学、长春大学、长白师范学院并入该校，成为一所大规模的高等学校。除这些迁入学校外，东北还有一些其他学校，如辽东人民军政学校、东北公学、辽南建国学院、东北行政学院、哈尔滨工业大学、哈尔滨农学院、沈阳农学院、沈阳医科大学、大连大学、延边大学等。还有一批中等干部学校，如助产学校、铁路学校、邮电学校、师范学校、哈尔滨青年干部学校、东北军需学校等。大学数目最多时曾达30多所，学生有30000多人。上述学校，有些是接管国民党的学校，对其进行了改造而用于培养革命干部；绝大多数学校则是东北解放区人民政府创办或由其他解放区迁来的。

除干部学校外，还有一大批短期干部培训班出现在各解放区。在大力抓紧干部学校教育的同时，党中央也注意加强了在职干部教育，对大量工农干部、革命青年和知识分子等在职干部分期分批进行轮流短期培训。在华北解放区内，中共华北局根据中央总的教育政策制定了具体的《关于在职干部教育的决定》，于 1948 年 11 月 7 日公布。各个解放区都制定了适应自己地区特点的在职干部教育政策，开展了在职干部教育，使党的干部队伍素质得到了提高，有力地配合了解放全中国总形势发展的需要。

人民解放战争时期的干部教育，在内容上，既重视政治思想教育，又重视科学技术教育；在培养目标上，既着重于当时解放区建设的需要，更着眼于为新中国建设做必要的准备。这一时期的干部教育，为全中国的解放做出了重要贡献，为新中国成立后的干部做了必要的准备。

二、新中国成立后的干部教育

1949 年 10 月 1 日，中华人民共和国成立了，中国人民从此站起来了。新中国成立后，面临的是新中国的建设问题。这一时期干部教育又进入一个新阶段。

（一）新中国始建期的干部教育

中国共产党领导全国人民经过艰苦卓绝的革命斗争，建立了中华人民共和国，成为领导全国政权的执政党，这个变化给党的工作带来了新任务和一系列的新问题。在从事和平建设的全新历史条件下，中国共产党能不能学会全新的本领管好国家，担负起领导全国各族人民建设新生活的重任要由实践来作出回答。历史又一次把学习的任务摆在了全党面前。

1950 年 9 月 30 日，周恩来在中国人民政治协商会议全国委员会为新中国成立一周年举行的庆祝大会上作了《为巩固和发展人民的胜利而奋斗》的报告。报告中，他谈到"培养干部和提高文化"的问题。他说：

> 新中国的建设需要大量的有充分的政治觉悟和文化知识的干部。人民政府正在从三方面来解决这个问题。第一，大规模地提高现有干部（主要是工农出身的干部，包括人民解放军的干部）的文化水平，为他们举办工农中学和工农文化补习班，或者吸收其中具有适当条件的人到各种高等学校和中等学校。第二，大规模地训练旧公务人员和知识分子，

使他们在较短期间抛弃旧的错误的政治观点，取得新的为人民服务的观点。第三，有步骤地改革现在的高等学校和中等学校，使它们能够适应人民的需要。这几项工作在过去一年中都已经开始，并且得到了良好的效果，今后将沿着这个方向更有效地进行，以便在最近几年内可以源源不绝地向军事、政治、经济、文化各个战线输送它们需要的干部。①

当时，中国共产党非常清楚地认识到，在全新的任务面前不仅要排除万难去学会新的本领，更重要的是在新的历史条件下党能不能面对新中国成立初期的复杂形势和种种困难，经受住新的考验。为此，从1950年下半年开始到1954年春，中国共产党先后进行了整风和整党。在这个过程中，强调一切党员必须努力学习马克思主义、毛泽东思想，不断提高自己的觉悟。为了适应学习的需要，中央决定出版《毛泽东选集》，在广大党员、干部、知识分子和人民群众中，掀起了自觉学习毛泽东著作的热潮。

与此同时，鉴于广大干部文化基础偏低的实际，党也采取了一系列措施来改变现状。

1950年12月14日，中共中央、政务院颁发了《关于举办工农速成中学和工农干部文化补习学校的指示》。指示中规定，经省级以上人民政府主管教育行政机关批准备案，由县级以上人民政府、机关、工厂、人民团体举办，或由高等学校、中等学校、干部学校附设初级工农干部文化学校。学制为两年。指示还对这类学校的办学作了具体指示。

1953年9月，中共中央、政务院文化教育委员会召开了第一次全国干部文化教育工作会议。会议对《关于加强干部文化教育工作的指示（初稿）》进行了讨论。1953年12月24日，中央发出了《关于加强干部文化教育工作的指示》。这是新中国成立后关于干部文化教育的重要指导性政策。它对新中国成立后干部文化教育的开展作了具体规定，提出了加强干部文化教育的重要意义：大量培养与提拔工农干部和有计划地提高他们的政治、文化、业务水平，使他们成为各项建设事业中的骨干，乃是贯彻党在过渡时期总路线的一项重大政治任务和组织任务。因此，各级党委必须十分重视干部的文化教育工作，并加强其领导。提出干部文化教育的目的在于，使文化水平较低的

---

① 周恩来. 周恩来选集：下卷 [M]. 北京：人民出版社，1984：47-48.

干部，逐步提高到相当于高小以至初中毕业的水平，以便有效地学习政治理论，钻研业务，完成各项工作任务；同时使一部分工农干部能够具备条件升学深造。

1956年4月9日，教育部在北京召开了第二次全国干部文化教育工作会议，对今后几年的干部文化教育事业进行了规划。这次会议决定举办正规的干部业余学校和干部离职文化学校。会议明确了干部文化教育的性质是普通教育性质，培养目标应当和普通学校基本相同，课程设置应当和普通学校大体相同。会议还对近些年干部文化教育作出了具体规定。

上述政策和措施的实施，有力地推动了全国范围内干部文化教育的迅速开展，改变了新中国成立后干部队伍的文化结构，提高了干部队伍的文化素质，使广大干部能迅速适应经济工作的需要。

为了进一步深入抓好干部理论教育工作，党中央于1953年4月27日发出了《关于一九五三年到一九五四年干部理论教育的指示》。指示中规定，干部理论学习应分为高级、中级、初级三个等级的学习班进行。高级班以学习研究较系统的苏联革命理论为主，如《联共（布）党史》等，研读列宁、斯大林等无产阶级革命理论家的26篇理论著作。中级班以学习苏联革命基本理论以及指定的列宁、斯大林的8篇革命理论文章为主。初级班则以学习文化知识和时事政治、革命理论常识为主。1956年4月，中央组织部、宣传部联合发出了《关于制定干部训练工作规划中几个问题的通知》。通知中明确指出："凡在党政机关、人民团体工作的，一般应列为理论教育对象，进行理论学习。"当时，党中央在总结党的现状时指出：党内的理论教育状况是完全不能令人满意。没有全国统一的理论教育制度，缺少适当的初级和中级的理论学习资料，缺少理论教员和指导自修的顾问。没有认真进行理论的通俗化工作，缺少关于理论的通俗书籍、通俗论文和通俗演讲。党的报纸刊物很少刊载理论文字，不善于运用理论来解释和指导人民群众的日常生活，缺少对各种非马克思主义理论的批评，因而使党的宣传限制在狭隘的范围内和低下的水平上。为了改变这一现状，中共中央于1957年2月发出了《关于加强理论教育的决定（草案）》。决定对全党的理论学习作了详细规定，并规定指导全党进行理论学习的理论教员，都由各级党校培养。可见，新中国成立后中国共产党非常注意对干部的理论教育工作。

由于党的重视和关怀，党校教育事业在新中国成立后得到了迅速发展。

到 1954 年，全国的党校已有高级党校、中级党校、初级党校、城市夜党校和新党员训练班等，组成了梯级结构，初步形成了全国党校教育体系。1957 年，中央决定撤销中级党校，改为省市委党校，并普遍建立地、市、县党校。各级各类党校为宣传马克思主义、毛泽东思想，为培养马克思主义的理论人才和教学人才，提高全党干部的政治理论水平做出了巨大贡献。

新中国成立后为了使更多的干部受到教育，党中央通过努力逐渐建立和形成了干部教育的轮训制度。1954 年 12 月，中央发出《中共中央关于轮训全党高、中级干部和调整党校的计划》，要求建立党的各级干部的轮训制度，有计划、有步骤地把全党各方面的高中级干部调入党校进行轮训。规定的课程有中共党史、苏共党史、政治经济学和经济问题、辩证唯物主义和历史唯物主义、党的建设等。该计划强调指出："政治经济学、辩证唯物主义和历史唯物主义以及党的建设等三门课程，对提高干部思想水平，武装他们以社会主义经济建设的理论知识，增强党性锻炼，都是极为重要的，目前应列为学习重点。"1961 年 9 月 15 日，中央发出《关于轮训干部的决定》。决定指出："当前一件最重要的事，就是在全党开展一个新的学习运动。"为此，中央决定对全国县委书记和相当于这一职务以上的党员干部，采取短期训练的方式，普遍进行一次轮训。轮训的目的是帮助干部进一步认知和掌握社会主义建设的客观规律，克服干部中脱离实际、脱离群众、违反纪律、违反政策的错误，以便提高干部的思想政治水平，增强党性。轮训的内容是社会主义建设和党的建设两方面，着重解决党的建设和党的生活中存在的问题。学习材料主要是中央编发的《社会主义建设的几个问题》《党的生活的几个问题》和《中央关于讨论和试行农村人民公社工作条例（修正草案）的指示》《农村人民公社工作条例（修正草案）》和斯大林的《苏联社会主义经济问题》等。轮训工作的开展，使全国大部分干部受到党的教育。至 1962 年 10 月，全国共轮训县团以上干部 11.4 万人，占全国应参加轮训的党员干部人数的 76%。干部教育的轮训制度不仅扩大了干部受教育的范围，而且提高了党员干部的素质，推动了实际工作的展开。

上述一系列政策和措施有力地推动了新中国成立初期的干部教育工作的展开和干部政治思想素质和文化知识水平的提高。新中国成立初期的干部教育表明，通过全党的努力学习，提高了广大党员特别是中、高级领导干部的马克思主义水平，增强了在新的历史条件下进行国家建设的能力，为恢复和发展国民经济，进行大规模的社会主义改造和有计划的经济建设提供了根本保证。

当然，这一时期的干部教育也经历过曲折。20世纪50年代中期开始，干部教育有所放松。1955年后，工农速成中学停止了招生。1958年，由于当时政治、经济形势发展的促进，干部教育出现了高潮，但由于受当时"左"的错误的影响，这种发展高潮具有盲目性，脱离了经济发展的客观需要，违背了干部教育规律，实际上削弱了干部教育。三年困难时期，经济形势迅速逆转，干部教育达到了低点。从1963年起，随着国民经济的好转，干部教育才又逐步恢复和发展。

"文化大革命"期间，除个别部门如军队外，干部教育基本上处于停顿状态，给干部教育和整个国家的发展造成灾难性后果。这一阶段，干部教育的连续性被打断了，留下了一段难以弥补的空白。

（二）社会主义新时期的干部教育

"文化大革命"结束后，走出这种历史形成的局面和氛围的道路何在？党内外都在思索着。在这重大的历史关头，为了冲破禁锢，打开局面，邓小平以马克思主义者的非凡胆略和科学态度，旗帜鲜明地指出当时出现的"两个凡是"不符合马克思主义，领导和支持了"实践是检验真理的唯一标准"的大讨论，号召全党解放思想，实事求是，恢复和重新确立毛泽东曾经倡导的马克思主义的思想路线。正是由于全党的学习，认清了"两个凡是"的错误实质，看到了真理标准问题的政治意义，重新确立了"解放思想，实事求是"这一马克思主义的思想路线，使广大干部和群众从过去一个时期盛行的个人崇拜和教条主义的精神枷锁中解脱出来，党内外思想活跃，出现了努力研究新情况，解决新问题的生动景象。这样，就从思想上重新武装了全党，在实践中开辟了具有中国特色的社会主义建设道路。党的干部教育也在这样的背景下有了新的发展。

新时期的干部教育，是以全面恢复干部学校作为起点的。党的十一届三中全会将工作重点转移到社会主义现代化建设上来。在新形势下，一方面要进行四化建设，另一方面，广大干部又面临不熟、不懂的问题。这是一个很大的矛盾。解决的办法就是大力强加干部教育，大规模地组织干部重新学习，通过干部教育使广大干部通过边学边干，不断提高马克思主义理论水平，增长新知识，学会新本领，逐步适应四化建设的要求。为此，党中央把干部教育作为一项关系全局的战略任务来抓。1980年上半年，中央书记处几次讨论教育工作，其中提出要加强干部教育工作。1980年中央批发了中组部、中宣部《关于加强干部教育工作的意见》。1981年2月，中共中央、国务院发出《关于加强职工教育工作的决定》，其中，重申了干部教育的重要性，并作了具体规划。党的十二大报告又进一步提出："所有在编的工作人员，都要分期分批参加轮训。"此后，党中央、国务院又作出了《关于中央党政机关干部教育工作的决定》。党的十一届三中全会一直到2000年，中央共下发了三个全国干部教育培训规划。《1983年—1990年全国干部培训规划》结合全党工作重点的转移，根据干部队伍"四化"方针的要求，提出了大规模开展政治理论、管理知识普及性轮训和大量带有补课性质学历教育的任务，使干部教育得到了较快恢复，并朝着正规化方向发展。《1991年—1995年全国干部培训规划》以建立领导干部学习进修制度和规范各级党校、干部院校班次及课程设置为重点，加强了干部教育制度化规范化建设。《1996年—2000年全国干部教育培训规划》适应"九五"期间新的形势任务，提出要探索和建设有中国特色的干部教育体系，推动了干部教育培训事业的全面发展。所有这些，都有力地促进了干部教育的开展，全国各地区和各部门在干部教育方面做了大量工作，出现了可喜的成绩。

1996年10月28日，国家行政学院隆重举行落成暨开学典礼。江泽民等党和国家领导人分别为学院题词。江泽民的题词是："永做人民公仆"；李鹏的题词是："培养以为人民服务为宗旨，适应社会主义市场经济需要的精干高效的国家公务员队伍。"国家行政学院是为适应改革开放和社会主义现代化建设事业的需要，根据中共十三大和七届人大一次会议的决定，于1988年开始筹建的。它是一所培训高、中级国家公务员的新型学府和培养高层次行政管理及政策研究人才的重要基地。① 国家行政学院的建成又增加了一所干部教育培训的重镇。

新时期干部教育的成绩主要表现在如下方面。（1）各级领导对干部教育的重要意义有了新的认识。（2）开展了普及性轮训工作。参加学习的有各类领导干部及其后备干部、各类专业管理人员等。学习内容有党的方针政策、

---

① 朱敏彦，李学昌，齐卫平. 中国共产党80年事典[M]. 上海：上海人民出版社，2001：1116.

经济理论、管理知识等。据不完全统计,到1987年,全国各省、自治区、直辖市地市以上干部已基本轮训了一遍。此外,还开展了对各类专业人员的短期培训,也取得了较好的效果。(3)1983年,国务院领导提出对经理、厂(矿)长实行国家统考,促进了企业干部培训工作的开展。(4)各地区、各部门依托高等院校、中等专业学校等,开展了大量干部培训工作;同时,还通过电视、函授等多种形式组织培养了大量干部。(5)干部教育机构逐渐得到恢复和加强。到20世纪90年代初,全国已恢复和新建各级党校、专业干部党校等8800多所,教学队伍发展到10万人;已有130多所普通高等院校开办了干部专修科;各地干部和一些大中型企业还办了大量干部轮训班。我国干部教育同经济发展比例失调的现象得到改善。(6)干部教育在数量稳步增长的同时,重视培训质量的提高。从1984年起,普遍从普及性轮训逐步转向比较系统的专业培训;对优秀中青年干部的培训工作更加有计划地进行;师资培训、教材编写有了新发展;干部教育理论研究、学术交流活动稳步开展。(7)干部教育的师资待遇得到改善和提高,有力地调动了广大干部教育工作者的积极性。(8)职工的岗位培训有了良好的开端。①

新时期是我国干部教育的新阶段。新时期的干部教育结束了"文化大革命"时期干部教育停滞的局面,开创了崭新的全面发展的新局面,走上了健康发展的道路。

(三)进入新世纪的干部教育

进入新世纪以来,我国的干部教育又进入一个新的发展阶段。21世纪将是一个全球化的时代。在全球化时代,每个国家和民族面临的将是政治多极化、经济一体化、文化多元化、发展信息化、竞争激烈化的复杂变化的国际环境。如何在复杂变化的国际环境与局势中抓住机遇、发展自己,立于不败之地,成为每个国家和民族思考的问题。领导者,特别是国家的领导者,执政党的领导者,如何直面全球化的国际局势,领导全国人民、领导各行各业在全球化的激烈竞争中立于不败之地,直至脱颖而出,领导时代潮流,成为一个十分现实和紧迫的问题。这对领导者的素质和能力提出了非常高的要求。同时,随着我国社会主义现代建设的持续快速发展,我们也面临着许多机遇与挑战,如何应对这些机遇与挑战也对领导者的素质提出了挑战。要使领导

---

① 沈思义,秦世才.干部教育概论[M].北京:中国物资出版社,1990:10-12.

者和未来的领导者能够从容地面临国内外局势，必须加强对他们的教育，提高他们的素质，提高他们面对复杂局势的能力。为了适应新世纪新形势的要求，党中央、国务院十分重视干部教育，作出了许多重要决策。

2000年6月5日，中共中央印发了《面向二十一世纪加强和改进党校工作的决定》（下称《决定》）。《决定》指出，党校教育是全国各级党政领导干部培训、轮训的主渠道，在提高领导干部素质方面，具有不可替代的作用。《决定》提出："党校教学改革的方向和布局，应是紧紧围绕学习邓小平理论这个中心，建设好既坚持马克思主义又充分适应世界大转折和中国新发展要求的，主要包含'理论基础''世界眼光''战略思维'和'党性修养'这几方面内容的教育课程。"其中，"世界眼光"和"战略思维"被明确为对领导干部素质要求的重要内容。这表明了新世纪时代发展对干部素质教育提出了新要求。《决定》同时指出："世界眼光"，就是要求领导干部要了解和把握"当代世界经济""当代世界科技""当代世界法制""当代世界军事和我国国防""当代世界思潮"等方面的情况。"战略思维"，就是要求领导干部要了解和把握国际国内若干重大现实和战略问题。世界眼光和战略思维是相互联系的。没有世界眼光，就不可能有战略思维。战略思维就是着眼大局和长远，用邓小平的话说就是要面向世界、面向未来、面向现代化。①

2001年1月，中共中央印发了《2001—2005年全国干部教育培训规划》（下称"十五"《规划》）。"十五"《规划》第一次总结了建党80年特别是近年来干部教育培训的8条基本经验。同时明确提出，干部教育培训工作的根本出发点，就是为全党和全国工作大局服务。"十五"《规划》把邓小平理论和"三个代表"重要思想，作为一条主线，贯穿于整个《规划》。在理论指导上，突出了"三个代表"的表述。在培训目标上，提出了要"努力培养造就一支坚持走有中国特色社会主义道路，全心全意为人民服务，具有履行岗位职责能力，走在时代前列的高素质干部队伍"。"九五"《规划》正式提出了"努力探索和建立有中国特色干部教育体系"的要求。"十五"《规划》提出了要"进一步推进和完善有中国特色的干部教育培训体系"，并从指导思想、培训目的、培训内容、培训格局、学风建设、培训资源配置、培训制度、

---

① 中共中央关于面向二十一世纪加强和改进党校工作的决定（二〇〇〇年六月五日）[M]//中共中央文献研究室.十五大以来重要文献选编（中）.北京：中央文献出版社，2001：384-397.

管理体制、运行机制9个方面提出了具体的要求，把中国特色的干部教育培训体系具体化了。"十五"《规划》除保留了"九五"《规划》中已有的"理论联系实际，注重培训质量"两条原则外，又增加了"培训与使用结合"和"坚持改革创新"两条原则。同时，提出了树立素质教育和终身教育的观念，体现了时代的新要求。在主要任务方面，按照中央关于各级各类干部所要具备的基本政治素质和提高整体素质的要求，明确了在理论素养、思想品德、业务能力、知识水平等方面分层次、规范化的要求。在抓好专业知识和能力培训的同时，突出强调了党性党风党纪教育和思想道德教育。"十五"《规划》将干部教育培训的对象，按干部管理类型和"十五"期间强调重点加强的领域，分别提出了要求；对培训"保障措施"的要求更加具体，增强了可操作性。

"十五"《规划》是进入21世纪的第一个干部教育培训的五年规划。"十五"《规划》以"三个代表"重要思想为总纲，从新世纪和全党全国工作大局的高度，结合国内外形势发展的变化，围绕着国民经济和社会发展第十个五年计划，对今后5年的全国干部教育培训工作作出了总体部署，是指导"十五"期间干部教育培训工作的纲领性文件，对于做好新世纪初的干部教育培训工作起到了重要作用。

党的十六大（2002年11月8日—14日）以来，中央在继续办好各级党校和行政学院的同时，在上海浦东、井冈山、延安建立了三所国家级干部学院。三所干部学院的建立是新世纪干部教育的重大举措。

"落实大规模培训干部、大幅度提高干部队伍素质"，是党的十六大明确提出的战略任务。2002年12月召开的全国组织工作会议，对中央的战略作出具体部署：从2003年起，利用5年时间将全国县处级以上领导干部普遍培训一遍。每年有组织、有计划地培训省部级干部500人左右、地厅级干部8800人左右、县处级干部10万人左右。按惯例，培训工作将主要集中在中央党校、国家行政学院及各省市相对应机构。但如此大规模的干部培训，各培训机构从数量上是不是吃紧？传统培训方式会不会出现走过场现象？在此背景下，建设浦东、延安和井冈山三大培训基地的设想应运而生。2003年6月，三所干部学院相继开工，并计划于2005年3月投入使用。

2005年3月，三所干部学院相继开学。来自全国的500余名干部分散在三所学院接受培训。兼任三所学院院长的中共中央组织部部长贺国强，亲赴三地参加了三所学院的开学典礼,并带去了胡锦涛总书记的贺信。贺信指出,在浦东、井冈山、延安建立干部学院,是党中央从推进中国特色社会主义伟大事业和党的建设新的伟大工程全局出发作出的一项重大决策。三所干部学院的建成,为干部教育培训提供了重要基地,对于我们继承和发扬党的优良传统和作风、提高领导干部领导社会主义现代化建设的本领,对于加强党的执政能力建设和先进性建设,将发挥重要作用。胡锦涛要求,干部教育培训工作要紧紧围绕党和国家的工作大局展开,为全面建设小康社会、加快推进社会主义现代化服务。希望三所干部学院的教职员工,努力学习和实践邓小平理论和"三个代表"重要思想,牢固树立和认真落实科学发展观,按照推进社会主义物质文明、政治文明、精神文明建设与和谐社会建设全面发展的要求,以增强执政意识、把握执政规律、提高执政能力为重点,创新培训内容,改进培训方式,整合培训资源,优化培训队伍,提高培训质量,切实把学院建设成为进行革命传统教育和基本国情教育的基地、提高领导干部素质和本领的熔炉以及开展国际培训交流合作的窗口,努力为党的干部教育培训事业做出自己的贡献。

井冈山、延安两所学院的定位是:充分利用自己不可替代的宝贵历史资源,把基地建设成为配合中央级和省级党校、行政学院的教学安排,面向全国的革命传统教育基地和激发党员干部燃烧革命激情的"加油站"。中国浦东干部学院,根据上海的特点,其定位为"具有国际性、时代性、开放性特点的新型干部教育基地和开展国际培训交流合作的窗口"。

三所干部学院的建立是我国干部教育史上的一个重大事件。在三所干部学院建成之前,领导干部培训工作主要集中在中央党校、国家行政学院及各省市相对应机构。三所干部学院是独立于党校系统之外的新兴培训机构,这可以起到补充作用。由此在国家层面上形成的培训格局是:以党校、行政学院为主阵地,充分使三所干部学院与主阵地实现教学上的衔接与配套。三所干部学院的建立标志着我国的干部教育创新的新起点,标志着我国干部教育发展中"大规模培训干部,大幅度提高干部素质"的新时期的到来。

"十五"期间,根据改革开放和现代化建设的需要,党中央作出了大规模培训干部、大幅度提高干部素质的战略部署,干部教育培训事业进入新的大发展时期。以深入学习贯彻"三个代表"重要思想和科学发展观为重点,推动了全党理论学习的新高潮,广大干部用发展着的马克思主义武装头脑、指导实践、推动工作的水平有了新的提高;紧紧围绕党和国家工作大局,深入开展党的路线方针政策、国家法律法规和业务知识的教育培训,广大干部为改革开放和现代化建设服务的本领进一步增强;中国浦东干部学院、中国井冈山干部学院、中国延安干部学院建成,中国大连高级经理学院成立,与中央党校、国家行政学院优势互补,构建起国家级干部培训基地新格局;改革创新力度进一步加大,干部教育培训的针对性和实效性明显增强。干部教育培训工作为建设高素质干部队伍、推动"十五"时期经济社会发展发挥了重要作用。①

2006年1月21日,中共中央印发了《干部教育培训工作条例(试行)》(下称《条例》)②。《条例》规定了干部教育的总原则:

> 干部教育培训工作必须坚持以马克思列宁主义、毛泽东思想、邓小平理论和"三个代表"重要思想为指导,全面贯彻落实科学发展观,围绕党和国家工作大局,按照实事求是、与时俱进、艰苦奋斗、执政为民的要求,以增强执政意识、提高执政能力为重点,推动学习型政党、学习型社会建设,为全面建设小康社会、加快推进社会主义现代化提供思想政治保证、人才保证和智力支持。

《条例》还提出了干部教育培训工作应当遵循五项具体原则:

> (一)以人为本,按需施教。按照党和国家的要求,把握干部的成长规律和教育培训需求,分级分类地开展干部教育培训,激发干部学习的内在动力和潜能,增强干部教育培训的针对性和实效性。
>
> (二)全员培训,保证质量。干部教育培训面向全体干部,创造人人皆受教育、人人皆可成才的条件,大规模培训干部,大幅度提高干部素质,实现干部教育培训的规模和质量、效益的统一。
>
> (三)全面发展,注重能力。坚持干部队伍革命化、年轻化、知识化、专业化方针和德才兼备原则,全面提高干部的思想政治素质、科学

---

① 参见2006—2010年全国干部教育培训规划[N].文汇报,2007-01-15(2).
② 相关内容参考:干部教育培训工作条例(试行)[M].北京:党建读物出版社,2006.

文化素质、业务素质和健康素质,将能力培养贯穿于干部教育培训的全过程。

（四）联系实际,学以致用。紧密联系国际形势的新变化,联系我国改革开放和社会主义现代化建设的新进展,联系干部的思想和工作实际,引导干部在改造主观世界的同时,运用所学理论和知识指导实践,提高解决实际问题的能力。

（五）与时俱进,改革创新。适应经济社会发展需要,创新培训内容,改进培训方式,整合培训资源,优化培训队伍,推进干部教育培训的理论创新、制度创新和管理创新。

《条例》提出了"大规模培训干部,大幅度提高干部素质"的目标。《条例》规定:"干部教育培训的对象是全体干部,重点是县处级以上党政领导干部及其后备干部。""干部应当根据不同情况参加相应的教育培训:（一）在职期间的各类岗位培训;（二）晋升领导职务的任职培训;（三）从事专项工作的专门业务培训;（四）新录（聘）用的初任培训;（五）其他培训。"这样的规定能够保证所有干部根据实际工作需要的相关培训。《条例》规定了干部教育培训的内容与方式:

> 干部教育培训应当根据经济社会发展需要,按照加强党的执政能力建设和先进性建设的要求,结合岗位职责要求和不同层次、不同类别干部的特点,以政治理论、政策法规、业务知识、文化素养和技能训练等为基本内容,并以政治理论培训为重点,综合运用组织调训与自主选学、脱产培训与在职自学、境内培训与境外培训相结合等方式,促进干部素质和能力的全面提高。

《条例》还对干部教育培训的管理体制、师资、教材、经费,考核与评估,监督与纪律等方面作出了规定。《条例》深刻总结了我们党在干部教育培训方面的历史经验和新鲜经验,对于推进干部教育培训工作的科学化、制度化和规范化,提高干部教育培训的质量和效果,具有十分重要的指导意义。

为培养造就高素质干部队伍,推动"十一五"时期经济社会发展,根据《中华人民共和国国民经济和社会发展第十一个五年规划纲要》和《干部教育培训工作条例（试行）》，结合干部教育培训工作实际，2007年初，中央制定并颁布了《2006—2010年全国干部教育培训规划》（下称"十一五"《规划》）。

"十一五"《规划》共有八个方面的内容。（1）适应"十一五"时期经济社会发展需要，进一步发挥干部教育培训工作的战略性、基础性作用。（2）以科学发展观为统领，明确干部教育培训工作的指导思想、总体目标和主要任务。其中主要任务主要有四条：一是以马克思主义中国化的最新成果为中心内容，进一步加大理论武装的力度。二是围绕实现"十一五"时期经济社会发展目标，切实加强党的路线方针政策和国家法律法规的教育培训。三是紧扣广大干部履行岗位职责的需要，广泛开展各类业务知识培训和技能训练。四是着眼于提高干部的综合素质，积极开展科学文化素养培训。（3）以党政干部为重点，按照分级分类和全员培训的原则，抓好党政干部、企业经营管理人员和专业技术人员的教育培训。（4）坚持统筹兼顾，促进干部教育培训工作全面协调发展。（5）加强基础建设，为干部教育培训提供有力保障。主要是加强干部教育培训机构建设，加强干部教育培训师资队伍建设，加强干部教育培训课程与教材建设，加大干部教育培训经费投入。（6）坚持改革创新，切实提高干部教育培训的质量和效益。主要是创新培训模式，开展培训质量评估，加强制度建设，深化理论研究。（7）坚持学以致用，大力弘扬理论联系实际的马克思主义学风。主要是坚持学习理论与指导实践相结合，坚持改造客观世界与改造主观世界相结合，坚持运用理论和发展理论相结合。（8）加强组织领导，确保"十一五"期间干部教育培训任务的全面落实。主要是干部教育培训工作的领导，加强对干部教育培训工作的宏观管理，加强干部教育培训管理者队伍建设。

"十一五"《规划》是"十一五"期间干部教育的重要指导性文件，必将对"十一五"期间的干部教育产生重大影响。为认真贯彻《干部教育培训工作条例（试行）》和《中共中央关于印发〈2006—2010年全国干部教育培训规划〉的通知》精神，国家相关部门和各省市区县也相继出台了"十一五"期间部门和行业的干部教育培训规划。例如，国家税务总局印发了《全国税务系统"十一五"干部教育培训规划》，水利部印发了《"十一五"水利干部教育培训规划》，上海市总工会出台了《"十一五"期间上海工会干部教育培训规划》等。

2013年9月，中共中央印发了《2013—2017年全国干部教育培训规划》。该规划在"目标任务"方面提出："以加强中国特色社会主义理论体系学习为首要任务，全面推进理论武装、党性教育、能力培训和知识更新，使广大干部理想信念更加坚定、理论素养不断提高、党性修养切实增强、工作作风明显改进、德才素质和履职能力显著提升，使干部教育培训推动党和国家事业发展的作用更加明显。进一步推进干部教育培训改革创新，努力形成更加开放、更具活力、更有实效的中国特色干部教育培训体系，提高干部教育培训科学化水平。"同时，该规划还提出了"数量指标和质量要求"："1. 数量指标。加强脱产培训，保证不同类别干部每年达到一定的调训率、参训率和人均脱产培训学时数。拓展网络培训，保证网络培训达到一定覆盖率和人均年学时数。2. 质量要求。全面开展培训质量评估，从培训设计、实施、管理以及培训效果等方面入手，对每个培训项目进行考核测评，把评估结果作为评价党校、行政学院、干部学院和社会主义学院办学质量的重要依据，作为确定高等学校、社会培训机构、境外培训机构承担培训任务的重要标准，作为干部教育培训机构推动教学改革、提高教学质量的重要指引。结合不同培训项目特点，合理设置评估标准，把培训需求适配度、课程设计科学性、师资选配合理性、教学内容满意度、教学方法有效性、教学组织有序性、学风校风良好度以及培训对干部能力素养提高的帮助程度等，作为质量评估的主要内容，努力探索科学的项目质量评估办法。"这些以及其他具体要求，都为后续干部教育培训指明了方向。

2018年10月，中共中央印发了《2018—2022年全国干部教育培训规划》。该规划提出的"主要目标"如下。

——以习近平新时代中国特色社会主义思想为中心内容的理论教育更加深入，使之系统权威进教材、生动有效进课堂、刻骨铭心进头脑，广大干部马克思主义水平和政治理论素养不断提高，"四个意识"不断增强，"四个自信"进一步坚定，"四个服从"成为普遍自觉，思想行动高度统一。

——党性教育更加扎实，广大干部理想信念、党性观念、宗旨意识进一步强化，思想觉悟、政德修养、品行作风进一步提高，信仰之基、从政之基、廉政之基进一步牢固。

——专业化能力培训更加精准，广大干部适应新时代、实现新目标、落实新部署的能力明显增强，干一行、爱一行、精一行的专业精神进一步提升。

——知识培训更加有效，广大干部履职的基本知识体系不断健全、知识结构不断改善、综合素养不断提高，复合型领导干部的培养取得新进展。

——干部教育培训体系改革更加深化，干部素质培养的系统性、持续性、针对性、有效性不断增强，具有先进培训理念、科学内容体系、健全组织架构、高效运行机制的新时代中国特色社会主义干部教育培训体系不断完善。

该规划提出的"重要指标"如下。

1. 省部级、厅局级、县处级党政领导干部5年内参加党校（行政学院或者行政学校，下称行政学院）、干部学院以及干部教育培训管理部门认可的其他培训机构累计3个月或者550学时以上的培训。科级以下干部每年参加培训累计不少于12天或者90学时。不同类别干部每年达到一定的调训率、参训率和人均脱产培训、网络培训学时数。

2. 省（自治区、直辖市）、市（地、州、盟）、县（市、区、旗）党政领导班子成员每2至3年到党校（行政学院）、干部学院至少接受1次系统理论教育和严格党性教育，5年内累计不少于2个月；一般每年参加1次1周左右的专业化能力专题培训。

3. 中央党校（国家行政学院）和省、市两级党校（行政学院）教学安排中，以习近平新时代中国特色社会主义思想课程为主，理论教育和党性教育的比重不低于总课时的70%。各级党校（行政学院）、干部学院的主体班次都要设置党性教育课程，1个月以上的班次要安排学员进行党性分析，确保党性教育课程不低于总课时的20%。

4. 省级以上党校（行政学院）、干部学院、社会主义学院主体班次中，领导干部讲课课时不低于总课时的20%，运用研讨式、案例式、模拟式、体验式、辩论式等互动式教学方法的课程比重不低于30%。

该规划提出完善培训内容体系，主要包括党的基本理论教育、党性教育、专业化能力培训、知识培训四大内容体系。这一规划为后续干部教育培训指明了方向，为扎实推进干部教育提供了政策依据。

2023年9月9日，中共中央印发了《全国干部教育培训规划（2023—2027年）》。制定实施这一新的全国干部教育培训规划是党中央着眼新时代新征程党的使命任务作出的重要部署。本规划的主要目标是："党的创新理论武装更加系统深入，用习近平新时代中国特色社会主义思想凝心铸魂取得显著成效，广大干部理想信念更加坚定、思想意志更加统一、行动步调更加一致,对党的创新理论更加笃信笃行,用以指导实践、推动工作更加自觉。政治训练更加扎实有效,广大干部党性更加坚强,作风更加过硬,政治判断力、政治领悟力、政治执行力不断提高,政治纪律和政治规矩意识进一步增强,自觉在政治立场、政治方向、政治原则、政治道路上同以习近平同志为核心的党中央保持高度一致。履职能力培训更加精准管用,广大干部贯彻新发展理念、构建新发展格局、推动高质量发展能力进一步提高,统筹发展和安全的能力不断提升,专业知识和人文综合素养更加完备。干部教育培训体系更加科学健全,培训内容更具时代性系统性,培训方法更具针对性有效性,培训保障更加坚实有力,培训制度更加规范完备,选育管用机制更加协同高效。"这一规划将为今后一段时期内的干部教育培训指明方向。

《干部教育培训工作条例》于 2015 年 9 月 10 日经中共中央政治局常委会会议审议批准,2015 年 10 月 14 日中共中央发布,2023 年 8 月 31 日中共中央政治局会议修订。2023 年 9 月 19 日中共中央印发了修订后的《干部教育培训工作条例》(下称《条例》。)《条例》阐明了干部教育的重要性:

> 干部教育培训是建设高素质干部队伍的先导性、基础性、战略性工程,在推进中国特色社会主义伟大事业和党的建设新的伟大工程中具有不可替代的重要地位和作用。干部教育培训工作必须高举中国特色社会主义伟大旗帜,坚持马克思列宁主义、毛泽东思想、邓小平理论、"三个代表"重要思想、科学发展观,全面贯彻习近平新时代中国特色社会主义思想,深入贯彻习近平总书记关于党的建设的重要思想,认真落实新时代党的建设总要求和新时代党的组织路线,深刻领悟"两个确立"的决定性意义,增强"四个意识"、坚定"四个自信"、做到"两个维护",把深入学习贯彻习近平新时代中国特色社会主义思想作为主题主线,以坚定理想信念宗旨为根本,以全面增强执政本领为重点,高质量教育培训干部,高水平服务党和国家事业发展,为以中国式现代化全面推进中华民族伟大复兴提供思想政治保证和能力支撑。①

---

① 中共中央组织部干部教育局.《干部教育培训工作条例》《全国干部教育培训规划(2023—2027 年)》学习辅导[M]. 北京:党建读物出版社,2023:5-6.

《条例》提出干部教育培训应当遵循的六条原则：

（一）政治统领，服务大局。旗帜鲜明讲政治，坚持和加强党的全面领导，紧紧围绕党和国家事业发展需要开展教育培训，始终保持正确政治方向。

（二）育德为先，注重能力。坚持新时代好干部标准，突出党的创新理论武装和党性教育，加强能力培训，全面提高干部德才素质和履职能力。

（三）分类分级，全面覆盖。按照干部管理权限组织实施教育培训，把教育培训的普遍性要求与不同类别、不同层级、不同岗位干部的特殊需要结合起来，增强针对性，确保全员培训。

（四）联系实际，学以致用。大力弘扬马克思主义学风，围绕中心工作，坚持问题导向，引导干部加强主观世界和客观世界改造，做到学思用贯通、知信行统一。

（五）与时俱进，守正创新。继承和发扬干部教育培训优良传统和作风，遵循干部成长规律和干部教育培训规律，推进干部教育培训理论创新、实践创新、制度创新。

（六）依规依法，从严管理。建立健全干部教育培训法规制度，推进干部教育培训规范管理，从严治校、从严治教、从严治学，保持良好的教学秩序和学习风气。

此外，《条例》还对管理体制，教育培训对象，教育培训内容，教育培训方式方法，教育培训机构，师资、课程、教材、经费，考核与评估，纪律与监督等方面作出了规定。《条例》为今后一段时期内的干部教育培训指明了方向，成为干部教育培训的重要遵循。《干部教育培训工作条例》的颁布实施标志着干部教育培训工作管理体制和运行机制不断完善，科学化、制度化、规范化建设取得重大进展。

新世纪以来，根据时代的发展变化和培训需求的不断更新，干部教育培训在政策上不断调整，在实践上不断开拓创新，取得了干部教育培训新成效。

本章小结

中国在周代就已经开始注意对领导者的教育了,而且形成了领导教育体系的雏形。古典主义的领导教育主要集中在太子教育、帝王教育和官吏教育三个方面。总体上看,古典主义的领导教育注重道德教化,是一种道德取向(moral orientation)的领导教育。中国古典主义的领导教育具有非常强的历史传承性,这与中国人的崇古取向(past time orientation)可能有着重要关系。[①]这种稳定的领导教育取向对提高领导者的道德品质、稳定社会起到了重要作用。中国共产党自成立伊始就重视干部教育。在长期的革命和建设过程中,党的干部教育不断发展,逐渐走上了正规化、科学化、现代化的道路。党的干部教育在革命战争与社会主义建设中起到了非常关键的作用,并仍将继续发挥它应有的作用。

通过本章的考察,可以看到,领导教育活动,不论是在遥远的古代,还是在社会主义现代化建设的今天,都是一项重要的人类实践活动。这种活动在整个社会生活中具有相对的独立性。因此,领导教育活动完全可以成为领导教育学的研究对象,被加以独立地进行专业化研究。领导教育活动不仅是独立的研究对象,而且是一种特殊的研究对象。领导教育学研究的是教育中的领导者的培养活动,而不是一般劳动者的培养。因此,领导教育学是具有独立且独特的研究对象的。说它独立是相对于其他社会活动而言的,说它独特是相对于其他教育对象或教育活动而言的。可见,领导教育活动是一项既具有普遍性又具有独特性的活动,它可以成为专门的研究对象。专门研究领导教育活动的这门学科就是领导教育学。

中国古典的领导教育思想注重从历史中汲取力量,注重通过经典案例的学习教育领导者,注重对领导者进行品德教育。近现代是领导教育思想由传统转向现代的转型期。近现代以来,在西方列强侵入和西方文明传播的推动下,中国人在寻求救国图强的过程中,也开始思考领袖人才的培养问题。人

---

① 关于"崇古取向"的论述可参考李亦园,杨国枢. 中国人的性格 [M]. 南京:江苏教育出版社,2006.

<<< 第四章 领导教育发展的历史考察

们开始试图摆脱传统的教育模式、教育内容和教育方法，希望通过新的教育范式培养出新的领导者。

通过本章的考察，可以看到自古至今，中国都有丰富的领导教育思想。这些思想在当时的历史背景下对领导者品德、性格、能力的形成起到了重要作用，甚至对历史进程起到了重要作用。不仅如此，它们对今天的领导教育仍然具有学习、借鉴、启发意义。为了深入理解和探讨中国领导教育思想，就有必要通过专门的研究来达至这样的目的。领导教育思想是领导教育学的重要研究对象。中国自古至今领导教育思想的存在，进一步表明领导教育学具有独立的研究对象，领导教育学可以成为一门独立的学科。

第五章

领导教育学发展建议

领导教育学作为一门刚刚诞生的学科,还很不成熟。从"学科发展梯度标准"来看,它在许多方面还需要不断加强、探索、发展。为了进一步发展领导教育学,我们提出一些发展建议,希望有助于这一学科的尽快尽好的发展。我们认为,就目前的状况而言,领导教育要获得更好的发展必须在研究立场、研究领域、研究资料、研究方法、研究平台等方面加强建设。

第一节 研究立场的强化

领导教育学要成为一门独立的学科必须有独立的学科立场。一门学科在研究过程中往往具有多元的研究立场,比如理论的立场、实践的立场、本土化立场、跨学科立场、个人立场、群众立场,等等。研究立场是研究者在研究过程中所秉持的价值取向、研究视角与研究态度的综合体现。对于学科研究来说必须有学科立场。学科立场是区别该学科与其他学科最根本的标志。领导教育学的学科立场是什么呢?是"领导教育"立场。领导教育学研究的最基本立场不是领导学立场,也不是教育学立场,而是"领导教育"的立场。

一、领导教育学学科立场的确立

不同的人对"立场"的理解不同,因此就有了立场是观点,是视角,是方法,是话题,是指导思想,是学科定位与学科个性等不同的观点。笔者认为立场应该是价值取向,也就是我们秉持怎样的价值来看待问题。同时,研究立场与研究视角、研究态度密切相关,研究视角的持有决定了研究者所秉持的研究态度。

领导教育学是研究领导教育实践活动及其现象的学科。因此，它应该具有自己的学科立场。什么是领导教育学的学科立场呢？

从某种意义上说，领导教育学的学科立场就是在研究过程中始终站在领导教育的角度来观察、审视、分析、解决问题。可以说，领导教育学的学科立场就是领导教育视角。只要是站在领导教育的角度分析、解决问题的研究都属于领导教育学的研究。这种研究立场同时表明了研究者的研究态度。这种态度即是从哪里开口说话的态度。虽然，这种态度可能是对研究对象的批判或褒扬。

二、领导教育学学科立场的作用

1. 规范领导教育研究

只有在学科立场下进行的研究才能被学科所承认，因此，学科立场的确立是学科研究的基本前提。没有学科立场的研究有时很难界定它的学科归属与学科边界。学科立场的确立有助于学科边界的明确。领导教育立场的确立可以保证所研究的问题归属于领导教育学的学科范围，而不是领导学或教育学，或其他学科的范围。因此，领导教育立场的确立具有学科规范的作用。领导教育学的学科建设首先必须确立领导教育的学科立场。这是区别一项研究是领导教育学的研究还是其他学科研究的重要标志。

2. 深化领导教育研究

学科立场的确立要求研究立场具有一致性，即在研究过程中不转换立场，始终围绕学科立场展开研究。领导教育立场的确立可以保证领导教育研究始终围绕领导教育问题展开，可以在一以贯之的研究中不断深化问题、深化研究。因此领导教育学科立场的确立，可以深化领导教育研究，促进学科的深入发展。

3. 开拓领导教育研究

一个新学科立场的确立会带来全新的研究视角。用新的研究视角重新审视已有的实践或研究成果会带来理论上的创新与实践上的改进。领导教育立场的确立可以开拓领导教育研究的视野，不断创新领导教育的研究领域。对于许多已有的材料，由于新学科立场的介入，可以发现新的问题，得出新的结论。这不仅可以丰富领导教育学本身的研究，而且可以促进其他学科的认识与发展。

三、领导教育立场下的案例分析

学科立场的确立可以使我们在这一立场的指引下重新审视已有的资料，为学科的发展提供新的支撑，为理论研究获得新的启示。下面让我们在领导教育的立场下重新审视《礼记·学记》。

（一）领导教育立场下的《学记》

《学记》是《礼记》中的一篇，大约写作于战国末年与汉初之间。它是早期儒家学派的教育实践总结与教育理论概括，是我国也是世界上最早的教育学论著。长期以来，教育研究者把它作为一部重要的教育文献加以研究。站在领导教育的立场重新审视这部著作，我们会发现《学记》虽然揭示了教育的普遍规律，但在写作意图上却并不是指向普通教育的，而是指向社会高层特别是领导阶层的教育的。可以说这是最早的一部领导教育学著作。何以如此言之？

第一，《学记》的言说对象是国家的高层统治者，而不是普通民众。

《学记》开篇即云：

> 发虑宪，求善良，足以謏闻，不足以动众。就贤体远，足以动众，未足以化民。君子如欲化民成俗，其必由学乎！①

这里的"君子"不是指一般的人，而是指执政者。执政者如何才能够更大程度地提高执政能力和执政水平呢？作者给出的指导是"其必由学乎"。这里的"学"不是指"学习"，也不是指"教学"，而是指"学校教育"。

> 玉不琢，不成器；人不学，不知道。是故古之王者建国君民，教学为先。《兑命》曰："念终始典于学。"其此之谓乎！②

这里所举的例子也不是普通百姓与一般人的例子而是"古之王者，建国君民"。由此，可以看出，《学记》的言说对象是非常狭窄的，是社会的高层，

---

① 胡平生，张萌. 礼记：下 [M]. 北京：中华书局，2017：696.
② 胡平生，张萌. 礼记：下 [M]. 北京：中华书局，2017：697.

甚至可以说是当时的帝王。

在讲到大学之礼时,《学记》云:

> 凡学之道,严师为难。师严然后道尊,道尊然后民知敬学。是故君之所不臣于其臣者二:当其为尸,则弗臣也;当其为师,则弗臣也。大学之礼,虽诏于天子,无北面,所以尊师也。①

这里以"君臣之礼"讲"师生之礼",可见他的言说对象是"君",而非普通师生。

既然,《学记》的言说对象是社会的高层执政者,那么,它本身就可以看作是一部指导君王如何建国君民的著作,是一部领导教育的教材。

第二,《学记》的培养目标是社会的领导者,而不是社会的劳动者。

《学记》云:

> 古之教者,家有塾,党有庠,术有序,国有学。比年入学,中年考校:一年视离经辨志,三年视敬业乐群,五年视博习亲师,七年视论学取友,谓之"小成"。九年知类通达,强立而不反,谓之"大成"。夫然后足以化民易俗,近者说服而远者怀之,此大学之道也。②

虽然,这样的论说对普通教育有启发,但那不是它的目标。《学记》的培养目标不是普遍的社会民众,而是"足以化民成俗,近者说服而远者怀之"的执政者。

第三,《学记》所探讨的是"大学之道",而不是"小学之道"。

《学记》所要探讨的重点不是"小学之道"而是"大学之道""大学之教""大学之法""大学之礼"。

> 大学始教,皮弁祭菜,示敬道也。《宵雅》肄三,官其始也。③

---

① 胡平生,张萌.礼记:下[M].北京:中华书局,2017:706.
② 胡平生,张萌.礼记:下[M].北京:中华书局,2017:698.
③ 胡平生,张萌.礼记:下[M].北京:中华书局,2017:699.

所谓的"官其始也"就是从头培养学生做官的兴趣。可见,《学记》里所要探讨的是如何培养"官员",培养社会的执政者,即领导者。

《学记》里所探讨"大学之教"对一般的教育也是适用的,即它揭示了教育的普遍规律,具有一定的普适性。但它的目的却不是为了揭示教育的普适性规律,而是为了总结和概括"大学之教"的规律,为了向统治者讲明教育的重要性和"大学之教"的基本规律。因此,从这个角度来看,可以说它是一部领导教育的著作,揭示了领导教育的规律。

站在领导教育的立场上对《学记》的考察,可以发现一些原来并没有被纳入领导教育视野的材料可以成为领导教育研究的材料了,不仅如此,它们所包含的领导教育的实践与思想对今天的领导教育实践仍然具有重要的启发作用与现实意义。这一切并不是自然而然得来的,而是得益于领导教育立场的确立,是在这一立场的指导下,我们重新打开了古代的经典名著,重新认识了它们,并从中汲取新的力量。

(二)毛泽东著作的领导教育学审视

在毛泽东的诸多著作中,多数是谈领导工作的,有些则是谈干部教育工作的。多数谈干部教育工作的内容,是在谈领导工作的或其他工作的著作之中。谈领导工作的著作,要归属于领导学的范围;而谈干部教育工作的部分则可归到领导教育学的范围。这里以《关于领导方法的若干问题》① 和《军委关于在军队中实施文化教育的指示》② 为例加以说明。

1.《关于领导方法的若干问题》

《关于领导方法的若干问题》写作于 1943 年 6 月 1 日,是毛泽东为中共中央所写的决定。这篇文章是专门谈领导方法的。文章开篇即谈道:"我们共产党人无论进行何项工作,有两个方法是必须采用的,一是一般和个别相结合,二是领导和群众相结合。"③ 接下来他对这一观点进行了论证。最后他总结道:

---

① 毛泽东. 关于领导方法的若干问题 [M] //毛泽东选集:第 3 卷. 北京:人民出版社,1991:897-902.
② 毛泽东. 军委关于在军队中实施文化教育的指示 [M] //毛泽东文集:第 6 卷. 北京:人民出版社,1999:88-91.
③ 毛泽东. 关于领导方法的若干问题 [M] //毛泽东选集:第 3 卷. 北京:人民出版社,1991:897.

领导方法问题上的各个细节问题，这里不一一说明，希望各地同志根据这里所说的原则方针自己去用心思索，发扬自己的创造力。斗争愈是艰苦，就愈是需要共产党人的领导和广大群众的要求密切地相结合，愈是需要共产党人的一般号召和个别指导密切地相结合，而彻底粉碎主观主义的和官僚主义的领导方法。我党一切领导同志必须随时拿马克思主义的科学的领导方法去同主观主义和官僚主义的领导方法相对立，而以前者去克服后者。主观主义者和官僚主义者不知道领导和群众相结合、一般和个别相结合的原则，极大地妨碍党的工作的发展。为了反对主观主义的和官僚主义的领导方法，必须广泛地深入地提倡马克思主义的科学的领导方法。①

虽然在全文论证中也涉及一些领导教育的内容。例如，"一个百人的学校，如果没有一个从教员中、职员中、学生中按照实际形成的（不是勉强凑集的）最积极最正派最机敏的几个人乃至十几个人的领导骨干，这个学校就一定办不好"②。这对干部学校的建设是有启示的，但他不是在此专门谈干部教育的，而是谈领导骨干的。他主要是为谈领导方法，而不是在谈干部教育。整篇文章都是谈"一般和个别相结合""领导和群众相结合"的领导方法的。因此这是一篇领导学的文章，而不是领导教育学的文章。

毛泽东还在很多其他著作中专门谈到领导方法的问题。例如，"没有正确的领导方式和工作方法，要迅速地开展经济战线上的运动，是不可能的"（1938年8月12日，《必须注意经济工作》）③。"领导方法很重要。要不犯错误，就要注意领导方法，加强领导。"（1955年10月11日，《农业合作化的全面规划和加强领导问题》）④ 他提出的领导方法有：开会的方法、打电报、打电话、出去巡视、办好刊物、编辑工作报告、发简报等。"领导的方法

---

① 毛泽东.关于领导方法的若干问题［M］//毛泽东选集：第3卷.北京：人民出版社，1991：902.
② 毛泽东.关于领导方法的若干问题［M］//毛泽东选集：第3卷.北京：人民出版社，1991：898-899.
③ 毛泽东.必须注意经济工作［M］//毛泽东选集：第1卷.北京：人民出版社，1991：123.
④ 毛泽东.农业合作化的全面规划和加强领导问题［M］//毛泽东文集：第6卷.北京：人民出版社，1999：478.

可以好一些，也可以差一些。领导要能够适合客观发展的规律。如果领导得好一些，适合客观规律好一些，缺点错误就少一些，工作也就好一些。如果领导得差一些，适合客观规律差一些，工作也就差一些。所以，我们要注意领导方法，各个党派、工商联，中央同地方，都要注意用什么方法使大家更觉悟一些。"（1955年10月29日，《在资本主义工商业社会主义改造问题座谈会上的讲话》）① 这些都可归为领导学的研究范围。

2.《军委关于在军队中实施文化教育的指示》

1950年8月1日在《军委关于在军队中实施文化教育的指示》主要是谈军队中的文化教育的，主要是从教育，特别是干部教育的视角谈的，而不是从领导活动的视角谈的。

在这个指示中，毛泽东先介绍了当前的国家局势，接着说明了在军队中进行文化教育的目的：

> 鉴于人民解放军的指挥员、战斗员一般的文化水平太低的情况，为了要完成伟大的新任务，就必须提高全体指挥员、战斗员的文化科学与技术水平，并从军队中培养大批的从工农出身的知识分子。因此，中央决定，全军除执行规定的作战任务和生产任务外，必须在今后一个相当时期内着重学习文化，以提高文化为首要任务，使军队形成一个巨大的学校，组织广大指挥员和战斗员，尤其是文化水平低的干部，参加文化学习。②

整个指示共计10条，第一条提出了文化教育的目标：

> 全军规模的文化教育，自一九五一年一月正式开始。务求在三年之内，使一般战士及初级小学程度以下的干部达到高级小学的水平，使一

---

① 毛泽东. 在资本主义工商业社会主义改造问题座谈会上的讲话 [M] //毛泽东文集：第6卷. 北京：人民出版社，1999：500-501.

② 毛泽东. 军委关于在军队中实施文化教育的指示 [M] //毛泽东文集：第6卷. 北京：人民出版社，1999：88.

般相当于高级小学程度的干部达到初级中学的水平，然后再继续提高。①

第二条对文化教育的时间与学习内容作了分配：

在连队的教育时间内，暂规定以百分之六十的时间进行文化教育，以百分之三十的时间进行军事教育，以百分之十的时间进行政治教育。但某些起义部队在一九五一年内其文化教育时间应酌量减少，而增加政治教育时间。全军连队的教育时间分配，如因情况变化而需要改变时，当以命令改变之。②

第三条提出举办各种文化学校：

各部队应按在职教育与离职教育衔接并进的方法，而以在职教育为重点，举办下列各种文化学校：

（1）在职的半日文化学校，由团以上各级普遍举办。这种半日学校，应按情况设立初小、高小、中学或专修等班级。在工作繁重、入学干部众多的机关、部队，分为上午与下午两部上课。

（2）为离职干部办的速成小学和速成中学，暂由军及省军区以上各级举办。速成中学可分为普通初级中学与完全中学两种。一级军区可举办离职高级干部的文化补习班。

（3）连队采取学校的形式，进行基本上完备的初小教育与高小教育。

（4）各军政大学，在一年或一年半内，以文化教育为主。部队其他学校，除军委规定或批准者外，暂时不办，或改组为文化学校。③

第四条讲入学条件：

---

① 毛泽东．军委关于在军队中实施文化教育的指示［M］//毛泽东文集：第6卷．北京：人民出版社，1999：89．
② 毛泽东．军委关于在军队中实施文化教育的指示［M］//毛泽东文集：第6卷．北京：人民出版社，1999：89．
③ 毛泽东．军委关于在军队中实施文化教育的指示［M］//毛泽东文集：第6卷．北京：人民出版社，1999：89．

> 一切在职干部与战士，凡需要学习与补习文化者，不论职别，均应无例外地依照文化课程的考试甄别，参加在职文化教育的适当班次，并认真地进行学习。
>
> 各级干部，首先是经历多年斗争而文化水平甚低的工农出身的干部，凡能离职学习者，均应由各级领导机关有计划地分批或轮流抽调，经过考试，送入速成小学，或速成中学，或高级干部的文化补习班去学习。一部分优秀的青年战士，也可选调入学。①

第五条对文化教育的教育方针、课程设置、教育制度及条例要求、教学方法等作了要求。

第六条对教员作了要求。

第七条谈军队文化教育的经费。

第八条谈军队文化教育的领导。

第九条谈军队文化教育的管理。

第十条谈当年的任务。

整个指示是关于军队文化教育的，也可以看作是干部教育的一个文献。因此，可以说这个指示是领导教育的材料，而不是领导学的材料。

正是因为确立了领导教育的研究立场，所以我们可以对毛泽东著作中的领导学内容与领导教育学内容做出区分。做出这样的区分就可以划清两方面内容的界线，避免研究中的混乱。

领导教育学的发展必须强化领导教育的研究立场。一切研究只有从这个立场出发才能被划入领导教育学的范围。如果不能从领导教育的研究立场出发，那么，虽然研究的是领导教育问题，可能会滑入其他相关学科中去。

第二节 研究领域的开发

作为一门新的学科，要想获得快速和长远的发展，必须形成自己的学科

---

① 毛泽东. 军委关于在军队中实施文化教育的指示［M］//毛泽东文集：第6卷. 北京：人民出版社，1999：89-90.

研究领域。学科领域的研究是学科发展的必经之路。没有成熟的研究领域的学科，也不可能是成熟的学科。当然，一个研究领域狭窄的学科其发展也必然会受到局限。为此，作为新兴学科的领导教育学要获得更广阔的发展空间，必须进行研究领域的开发。一般认为，研究可分为事实性质的研究、价值性质的研究和规范性质的研究三个方面。我们认为，领导教育学的研究领域可从这三方面加以开发。

一、事实性质的研究领域开发

事实是人们对客观事物的真实的表达。事实可以分为不同的类型。"处于经验层面的'表达'，是经验事实。处于理论层面的'表达'是理论事实。理论事实是对经验事实的抽象，在这种意义上，理论事实以经验事实为基础，但形成了的理论事实可以脱离经验事实而独立存在。"[①] 事实性质的研究是人们对通过观察或内省而体验到的事实做出的客观陈述。

事实性质的研究所关心的是"是什么""是怎么样的""为什么成为什么或怎样""是怎么回事"一类的问题。领导教育研究中事实性质的研究力图说明和回答的问题是：（1）领导教育的现象是什么？领导教育的现状如何？（2）有几种可供选择的方案，将会带来什么后果。它不回答是不是应该作出这样的选择的问题，即它企图超脱和排斥价值判断（关于领导教育的目标应该是什么，领导教育是好是坏，对社会有无意义的价值判断）。

在事实性质的研究中，研究者所秉持的研究态度是客观的、遵循马克斯·韦伯所提出的"价值中立"原则。价值中立，是指一旦研究者根据自己的价值观念选定研究课题，就必须终止使用自己的或他人的价值观念，而遵循所发现资料的指引，不能把自己或他人的价值观念强加于资料，无论研究的结果对自己有利还是不利都应该如此，尽量不让个人偏好和预期影响研究的过程和结论。这样做的目的是求真，以便描述出事实的真实图景，而不是假象。当然，价值中立性并不是说与价值无关，正因为研究对象是有价值的，所以才要求研究者在研究过程中保持中立的立场，从而保证研究的客观性。

事实层面的研究包括实证研究、实验研究、历史研究和近来发展起来的行动研究等。领导教育学的研究在事实性质的研究方面，可从这些方面开发

---

① 熊川武，等. 实践教育学 [M]. 上海：上海教育出版社，2001：8.

领导教育的研究领域。

　　领导教育研究中的实证研究就是对领导教育现象做出一个因果性而非目的性的陈述。具体而言，实证有两种方法。第一种是经验归纳，即通过经验的统计资料，建立有关领导教育教学现象之间的因果性联系。例如，领导教育中男性领导者与女性领导者受教育之间存在差异的原因是什么的问题，就是一种因果性研究。可以通过抽样测验进行统计分析得出结论。经验归纳的实证方法往往受到普遍性不足的批评，因为它赖以确认的资料是通过抽样得来的。实证的第二种方法是假说—演绎。假说—演绎的方法就是利用一种抽象的理论来揭示教学现象之间的因果关系。假说—演绎的一般程序是：首先建立某些假设前提；然后，在这些假设之前提下，利用人们能普遍接受的逻辑知识推导出有关教学变量之间的因果关系。领导教育中的实证研究是在分析领导教育问题和建立领导教育理论时，撇开对领导教育活动的价值判断，只研究领导教育活动中各种现象之间的相互联系，运用"大胆假设、小心求证，在求证中检验假设"的方法，在做出与领导教育行为有关的假定前提下，分析和预测人们领导教育行为的后果。

　　实验研究即实验条件完全是人工控制的，只要实验条件相同，实验结果就具有重复性。受控实验本质是简化复杂的环境，以建立某些因果关系。实验研究一般经过三个阶段，一是提出实验假说，二是进行实验操作，三是得出实验结果。如果实验成功则可将成果加以推广，如果不成功则修正假说，或重新提出新假说。领导教育研究中的实验研究也是如此。目前的领导教育实验研究很缺乏。因此，在今后的研究中，应该加强领导教育的实验研究。

　　历史研究也是一种以事实为依据的事实研究。历史研究主要依靠的是史实，而史实又主要来自史料。因此，史料的搜集与真伪考证就成为历史研究的一项重要内容。由前面第四章，我们对领导教育实践和领导教育思想的考察可以看出，领导教育有着丰富的历史资源。对领导教育进行深入的历史资源的开发，还有着非常广阔的空间。

　　行动研究法是1946年美国社会心理学家库尔特·勒温（Kurt Lewin）创立的，他在发表的学术论文《行动研究与少数民族问题》中首次使用了"行动研究"（Action Research）一词，并建构了行动研究的理论探索方法。哥伦比亚大学师范学院前院长柯雷（Corey）在出版的《改进学校的行动研究》一书中，首次系统地将行动研究引进到教育中来。至20世纪70年代，由于英国学者约翰·艾里奥特（J. Elliot）的努力，行动研究法逐渐在教育研究中产生广泛影响而成为一种重要的方法。行动研究是行动者用科学方法对自己行动所进行的研究。在传统的研究模式中，理论（研究）与实践（行动）往往是相互分离的，研究者与实践者也是分离的。而行动研究恰恰是提供了一座桥梁，使得教育理论与实践能够以"研究的实践者"的形式联系在一起。行动研究中的研究者与实践者在身份上是统一的，研究的起点是对自身实践的不满和反思，研究的对象是实践中出现的具体的问题，研究的目的是解决问题，研究的过程是为了改善现实的实践，研究的结果则是切实改变现状。这样，研究与实践紧紧地结合在一起，形成一个相互促进的反馈机制。行动研究也可以是实践工作者与研究人员结合起来为解决某一实际问题所进行的合作研究。行动研究为领导教育研究提供了一种新的研究途径，特别是对于领导教育的实践者而言，可以采用行动研究在行动中研究领导教育问题和领导教育现象。

领导教育学作为一门刚成立的学科，在很多方面的研究都是空白，上述四方面的研究可以拓宽领导教育学的事实研究领域，把领导教育研究推向更深入的发展。

二、价值性质的研究领域开发

任何社会现象都是在人的意识、人的行为的参与下形成的，甚至可以说，离开了人的意识和价值观念，就无法理解社会。社会现象总是有着一定的文化性和价值性。领导教育作为一种社会现象同样具有价值性问题。因此，领导教育研究离不开价值性质的研究。

价值是经济学中的一个概念。但我们这里所说的价值却不是经济学意义上的价值，而是人们对事物所做出的一种态度认定。人们通过价值来区分在实际的社会生活中什么是重要的，什么是不重要的，人们可以借此明白社会生活中的事件与一般文化价值的联系，懂得怎样选择对我们有意义的那些关系。人们常常对事物或事实做出"好"或"坏"的判断。这样的判断就是一种价值判断。"好"代表人们对事物或事实持肯定、认可、赞赏的态度；"坏"表示人们对事物或事实持否定、不满、厌恶的态度。价值判断是人们对事物的态度中表现出来一种判断。

价值性质的研究是指研究者对某一特定客体对特定主体有无价值、有什么价值、有多大价值所做出的判断。这种判断是关于客体对主体的意义是什么的判断，是评价主体根据自己的需要来衡量客体是否满足这种需要以及在多大程度上满足这种需要的判断。事实判断与价值判断的本质区别在于价值判断中存在着"人的需要"这一因素。价值性质的研究针对人所珍惜和追求的事物，从而试图告诉人们应该怎样生活，应该追求怎样的目标和事物，怎样使自己的生活过得有意义乃至达到个人和社会的至善等。

价值性质的研究，所关心的是"应当是什么""应当是怎么样的""为什么应当是或是怎么样的"一类的问题。这类问题所涉及的是价值观念。这种类型的研究在语言表述上，评价陈述一般由表示评价的价值词所组成，采用的是纲领性的定义、评价性（规范性）命题的表述方式，以理性思辨为主，遵循的是"应然"的逻辑。价值性研究的目的是确认一种理念、一种观点、一种选择的合理性。合理性与否取决于所遵循事实（理论事实）、所依据的理论、证明的逻辑和思辨的水平。

在领导教育研究中，人们的立场、观点、伦理和道德观念不同，对同一领导教育事实、领导教育问题会有迥然不同的意见和价值判断。对于应该做什么，应该怎么办的问题，不同的领导教育研究者可能会有完全不同的结论。领导教育研究中价值性质的研究可开发的领域有领导教育的价值取向、教育理想、教育伦理、意识形态等。领导教育的发展需要在这些领域深入开发，加以研究。

三、规范性质的研究领域开发

如果说实证是给出对教学现象的解释，要解决的是"实然"性问题，规范则是给出判断一组现象优劣的标准，要解决的是"应然"性问题。规范就其基本内容而言是论证判断优劣的标准本身究竟是什么。

规范性质的研究，所关心的是"应当做什么——怎么做""为什么应当做什么——怎么做"一类的问题。这类研究的表述方式，也是采用纲领性的定义、规范性的命题，规范陈述则至少包含一个表示规范的价值词。规范性质的研究，还可分为诉诸人们的理性的理论规范与或明或暗以一定法律或行政权力为支柱的实践规范。实践规范回应的是"必须做什么——怎么做""不许做什么——怎么做"一类的问题。

领导教育研究中的规范研究需要采用规范分析法。规范分析方法以一定的价值判断作为出发点和基础,提出行为标准,并以此作为处理领导教育问题和制定领导教育政策的依据,探讨如何才能符合这些标准。概括地看,任何一个规范分析都包含以下内容:若假定前提 A,则可能的后果不是 B 就是 C;现认定一个判断优劣的标准;B 满足标准,所以 B 是优的;C 不满足标准,所以 C 是劣的。这样,在 A 与 B、C 之间就有一个具有确定含义的因果关系,当然,这里是一个因与两个可能的果之间的关系。由于建立了这样的严格的因果关系,规范就获得了确切的含义,就能够对事件的优劣进行判断了。如果一个自命为"规范分析"的全部内容仅仅是论证其标准的正确性,而根本没有给出利用该标准进行判断所必需的严格的因果关系,那么它就不是什么规范分析,因为这样的"规范"根本起不到规范的作用。这就说明,真正要搞好一个规范分析,离不开假说—演绎的实证分析。

领导教育的规范研究所要研究和回答的领导教育问题是:(1)领导教育活动"应该是什么"或领导教育问题应该怎样解决;(2)什么方案是好的,什么方案是不好的;(3)采用某种方案是否应该,是否合理,为什么要做出这样的选择。领导教育研究中规范性质的研究可从领导教育的政策、领导教育制度、领导教育规范、领导教育操作、领导教育的评价标准等方面加以开发。

领导教育学要取得长足的发展,必须在事实研究、价值研究和规范研究方面都有所成就。因此,从这三个方面开发研究领域,推动领导教育学的发展是十分必要的。在三个研究领域的开发中,应该避免空洞的抽象思辨,加强实证研究与规范研究。因为,在传统的领导教育研究中实证研究与规范研究相对而言都十分缺乏。再者,这两方面的研究是领导教育实践必要的理论准备,加强对它们的研究有助于推动领导教育实践的发展。

第三节 研究材料的择取

作为一门新兴学科,领导教育学的发展必须注意研究材料的问题。研究材料的搜集、选择、取舍、运用对领导教育学的研究会起到很大的影响作用。葛兆光在思想史的研究中提出了一个问题:"什么可以成为思想史的材料?"[1]

---

[1] 参考葛兆光. 思想史研究课堂讲录 [M]. 北京:生活、读书、新知三联书店,2005.

他提出了许多不在过去思想史视野范围里面的各种资料,例如:第一,历书及其他;第二,类似《营造法式》《匠作则例》一类的东西;第三,包括明清宫廷档案在内的各种各样的档案;第四,类书、蒙书、手册、读本等初级读物;第五,小说话本戏曲唱词。葛兆光是从思想史研究的角度提出采取这样一些材料的。他的取材法对其他领域的人来说一样有参考学习借鉴价值,对领导教育学的研究亦然。仿照他的提问方式,我们可以问:什么可以成为领导教育学的研究材料?

一、研究材料的重要性

研究材料对研究结果具有重要的影响。这种影响不仅仅取决于研究材料的质,也取决于研究材料的量,取决于研究材料的取材范围。对于任何研究而言,除采取传统的材料之外,还应该广泛地搜取各种其他材料。采取传统的正统材料之外的材料作为研究资料,这种做法是可取可行的,而且是应该的。这样才会使我们更立体地看到研究对象。研究材料使用单一会遮蔽许多东西。许多创新性研究成功的原因之一就是运用了他人不注意的材料。这类材料看似不容易找,其实也是好找的,只要想收集肯定寻找得到。有些材料确实是很有意思,也很有价值的,比如小说。通过小说展开某个方面的研究,就很有新意。小说是社会的一面镜子,我们当然可以从小说里面找到社会方方面面的东西。所有大大小小的材料都是当时社会思想和社会生活的一种体现,只不过体现的形式方式是千变万化的而已。它们是一个多棱镜,从不同侧面发出不同的光。研究就是把那些蒙在材料上面的尘土擦去,让被遮蔽的材料重新焕发新的光彩。使用什么材料,如何使用材料,会决定性地影响研究成果。新材料才能带来新观点,让我们看到以前看不到的东西,看到看不到的一面,从而取得不同凡俗的研究成果。研究的创新有许多方面,从研究材料上取得创新是一个重要方面。

历史学家、"史料学派"的开创者傅斯年(1896—1950)[①]主张历史、语言的研究要运用新材料,发现新问题,采取新方法。他认为近代历史学只是史料学,应当用自然科学提供的一切方法、手段来整理现存的所有史料;唯

---

① 傅斯年:字孟真,山东聊城人,历史学家,五四运动中的学生领袖,民国时期的学界领袖。

有发现和扩充史料,直接研究史料的工作才具有学术意义。他的经常被引用的名言是:"上穷碧落下黄泉,动手动脚找东西。"他说:"凡一种学问能扩张他研究的材料便进步,不能的便退步。"他说:"我们反对疏通,我们只是要把材料整理好,则事实自然显明了。一分材料出一分货,十分材料出十分货,没有材料便不出货。"①(均见《历史语言研究所工作之旨趣》)他说:西洋人做学问不是去读书,是动手动脚到处寻找新材料,随时扩大旧范围,所以这学问才有四方的发展,向上的增高。傅斯年对研究材料与学问之间的关系还作了精辟的解答。第一,凡是能直接研究材料的就进步;凡是不能直接研究材料,只能间接研究材料的,或是研究前人所研究的材料或只能研究前人所创造的材料系统的就退步。第二,凡一种学问能够扩大或扩张他的研究材料的便进步;凡不能扩张他的材料的便退步。第三,凡一种学问能够扩大他作研究时所应用的工具的便进步;凡不能扩充他研究时应用的工具的便退步(在这里,工具也视为材料的一种)。傅斯年关于研究中大规模地发掘新材料的观点对我们是有启发的。其实,不只历史研究、语言研究要通过运用新材料,发现新问题,采取新方法才能带来学术的发展与进步,许多人文学科都是如此。领导教育学的研究同样需要研究材料的开发。

研究材料对研究结果的影响是显而易见的。在一些比较成熟的学科里,有人说,谁占有的材料多谁就是专家。这种说法虽然未必正确,但说明了占有材料的重要性。在一些学科中,能够提供新材料的研究,本身就很有价值。在有些学科中,研究材料取舍的不同,会导致研究结果的不同。因此,研究材料对研究具有重要的价值。

研究材料的拓展、取舍与利用对研究结果是具有决定意义的。做研究,一方面要广泛收集资料,另一方面还要对研究资料作出辨证。胡适在谈论治学方法时十分重视具体的事实与材料。1928年,针对有人忽视材料的重要性,他著文矫正说:"考证家若没有证据,便无从做考证;史家若没有史料,便没有历史。"② 他还说:"单学一个方法是不够的,最要紧的关头是你用什么材

---

① 刘梦溪. 中国现代学术经典·傅斯年卷 [M]. 石家庄:河北教育出版社,1996:340-350.
② 胡适. 治学的方法与材料 [M] //胡适. 有几分证据说几分话:胡适谈治学方法. 北京:北京大学出版社,2014:17.

料。"①他甚至认为，即使有史料，历史学家还要进一步追问："（1）这种证据是在什么地方寻出的？（2）什么时候寻出的？（3）什么人寻出的？（4）依地方和时候上看起来，这个人有做证人的资格吗？（5）这个人虽有证人资格，而他说这句话时有作伪的可能吗？"② 对领导教育学的研究资料来说，同样需要在进行广泛收集的基础上进行研究资料的辨证。

二、领导教育学的研究材料

对领导教育学的研究来说，只要与领导教育有关的材料都可以成为领导教育学研究的材料。在这里，我们想特别提到如下几种材料。

1. 历史资料

这里的历史资料主要是指历史文献资料。历史材料并不是历史研究的专利，而是一切研究所共有的资源。任何一门学科的研究都离不开史料。对领导教育的研究来说，同样离不开历史资料。领导教育研究对史料的需要，并不仅仅表现在领导教育史的研究上，而且表现在所有可能的研究上。一项研究只有深入历史，嵌入历史，才可能是一项真正有根的研究。离开历史人们将很难真正理解现实。领导教育学的发展需要加强领导教育史的研究，这离不开史料，同样在其他研究中，也需要史料的支撑。因此，对历史资料的选择就必不可少。

在领导教育研究中，不仅要选择正史史料，或曰官方资料，而且要关注野史资料。野史资料可以在一定程度上补正史之不足，而且野史可能有比正史更真实的一面，再者野史的记载可能更生动更丰富更细致。因此，取材时应该注意正史与野史资料的结合。

在领导教育的研究中，还应该注意学校的课程表、学校教育制度（如作息制度、休假制度、奖惩制度等）、学员档案、学员成绩表、学员作业、学校校歌等材料。这些教材里往往也蕴含着丰富的领导教育的信息与内容。对这类一般研究不关注的材料的研究可能会打开领导教育领域的新视野。

---

① 胡适．治学的方法与材料［M］//胡适．有几分证据说几分话：胡适谈治学方法．北京：北京大学出版社，2014：23．
② 胡适．介绍我自己的思想［M］//胡适．胡适自述．北京：北京大学出版社，2013：222．

2. 实物资料

实物资料是无声的历史记录。实物资源是更直接、更直观（当然有时也会很间接）地呈现研究信息的宝贵资料。对实物资源的考察分析往往有助于研究的进展。实物资料包括学校的校（旧）址，各种照片、文物、考古资料、碑刻等等。这些不仅仅是其他学科的研究材料，也是领导教育研究的重要材料。例如，云梦秦简中出土的《为吏之道》《从政》等都可以作为领导教育学的材料加以使用。领导教育研究中应该加强对实物资料的关注，通过实物来展示领导教育的状况。

3. 文集报刊

文集是指与领导教育有关的各种专人或专题作品集。对中国的材料来说，首先应该关注先秦诸子文集。先秦诸子文集，是中国文化的源头性著作结晶。领导教育学的研究，特别是中国领导教育学的研究，离不开中国文化的传统。再者，先秦诸子文集里，包含着丰富的领导教育实践与领导教育思想（遗憾的是限于时间与精力本论文没有细致考察这一点，只好留待异日做此工作了）。除先秦诸子文集之外，其他人士的文集也应该关注。文集里面或许会有与领导教育相关的文章。例如，胡适的《领袖人才的来源》和《论六经不够作领袖人才的来源》就是从他的文集里发现的。

报刊是指不同时代的各种各样的报纸、杂志期刊。报刊上往往会载有时代性非常强的文章或相关政策等。这些文章或可成为领导教育研究的背景资料，或可提供直接的领导教育资料。因此，关注报刊上的相关资料，对领导教育的研究也是十分重要的。特别是在现代，重大的领导教育动态大都会在报刊上刊载，更直接为领导教育研究提供了资料。

在信息化、网络化的今天，还应该关注网络资料。当然，对网络资料的搜集与运用要注意资料的甄别，因为网络资源存在良莠不齐的信息。运用网络可以迅速快捷地查寻到所需要的资源，这是它的一大优势。

4. 传记作品

传记作品可算为文学作品的一类。鉴于它对领导教育研究的重要性，专门列出来谈。人物传记是对传主整个人生或人生片断的记述。传记是一种表现人物、展现历史的文体。传记是一扇窗子，是洞悉传主人生历程、心灵轨迹的窗子，也是洞察那个时代风云变化的窗子。好的传记讲究文学价值与史学价值的有机融合。它通过对传主人生经历栩栩如生的描述，表现传主、反映历史。中国现代传记文学的倡导者胡适历来要求传记的内容要"纪实传真",传记的文字要能"传神写生",要能"给史家做材料,给文学开生路"。阅读传记可以从中激励意志、获取知识、察古知今、鉴往知来、指导人生。从体裁看,传记包括正传、别传、自传、行传、画传、忏悔录、回忆录、年谱、评传、学术自传等。此外,墓表(墓志)、寿辞、祭文、日记、书信、人物肖像、人物剪影、人物随笔、口述实录等也是亚传记类作品。

  因为传记作品具有史料价值,所以对领导教育研究会有很大的帮助作用,可以通过传记作品,了解有关领导教育活动的真实情况与历史细节。对领导教育研究而言,要特别关注学员、教员、校领导、学校职工在领导教育机构工作、学习的自传、回忆录、日记等内容。因为回忆录、日记等内容可以更为真实生动细致地展现当时的干部教育状况,再现历史的情境。例如,成仿吾的《战火中的大学:从陕北公学到人民大学的回顾》,较为详细地记载了从陕北公学到人民大学的创办及教学情况、学员的生活情况,里面有许多生动详细的细节。又如山东老解放区教育史编写组编的《山东老解放区教育资料汇编:第六辑》(1985年4月)是回忆录专辑,书中收录了许多人对老解放区干部学校学习的回忆,是研究当时干部教育的重要资料。再如,一位参加井冈山干部学院培训的教师在写自己参加井冈山干部学院学习后的文章《走朱德挑粮小路与"体验历史"》一文中写道:"中国井冈山干部学院采取走朱德挑粮小路的教学方式,比模拟历史场面的教育效果要好得多。"[①] 这其实就是教学的真实反馈。通过这样的反馈,可以了解领导教育的效果,进而调整教学。在传记作品中,或许我们应该关注一下西方来华人士的传记、回忆录、日记、书信之类的东西。例如,本书中引用的《紫禁城的黄昏》《清廷十三年》等。因为这些来华人士中有许多人是有机会接触中国高层的,因此在他们的经历与见闻中可能会有关于古代领导教育的记载。这些材料对我们重新回到古代,打开久远的历史之门或许会有帮助。

  5. 艺术作品

  艺术作品,指影视作品、戏剧作品、绘画作品、雕塑作品等。对于这些艺术作品,可以从领导教育学的学科立场出发,以领导教育的视角从中勾陈

[①] 齐卫平. 走朱德挑粮小路与"体验历史"[J]. 华东师范大学报·文艺副刊,2007-05-15: 4.

出领导教育的内容,加以研究。例如,电视连续剧《亮剑》① 中,抗美援朝战争开始后,片中的男主角李云龙(李幼斌饰)有了久违了的参战冲动,屡屡向上级打报告,要求带兵赴朝作战。但他的请示不但没有被批准,反而接到去南京军事学院学习的通知。他带着情绪去南京军事学院报到了。在南京军事学院,他由强烈的抵触到虚心的求学,这是李云龙从野战经验到完成军事理论系统化的一个重要转变。对领导教育研究来说,《亮剑》中的片段内容就是非常好的研究材料,可以从领导教育的视角对它展开研究。艺术作品是对现实生活的反映,它既有生活真实,也有艺术真实。不论是生活真实还是艺术真实,对领导教育学的研究来说都是一种很特别的材料。因为它是以艺术的方式展现领导教育的。

6. 文学作品

文学作品也可归属到艺术作品中,鉴于文学作品中往往会有涉及领导教育的,故给予专列。通过文学来研究领导教育,应是一个可行的方案。从古至今,我们有许多所谓官场小说、关于帝王将相的文学作品。这些文学作品里面包含了对官员的各种规训与教化。不唯官场小说、帝王将相的小说如此,其他文学作品里面也会涉及这些内容。领导教育的研究可以它们为研究材料,以领导教育为研究对象。比如《红楼梦》里葫芦僧乱判葫芦案一节,作者并不是想要表现领导教育的内容,但在领导教育的视角看来,它是当时官员在实践中接受锻炼或教育的一种方式。正是因为这类材料在写作或生产时并不是以他人的研究对象为对象或目的的,所以才会更加真实地反映当时的现实。或者说,这类材料在无意之中反映了我们要研究的对象。而这无意中反映出的对象,对我们而言正是非常难得的材料。如果是有意的反映可能还会出现造假的情况呢。其实,许多人文社会科学的研究都可以从小说戏曲以及民间众多的文本资料与实物资料中找到自己想要的东西,关键是要结合自己的专业形成自己的研究视角,带着特定的研究视角对这些材料进行分析、处理。

---

① 本剧由张前、陈健导演,李幼斌、何政军、张光北等主演。

第四节 研究方法的探索

人们通常认为，一门成熟的学科应有自己独特的研究方法。其实，这是一种不切实际的要求。任何一个学科，不管是传统的还是新出现的，都不会拥有完全属于自己的、其他学科从来不用的研究方法。在研究方法方面，自然科学与社会科学之间存在着相对明显的区别。但两个领域中的不同学科分享了大致相同的研究方法。实验在自然科学各学科中都十分重要，社会科学各学科主要使用文献分析法、调查法、统计分析法等。没有必要挖空心思为一门新学科寻找独特的研究方法。[①]

只要一个学科形成相对稳定的研究方法，不论这种方法最先是由哪个学科开始使用的，都可以视为是该学科拥有了自己的研究方法。研究方法具有相当强的公用性，而不是私占性。这是由研究方法的工具性质所决定的。研究方法是研究的工具，是进入研究领域的工具，也是打开研究领域的工具。只有能够便捷地解决研究的问题、完成研究的任务，运用任何研究方法都是可取的。

其实，对于学科研究来说，不仅需要掌握一般的研究方法，还需要掌握研究的方法论。研究方法论是对研究方法与研究内容之间适切性的关怀，是使研究方法更加适应研究对象的幕后指导。从研究方法的角度看，领导教育学的研究首先需要对研究方法论加以探讨。

一、研究方法论的探索

形成领导教育研究的方法论，对领导教育的研究有着重要的意义。领导教育学的研究方法是具体的，而领导教育学的方法论则是研究中研究方法背后的指导。我们以为领导教育学的研究应遵循以下方法论。

1. 历史与现实的对话

领导教育的研究离不开对领导教育史的研究。著名史学家克罗齐说，一切历史都是当代史。吕思勉说："史也者，所以求知过去者也，其求知过去，

[①] 马凤歧. 教育政治学 [M]. 北京：人民教育出版社，2002：28.

则正其所以求知现在也。"① 他还说:"若真知道历史,便知道世界上无一事不在变迁进化之中,虽有大力莫之能阻了。所以历史是维新的证佐,不是守旧的护符。惟知道历史,才知道应走的路;才知道自己所处的地位;所当尽的责任。"②对领导教育史的研究并不仅仅止于历史,而是为了与现实对话,为了以历史的研究指导现实的领导教育实践。比如,通过对中国领导教育史的考察,可以发现,在历史上的领导教育中,很注意礼教,即礼仪的教育。这对今天的领导教育仍然具有借鉴意义。在今天的领导教育中,可以考虑加强礼仪教育。在中国领导教育历史上有重视乐教的传统。在古代如此,在近现代的教育中也有同样的例子。比如,抗日战争时期,学员生活中很重要的一块内容是唱歌。各干部教育学校基本上都有自己的校歌。这校歌并不是仅仅停留在有这样一首歌存在,而是确确实实成为学校成员传唱的歌曲,成为一项教育的内容。在现实与历史的对话中,我们可以汲取历史的力量,促进现实的发展。因此,在历史与现实的对话中,特别要注意当代对过往的继承。

2. 叙述与议论的结合

叙述与议论结合是从研究的表述方式上而言的。史论结合是历史研究的重要方法。史即是史实。在研究中对事实的运用表现为对史实的叙述。叙述是为了更好地描述事实、呈现或再现事实,但对于研究来说,仅有叙述,仅有事实是不够的,还必须对所叙述的事实加以分析与评价。因此,在叙述的基础上还须有议论。领导教育学的研究要做到叙述与议论的结合。如此,方能在呈现事实的同时,表明研究者的立场、观点,揭示事实背后的规律或真相。

叙述与议论的结合中,还需要注意论据与阐释的结合。论据与论点之间总是存在着一些必然的关系,这些关系通过阐释得以建立。同样的论据可以阐发出不同的论点,同样的论点也可以需要不同的论据。因此,正确处理论据与阐释之间的关系,成为研究中十分重要的问题。领导教育研究中同样需要注意论据与阐释之间的关系,做到两者的有机结合。

3. 历史与逻辑的统一

历史与逻辑的统一是学科研究的基本方法论。领导教育学的研究同样遵

---

① 吕思勉. 吕著史学与史籍 [M]. 上海:华东师范大学出版社,2002:38.
② 吕思勉. 吕著史学与史籍 [M]. 上海:华东师范大学出版社,2002:35.

循这一方法论。历史是纵向发展的，表现为特定时空中事件的发生发展。逻辑则以其内在的严密性，呈现事物的规律。领导教育学的研究，既要对历史加以梳理，同时这种梳理又要以一定的逻辑关系为统领。在逻辑关系的统领下呈现历史，在历史发展的脉络里体现逻辑。如此，方能更条理更清楚地说明问题。

4. 人物与环境的互动

领导教育学的研究会涉及对专人领导教育实践活动与领导教育思想的考察。在做这样的考察时，要把这种人物活动与思想的考察与人物本身结合起来，因此需要对人物加以考察，而对人物的考察离不开人物成长与活动的社会历史环境。"不论什么事情，总是发生在一定的环境之内的，如其不知道它的环境，这件事就全无意义了。"①人总是在特定的社会历史环境中活动的。人的一切活动都是对外在环境的一种回应。因此，应该关注人物与环境的互动。环境影响了人物的思想与活动，同样人物的活动与思想又在一定程度上影响了环境。例如，社会环境的变动影响了毛泽东的思想，影响了毛泽东的干部教育思想的生成与发展变化。另一方面，毛泽东的干部教育实践与干部教育思想又对社会环境产生了一定的影响。领导教育活动的考察要关注人物与环境之间的这种互动。要在人物与环境的互动中来解释人物领导教育实践与思想的生成与发展，来理解领导教育环境的变化。

5. 人物对人物的影响

人物与环境之间的互动，更多的是揭示社会大环境与人物之间的相互影响。人物与人物之间的影响，则主要是指具体的个人与个人之间或个人与群体之间的相互影响关系。领导教育活动是具体的人或群体的社会实践活动。因此，领导教育学的研究是有"人"的研究。在领导教育研究中必然涉及对人物的研究，对人物的研究要考虑人物与人物之间的相关影响。毛泽东思想的形成是党的第一代中央集体共同智慧的结晶。其中，毛泽东的干部教育思想的形成与发展也与党的第一代中央领导集体成员的影响相关。另一方面，毛泽东的干部教育思想对党的第一代中央领导其他成员的干部教育思想也有着重要的影响。如此，方能真正理解人物领导教育实践与思想的来龙去脉，才能更加真实地贴近人物的行为与思想，揭示领导教育的本质。

---

① 吕思勉. 吕著史学与史籍 [M]. 上海：华东师范大学出版社，2002：19.

6. 本土对异域的借鉴

领导教育活动不仅是一国的事情，还会受到世界领导教育活动的影响。这种影响有的是我们主动的学习，有的是被动的改进。不论是什么情况，只要是存在领导教育的文化交流与传播，异域的领导教育活动就会对本土的领导教育活动产生影响。因此，对本土领导教育活动的考察，还需要注意本土对异域的借鉴，注意异域文化本土化的过程。比如，研究五四运动以来，中俄两国在干部教育上的交流，就需要考察俄国的干部教育对中国干部教育的影响，中国对俄国干部教育的学习与借鉴。立足本土，关注异域，是领导教育研究的基本立场。

7. 定性与定量的结合

定性分析是主要凭分析者的直觉、经验，凭分析对象过去和现在的延续状况及最新的信息资料，对分析对象的性质、特点、发展变化规律做出判断的一种方法。定性分析大多是采用参与观察和深度访谈而获得第一手资料，具体的方法主要有参与观察、行动研究、历史研究法、人种志方法等，其中参与观察，是定性研究中经常用到的一种方法。

定量分析是依据统计数据，建立数学模型，并用数学模型计算出分析对象的各项指标及其数值的一种方法。定量研究主要用观察、实验、调查、统计等方法研究现象，对研究的严密性、客观性、价值中立都提出了严格的要求，以求得到客观事实。

定性分析是为了确立认识对象的性质或类型，解决认识对象的实质是什么的问题。定量分析是为了确定认识对象的规模、速度、范围、程度等数量关系，解决认识对象"是多大""有多少"等问题。定性分析与定量分析是分析事物的两个方面。定性分析用于判定事物的性质，即质的规定性。定量分析常用于判定事物发展的深度、广度、作用范围的大小、作用时间的长短等量的规定性。定性分析注重现象体验，定量分析注重实证。定性分析用文字语言进行相关描述；定量分析用数学语言进行描述。

定性分析与定量分析应该是统一的，相互补充的；定性分析是定量分析的基本前提，没有定性的定量是一种盲目的、毫无价值的定量；定量分析使之定性更加科学、准确，它可以促使定性分析得出广泛而深入的结论。现代定性分析方法同样要采用数学工具进行计算，而定量分析则必须建立在定性预测基础上，二者相辅相成，定性是定量的依据，定量是定性的具体化，二者结合起来灵活运用才能取得最佳效果。

定性分析与定量分析相结合是许多研究所遵循的一种方法论。领导教育学的研究既需要定性分析，也需要定量分析，因此，领导教育学的研究要把定性分析与定量分析结合起来加以运用。

二、具体研究方法的探索

研究目的、研究内容决定研究方法。研究方法无所谓好坏，关键是研究方法要与研究内容相适切。一般而言，研究方法契合研究内容的程度越高越好。研究中可以是单一方法的运用，更多情况下是多种研究方法的综合运用。领导教育学的研究可采用如下方法。

1. 历史研究法

历史研究法就是对研究对象的各方面事实作详尽的调查，并对其发生、发展、变化过程作全面的分析，从而在了解研究对象的历史与现状的基础上，鉴往知来，揭示其本质和规律的研究方法。

历史研究法可采用顺向考察，即从既往的教育事实探究教育理论和实践所产生的原因，也可采用逆向考察，即从往后的事实探究教育理论与实践所引起的结果。历史研究法还可采用纵向研究，即按照教育是理论与实践从低级状态过渡到高级状态的发展顺序进行考察，也可采用横向研究，即针对某一方面的研究内容与其他国家或其他领域的内容相联系进行考察。此外，还可采用训诂考证、义理论证等方法。

2. 文献分析法

文献分析法是传统的学术研究方法，在现代社会科学出现前就已经被大量使用了。研究前人留下的文献一直是学者们的主要任务。在对文献的分析过程中，要保持对文献的客观解释有时是很难的。因为在文献中常常会加入学者自己的观点，我国古代有所谓"我注六经，六经注我"的说法。运用文献法，首先要进行文献真伪的辨别工作。中外都有许多假托古人前贤著述的情况出现；还有些记述由于某些原因歪曲事实真相；也有些文献以讹传讹。因此，使用文献时首先要进行文献辨伪。辨伪的常用方法是尽量做到不同文献的相互印证，在印证中辨别真假。运用文献法，还要注意全面客观地搜集、分析和引用文献，避免断章取义和随意缩小或扩大文献的范围与意图。在对文献进行推论时要注意推论的有效性，做到推论有理、有度。

3. 调查法与统计分析法

调查法与统计分析法是在 19 世纪中期以后，随着现代社会科学的出现而兴起的。调查就是通过了解和考察客观情况，直接获取有关资料，进一步的研究还要对资料进行分析。调查法通常分为访谈法与问卷法两种。

访谈法通常是指研究者为了研究某一课题内容而设计好一整套问题，并以这些问题为线索，通过与被调查者面对面的交谈，让被调查者回答，由此收集相关研究资料，并通过这些资料来分析被研究者的特点和规律。

问卷法则是指研究者把设计好的一整套问题以书面的形式呈现给被调查者，由此收集资料，并通过对资料的分析来反映被调查者的特点与规律。

调查法主要有抽样调查与典型调查两种。抽样调查是随机抽取调查对象，典型调查是抽取具有某种特征的个人或群体为调查对象。调查结果的有效性取决于调查对象选择的是否恰当，调查方法及调查中问题的设计是否合理，调查中的具体操作是否符合调查技术的要求等因素。

调查获得的结果是原始数据，进一步的研究还需要对数据进行统计分析。统计分析有整套技术，需要研究者熟练地掌握。

4. 比较研究法

比较研究法是确定事物异同关系的思维过程和方法。它是人们根据一定的标准或以往的经验把彼此有某种联系的事物加以对照，从而确定其相同与相异之处，对事物进行分类，并对各个事物的内部矛盾的各个方面进行比较后，得出事物的内在联系，从而认清事物的本质。运用比较法要注意所比较的事物之间具有可比性。可比性的前提是同质性。只有性质相同的事物之间，才能具有一定的可比性。此外，要比较的事物之间还要有一定的对等性，即要处于同一"等量级"。

5. 个案研究法

"个案研究（Case study）指采用各种方法，搜集有效、完整的资料，对单一对象进行深入细致的研究过程。通常个案研究是对特定的人、事、物所进行的描述和分析，研究对象可以是一个人、一个机构、一个社会团体等，资料搜集可以采用查阅档案记录、问卷、测验、访谈、观察等方式。"[1] 个案

---

[1] 郑金洲，陶保平，孔企平. 学校教育研究方法［M］. 北京：教育科学出版社，2003：189.

研究的范围很广,领导教育学的研究中也可对领导教育者、受教领导者或领导教育机构等展开个案研究。

6. 经验总结法

经验总结法是指在不受控制的自然状态下,依据教育实践所提供的事实,分析概括教育现象,使之上升到教育理论高度的一种研究方法。经验总结法主要体现为两方面:一方面是领导教育者做出对自身领导教育实践经验的直接总结;一方面是研究者对领导教育者实践经验的间接总结。一般研究者使用较多的是间接经验总结法。经验总结法可以通过多种形式展现出来,如报告会、讲座、对话、采访、录像、电视或广播节目等。这些都可使研究者从中获得研究信息与资料,从中做出总结研究。

7. 实验研究法

实践是检验真理的唯一标准。教育实验是检验教育理论正确与否的重要手段。领导教育中也可以采用实验法进行研究。实验研究法是指根据预定的研究目的,有计划地创造一些条件,施以影响被试者,观察被试者心理活动的变化是否符合预期的设想的一种研究方法。为了便于检验实验的效果,一般均进行对比分析:或一个实验组,进行实验前后的对比;或一个实验组、一个对比组,进行左右对比。为了使教育实验具有科学价值,并有推广价值,实验点(包括实验对象和实验环境)的选择应具有广泛的代表性。

8. 追踪研究法

领导教育的效果存在一定程度的潜在性,因而对领导教育的研究,还应采用追踪研究法。追踪研究有目的地、连续不断地观察研究学员从入学开始一直到毕业后的发展变化,从中分析各阶段教育对学员发展变化的作用的大小和影响的深浅,从而提出最优化的教育方案。

当然,领导教育学的研究中可资运用的方法还有许多,如观察法、测验法、社会测量法等。在具体的研究中需要选择什么样的方法,要根据研究课题的性质、研究目的、研究内容等来确定。

没有哪一种方法是哪门学科所独有的。方法只是研究的工具,只有适切与否,其本身没有优劣之别。某种或某些方法在某门学科中经常被运用,往往说明这种或这些方法是适合这门学科的。对领导教育学所要具体运用的方法来说,还需要在实践中加以探索。领导教育学应该探索最适合于自己的具体的研究方法,形成学科稳定的研究方法是学科趋于成熟的标志。

第五节 研究平台的建立

领导教育学的发展与良好的研究环境与研究氛围是分不开的。良好的研究环境与研究氛围的形成需要良好的研究平台。领导教育学发展的研究平台主要表现为成立领导教育研究学会、研究机构等,创办发行领导教育刊物,出版领导教育著作,召开领导教育学术会议,高校设置领导教育学专业与课程,领导教育研究信息的网络传播等方面。

一、成立领导教育研究机构

领导教育学的发展需要有良好的研究基础。为了更好地对领导教育进行研究,相关部门应成立领导教育研究机构。领导教育研究机构是专门进行领导教育实践与领导教育现象研究的部门,它的出现和存在可以促进领导教育研究的专业化,拓宽领导教育研究的领域,深化领导教育研究的内容。

专门领导教育研究机构中应设专门的领导教育研究人员。一门学科的发展,说到底要有人去做,要靠人去做,要靠人去推动。没有专门的研究人员,学科的专业化就很难达到,即使能够发展也会非常缓慢。因此,专业人才的建设是领导教育学发展的关键。

目前,中国浦东干部学院已成立国内第一个领导教育研究所,并配备了专门的研究人员。这为领导教育学的发展打下了一个良好的基础。相关院校或部门可进一步增设领导教育研究机构以促进领导教育学的发展,通过领导教育研究推动领导教育实践。

二、创办领导教育研究刊物

专业刊物是发表、传播、交流学科研究成果的重要平台。同时,专业刊物是衡量学术发展的一个重要指标。专业刊物的存在与发展可以促进学科的发展。例如,中国领导学的出现是在 20 世纪 80 年代初。1985 年 3 月我国第一家公开发行的领导科学专业刊物《领导科学》在河南省创刊,随即成为领导学研究的重要阵地。接着,上海市于 1986 年 2 月创办了《现代领导》杂志。目前为止,全国已有数十家领导学方面的专业刊物。如中共福建省委党校、福建省领导科学研究会主办的《领导文萃》;山东省领导科学学会主办的《领导论丛》;河北省委党校主办的《领导之友》;等等。此外,还有《领导科学报》等报纸。一些党校或普通高校的学报和其他一些综合性刊物或开辟专栏,或零散刊登领导学方面的文章,这为领导科学方面论文的发表提供了相对通畅的道路。除公开出版发行的刊物外,还有些单位创办了领导学方面的内部刊物,如《领导理论与实践》《新世纪领导者》等。这些刊物成为领导学学术交流的平台,为促进领导学在中国的发展起到了重要的作用。为了更快更好地发展领导教育学学科,同样应尽快创办、发行领导教育研究的专业刊物。领导教育研究刊物应类型多样,既应有理论性、专业性强的理论刊物,也应有以反映领导教育实践为主的刊物。领导教育研究刊物也应有相应的数量。在领导教育学发展的初期,领导教育研究的刊物可能会少些,但随着领导教育学的发展,领导教育研究的刊物应适当增加,以满足研究成果发表的需要,同时推动领导教育学的发展。

三、出版领导教育学著作

领导教育学的发展,不仅需要通过刊物发表专业论文,还需要有研究的专著出现。为促进领导教育学的发展,在领导教育研究的基础上,应尽快出版领导教育学研究的专著。领导教育学著作的出版,一方面要出版我国领导教育研究者的研究论著,领导教育学专业的优秀博士论文或硕士论文;另一方面要尽快引进、翻译出版国外领导教育方面的著作。国外领导教育研究著作的出版,可考虑适当出版外文原著,以促进领导教育学研究的国际接轨。

就目前而言,领导教育学著作的出版,除注重出版研究专著外,还应注重出版一些领导教育学的资料集。领导教育学的资料集是学科建设的一个重要基础,应组织人员专门搜集整理领导教育方面的资料,分类分批加以出版。这对促进领导教育学的发展将是一项重要的基础工作。任何一门学科都有其历史,即使一些新兴学科,也有着较长的历史渊源。理清学科发展的历史,是学科发展的基础工作。因此,目前领导教育学著作的出版中,还应关注领导教育史著作的出版。总之,目前领导教育学著作的出版要注意注重学科基础性著作的出版,在此基础上再求其他著作的多样化出版。

四、建立领导教育研究学会

建立领导教育研究学会是促进领导教育学发展的又一平台。学会是联络、团结、组织研究人员的重要阵地,是学术研讨交流的重要平台。因此,应该成立领导教育研究的各种学会。随着发展可建立国家级、省级、市级等领导教育研究学会,形成多层次、宽范围的领导教育研究平台。这些学会的主要业务是组织开展领导教育学的理论研究、社会调研、学术交流、书刊编辑、业务培训、咨询服务、学术评奖等。

五、召开领导教育学学术会议

学会活动是繁荣学术、培养人才的重要力量,应加以重视。学术活动中的学术会议是直接的学术交流平台。为了促进领导教育研究的深入,促进领导教育学的发展,以领导教育研究机关、领导教育研究学会、相关大中专院校等部门牵头可适当组织一些国际性、全国性、地区性或部门性的领导教育学术会议。为扩大领导教育学的影响,扩大学术会议的影响,可加强对学术会议的宣传报道。为促进领导教育研究成果更大范围的传播与交流,学术会议的成果可结集出版。

六、开设领导教育学课程

在大中专院校开设领导教育学课程是促进这一学科发展的重要举措。领导教育学课程不是指领导教育学专业所学习的所有课程,而是指以领导教育为核心所构成的课程。领导教育学专业所学习的课程,除领导教育学课程外,还包括领导学、政策学、人才学等相关课程。而这里所说的领导教育学课程,主要包括领导教育基本理论、领导教育哲学、领导教育伦理、领导教育史、领导教育史论、领导教育著作研究、领导教育政策研究、领导教育方式方法、领导教育艺术之类的课程。这类课程的研究与开设会促进领导教育学学科的专业化发展。在开设领导教育学必修课的同时,应加强选修课的开设。选修课由于其灵活机动性,往往会孕育着更大的学科发展活力,孕育着新的学科生长点和学科发展方向。领导教育学课程的开设,可为传播、学习、研讨领导教育学提供一个新的舞台。

七、设立领导教育学的学位点

学位点的设立和学位点的数量也是衡量一门学科在学科建制上发展的重要标准。因此，为促进领导教育学的发展，还应在高校设立领导教育学的学位点。华东师范大学和中国浦东干部学院于2004年联合创办领导教育学的博士学位点，标志着领导教育学学位点在中国大陆的创立。随之，两所学校的领导教育学的硕士招生也于2007年正式开始。领导教育学博士点和硕士点的建立，不仅可以为领导教育学的发展培养更多的专业人才，而且在学位点和专业课程建设方面的努力促进了领导教育学的发展。目前领导教育学的学位点还需适当增加，以适应人才培养的需要和学科发展的需要。相关院校可考虑增加这方面的学位点。

八、领导教育学的网络传播

当今社会是一个信息化、网络化的时代，学术的发展已与网络紧密相连。网络成为学术发展的重要平台，也成为领导教育学传播的新平台，应该尽快建设领导教育学的专业网站。专业网站的出现及其数量和质量的发展，也将成为衡量学科发展的一个重要指标。总之，网络的发展为领导教育学研究提供了新的平台。今后对这一平台的开发与利用将会进一步扩大。

本章小结

领导教育学还是一门刚刚成立的学科。它要想获得更为独立的发展，获得学科成熟，还有很长的路要走。为了尽快尽好的发展，它应该进一步强化从领导教育的角度进行研究的学科立场，进一步开发新的研究领域，拓宽研究资料的选择范围，不断寻求适合本学科的研究方法，同时建立各种有利于学科发展的平台。在综合做出各方面努力的基础上，领导教育学有望获得更快更好的发展。

结语：未来可期的领导教育学

21世纪初，领导教育学专业博士点的设置，标志着领导教育学作为一门学科的诞生。作为一门新兴学科，领导教育学的学科独立性需要被加以论证。要论证这一问题，需要对学科独立的标准加以探讨。衡量一门学科是否独立有两种标准，即学科建制与学科规范。在以往对学科的评定中，人们常常用学科成熟的标准来衡量学科独立，忽略了学科发展的阶段性。为此，有必要提出"学科发展梯度标准"以区分学科发展的不同程度。通过学科发展梯度标准可以发现，领导教育学已经设立了，但它的发展还需要长期的建设。

领导教育学是研究领导教育活动与现象的学问。它的主要任务是探寻领导教育规律，解释领导教育现象，指导领导教育实践。在学科归属上，领导教育学不归属于领导学，而是教育学的一个特殊理论学科。

领导教育学的建立要回答领导教育的可能性、领导教育的必要性和领导教育的可行性三个方面的基本问题。人的发展的可持续性和成人学习的优势使得领导教育成为可能。领导者学习的必要性和组织领导专业化的要求使得领导教育成为一种必要。国家政策、教育机构、师资队伍和历史实践的存在，保障了领导教育的可行性。领导教育既是可能的，且是必要的，还是可行的。

领导教育学的横向比较可以使领导教育学区别于其他学科，从而显示其独立性。领导教育学与其他教育学科的不同，关键在于领导教育活动与其他教育活动的不同。领导教育与干部教育、成人教育、国民教育、终身教育之间既有联系又各不相同。领导教育学有一定的基础学科，马克思主义哲学、教育学、心理学、领导学、社会学、人才学等学科是它的基础学科。领导教育学不同于领导学，也不同于教育领导学，更不同于干部教育学。它们之间既有密切联系又各自独立。领导教育学的横向比较，进一步表明了它的学科独立性。

要论证领导教育学能够成为一门独立学科，必须论证它具有自己独特的研究对象。考察发现，领导教育活动是古今世界各国普遍存在的一项人类教育活动。它既具普遍性又具独特性，在整个教育活动系统中占有重要地位，完全可以成为一个独立的研究领域，被加以专门研究。在不同历史时期，不同国家和民族的人们都曾思考过领导教育的问题，把人们对领导教育的思考作为研究对象就是领导教育思想的研究。这正是领导教育学的研究对象之一。因此，成立领导教育学，以领导教育活动及其现象作为研究对象是完全可以的。

领导教育学要想获得学科自立，应该进一步强化学科研究的立场，大力开发新的研究领域，尽量拓宽研究资料的选择范围，不断寻求适合本学科的研究方法，不断建立本学科的研究平台。在综合做出各方面努力的基础上，领导教育学有望获得更好的发展。领导教育学的发展未来可期。

参考文献

一、中文文献
（一）专著

[1] 马克思恩格斯选集：四卷本［M］．北京：人民出版社，1972．

[2] 列宁选集：四卷本［M］．北京：人民出版社，1972．

[3] 列宁论教育：上、下［M］．北京：人民教育出版社，2001．

[4] 毛泽东选集：1—4卷［M］．北京：人民出版社，1991．

[5] 毛泽东文集：1—8卷［M］．北京：人民出版社，1999．

[6] 毛泽东同志论教育工作［M］．北京：人民教育出版社，1992．

[7] 刘少奇选集：上［M］．北京：人民出版社，1981．

[8] 刘少奇选集：下［M］．北京：人民出版社，1985．

[9] 周恩来选集：上卷［M］．北京：人民出版社，1980．

[10] 周恩来选集：下卷［M］．北京：人民出版社，1984．

[11] 周恩来教育文选［M］．北京：教育科学出版社，1984．

[12] 陈云文选：1—3卷［M］．北京：人民出版社，1995．

[13] 朱德选集［M］．北京：人民出版社，1983．

[14] 邓小平文选：1—2卷［M］．北京：人民出版社，1994．

[15] 邓小平文选：第3卷［M］．北京：人民出版社，1993．

[16] 江泽民文选：1—3卷［M］．北京：人民出版社，2006．

[17] 胡锦涛文选：1—3卷［M］．北京：人民出版社，2016．

[18] 习近平谈治国理政［M］．北京：外文出版社，2014．

[19] 习近平谈治国理政：第2卷［M］．北京：外文出版社，2017．

[20] 习近平谈治国理政：第3卷［M］．北京：外文出版社，2020．

[21] 习近平谈治国理政：第4卷［M］．北京：外文出版社，2022．

[22] 习近平著作选读：1—2卷［M］．北京：人民出版社，2023．

[23] 程树德．论语集释［M］．北京：中华书局，1990．

[24] 胡采生，张萌．礼记［M］．北京：中华书局，2017．

[25] 方向东．大戴礼记［M］．南京：江苏人民出版社，2019．

[26] 黄永堂．国语全译［M］．贵阳：贵州人民出版社，1995．

[27] 陈桐生．国语［M］．北京：中华书局，2013．

[28] 郭丹，程小青，李彬源．左传［M］．北京：中华书局，2012．

[29] 来可泓．大学直解·中庸直解［M］．上海：复旦大学出版社，1998．

[30] 张觉．荀子译注［M］．上海：上海古籍出版社，1995．

[31] 方勇．孟子［M］．北京：中华书局，2010．

[32] 章言，李成甲．为政恒言［M］．西安：三秦出版社，1998．

[33] 方向东．新书［M］．北京：中华书局，2012．

[34] 贾谊．新书校注［M］．阎振益、钟夏，校注．北京：中华书局，2000．

[35] 贾谊．贾谊文赋全译［M］．夏汉宁，译注．南昌：百花洲文艺出版社，1996．

[36] 张世亮，钟肇鹏，周桂钿．春秋繁露［M］．北京：中华书局，2012．

[37] 王志彬．文心雕龙［M］．北京：中华书局，2012．

[38] 范晔．后汉书［M］．李贤，等注．北京：中华书局，2000．

[39] 杜佑．通典［M］．颜品忠，等校点．长沙：岳麓书社，1995．

[40] 李世民，等．帝范·臣轨·庭训格言［M］．王双怀，梁克敏，董海鹏，译注．北京：中华书局，2021：27．

[41] 李世民．帝范［M］．张玉龄，释译．呼和浩特：远方出版

社，1998.

[42] 骈宇骞．贞观政要［M］．北京：中华书局，2011．

[43] 李延寿．南史：二［M］．北京：中华书局，2000．

[44] 范祖禹．帝学校释［M］．陈晔，校释．上海：华东师范大学出版社，2015．

[45] 黎靖德．朱子语类［M］．长沙：岳麓出版社，1997．

[46] 陆游．老学庵笔记［M］．王欣，点评．青岛：青岛出版社，2002．

[47] 上海古籍出版社编．宋元笔记小说大观［M］．上海：上海古籍出版社，2007．

[48] 吕本中．吕本中全集［M］．韩酉山，辑校．北京：中华书局，2019．

[49] 朱熹．四书章句集注［M］．北京：中华书局，2011．

[50] 陈模，文皇后．东宫备览·皇后内训［M］．长沙：湖南人民出版社，1999．

[51] 张养浩．权力忠告［M］．李政，注释．北京：中国盲文出版社，2004．

[52] 张居正．帝鉴图说［M］．陈生玺，贾乃谦，整理．郑州：中州古籍出版社，1996．

[53] 张居正．帝鉴图说［M］．柯夫，王琛，点校注译．北京：中国言实出版社，2001．

[54] 张居正．帝鉴图说［M］．刘微，评．昆明：云南美术出版社，2005．

[55] 张居正．资治通鉴：皇家读本［M］．陈生玺，等译解．上海：上海古籍出版社，1998．

[56] 宋濂，等．元史［M］．北京：中华书局，2000．

[57] 上海古籍出版社编．明代笔记小说大观［M］．上海：上海古籍出版社，2005．

[58] 康熙．庭训格言：康熙家教大全［M］．唐汉，译注．北京：中国

对外翻译出版公司,2001.

[59] 康熙著. 帝王家训 [M]. 北京:中国文史出版社,2003.

[60] 康熙. 康熙教子庭训格言 [M]. 北京:中国社会科学出版社,2004.

[61] 章梫. 康熙政要 [M]. 褚家伟,郑天一,刘明华,校注. 北京:中共中央党校出版社,1994.

[62] 纪晓岚. 帝范观止 [M]. 宋作新,李继新,等编译. 北京:昆仑出版社,2001.

[63] 皮锡瑞. 尚书大传疏证 [M]. 吴仰湘,点校. 北京:中华书局,2022.

[64] 张延玉,等. 明史 [M]. 北京:中华书局,2000.

[65] 冯天瑜,姜海龙. 劝学篇 [M]. 北京:中华书局,2016.

[66] 辞海:缩印本 [M]. 上海:上海辞书出版社,1980.

[67] 中国大百科全书·教育卷 [M]. 北京:中国大百科全书出版社,1985.

[68] 顾明远. 教育大辞典:简编本 [M]. 上海:上海教育出版社,1999.

[69] 罗凤竹. 汉语大词典:缩印本:上、下 [M]. 上海:汉语大词典出版社,1997.

[70] 中国社会科学院语言研究所. 现代汉语大词典 [M]. 北京:商务印书馆,2000.

[71] 吕思勉. 吕著史学与史籍 [M]. 上海:华东师范大学出版社,2002.

[72] 吕思勉. 先秦学术概论 [M]. 长沙:岳麓书社,2010.

[73] 郭齐家. 中国教育思想史 [M]. 北京:教育科学出版社,1987.

[74] 张瑞璠. 中国教育哲学史:1—4 [M]. 济南:山东教育出版社,2000.

[75] 吴式颖,赵荣昌,等. 外国教育史简编 [M]. 北京:教育科学出版社,1988.

[76] 王天一,夏之莲,朱美玉. 外国教育史:修订本:上、下 [M]. 北京:北京师范大学出版社,1993.

[77] 袁锐锷. 外国教育史新编 [M]. 广州：广东高等教育出版社, 2002.

[78] 李申申. 简明外国教育史 [M]. 开封：河南大学出版社, 1997.

[79] 曹孚. 外国教育史 [M]. 北京：人民教育出版社, 1979.

[80] 贺国庆, 王保星, 朱文富. 外国高等教育史 [M]. 北京：人民教育出版社, 2003.

[81] 葛兆光. 思想史研究课堂讲录 [M]. 北京：生活、读书、新知三联书店, 2005.

[82] 田广清, 等. 中国领导思想史：修订本 [M]. 北京：九州出版社, 2003.

[83] 李中华. 中国人学思想史 [M]. 北京：北京出版社, 2004.

[84] 纪宝成. 中国古代治国要论 [M]. 北京：中国人民大学出版社, 2004.

[85] 吴宗国. 中国古代官僚政治制度研究 [M]. 北京：北京大学出版社, 2004.

[86] 陈茂同. 中国历代官职沿革史 [M]. 天津：百花文艺出版社, 2005.

[87] 蒲坚. 中国古代法制丛钞 [M]. 北京：光明日报出版社, 2001.

[88] 邓洪波. 中国书院史 [M]. 上海：东方出版中心, 2004.

[89] 王炳照, 徐勇. 中国科举制度研究 [M]. 石家庄：河北人民出版社, 2002.

[90] 刘海峰, 李兵. 中国科举史 [M]. 上海：东方出版社中心, 2004.

[91] 王道成. 科举史话 [M]. 中华书局, 1998.

[92] 田建荣. 中国考试思想史 [M]. 北京：商务印书馆, 2004.

[93] 王家范. 百年颠沛与千年往复 [M]. 上海：上海远东出版社, 2001.

[94] 王家范. 中国历史通论 [M]. 上海：华东师范大学出版社, 2000.

[95] 任恒俊. 晚清官场规则研究 [M]. 海口：海南出版社, 2003.

[96] 黄仁宇. 万历十五年 [M]. 北京：生活·读书·新知三联书店, 2006.

[97] 吴林根,石作斌. 中国共产党干部教育研究[M]. 哈尔滨:黑龙江人民出版社,2001.

[98] 吴林根. 中国共产党干部教育九十年[M]. 上海:东方出版中心,2011.

[99] 朱敏彦,李学昌,齐卫平. 中国共产党80年事典[M]. 上海:上海人民出版社,2001.

[100] 李桂林. 中国现代教育史教学参考资料[M]. 北京:人民教育出版社,1987.

[101] 临沂地区行政公署出版社办公室. 忆沂蒙[M]. 济南:山东人民出版社,1983.

[102] 陈燮君. 学科学导论:学科发展理论探索[M]. 上海:上海三联书店,1991.

[103] 丁雅娴. 学科分类研究与应用[M]. 北京:中国标准出版社,1994.

[104] 杨国璋,等. 当代新学科手册[M]. 上海:上海人民出版社,1985.

[105] 本社编. 当代新学科手册:续编[M]. 上海:上海人民出版社,1986.

[106] 吴康宁. 教育社会学[M]. 北京:人民教育出版社,2014.

[107] 马凤歧. 教育政治学[M]. 北京:人民教育出版社,2014.

[108] 张春兴. 教育心理学[M]. 杭州:浙江教育出版社,1998.

[109] 励雪琴. 教育学是什么[M]. 北京:北京大学出版社,2006.

[110] 陈天生. 领导科学教程[M]. 北京:气象出版社,1984.

[111] 刘勇,等. 领导科学[M]. 北京:红旗出版社,1986.

[112] 何钟秀,肖淑敏. 领导与管理[M]. 济南:山东人民出版社,1986.

[113] 王安平,刘国恩,焦益众. 领导方法学[M]. 哈尔滨:黑龙江人民出版社,1987.

[114] 胡彬. 中国领导科学概论[M]. 天津:天津人民出版社,1987.

[115] 王乐夫. 领导学:理论实践与方法:第二版[M]. 广州:中山大学出版社,2002.

[116] 刘建军.领导学原理：科学与艺术：第二版［M］.上海：复旦大学出版社，2003.

[117] 邱霈恩.领导学［M］.北京：中国人民大学出版社，2004.

[118] 孙立樵.现代领导学教程［M］.北京：中共中央党校出版社，2006.

[119] 俞文钊.现代领导心理学［M］.上海：上海教育出版社，2004.

[120] 陈国富.领导艺术心理学［M］.上海：立信会计出版社，2005.

[121] 关世雄，张念宏.成人教育手册［M］.北京：北京出版社，1986.

[122] 高志敏，等.成人教育心理学［M］.上海：上海科技教育出版社，1996.

[123] 沈思义，秦世才.干部教育概论［M］.北京：中国物资出版社，1990.

[124] 干部教育培训工作条例（试行）［M］.北京：党建读物出版社，2006.

[125] 奚洁人.领导教育学概论［M］.上海：华东师范大学出版社，2015.

[126] 黄书光.中国领导教育的历史探究［M］.上海：华东师范大学出版社，2008.

[127] 陈桂生.中国干部教育（1927—1949）［M］.上海：华东师范大学出版社，2007.

[128] 单中惠.西方领导教育史［M］.上海：华东师范大学出版社，2008.

[129] 翁文艳.国外领导教育与培训概览［M］.上海：华东师范大学出版社，2008.

[130] 郑日昌.领导素质测评［M］.上海：华东师范大学出版社，2008.

[131] 奚洁人.奚洁人文集［M］.北京：中共中央学校出版社，2023.

[132] 中共中央组织部干部教育局.《干部教育培训工作条例》《全国干部教育培训规划（2023—2027年）》学习辅导［M］.北京：党建读物出版

社，2023.

[133] 李冲锋. 领导教育：理论与实践［M］. 北京：中国言实出版社，2018.

[134] 李冲锋. 领导者：品格与力量［M］. 北京：中国言实出版社，2017.

[135] 朱星. 中国皇帝评论［M］. 北京：中华书局，2005.

[136] 周良霄. 皇帝与皇权［M］. 上海：上海古籍出版社，2006.

[137] 秦翰才. 满宫残照记［M］. 上海：上海书店出版社，1998.

[138] 张俊华. 教育领导学［M］. 上海：华东师范大学出版社，2008.

[139] 陈永明，等. 教育领导学［M］. 北京：北京大学出版社，2010.

[140] 汪晖. 死火重温［M］. 北京：人民文学出版社，2000.

[141] 罗维扬，罗原. 文学杂技［M］. 北京：知识出版社，2002.

[142] 李亦园，杨国枢. 中国人的性格［M］. 南京：江苏教育出版社，2006.

[143] 胡明. 胡适精品集8·信心与反省［M］. 北京：光明日报出版社，1998.

[144] 胡适. 胡适自述［M］. 北京：北京大学出版社，2013.

[145] 胡适. 有几分证据说几分话：胡适谈治学方法［M］. 北京：北京大学出版社，2014.

[146] 编辑委员会. 江隆基教育论文选［M］. 西安：陕西人民出版社，1981.

[147] 张达扬，李红梅. 陶行知论普及教育［M］. 合肥：安徽教育出版社，1986.

[148] 中央教育科学研究所编. 成仿吾教育文选［M］. 北京：教育科学出版社，1984.

[149] 成仿吾. 战火中的大学：从陕北公学到人民大学的回顾［M］. 北京：人民教育出版社，1982.

[150] 金冲及. 毛泽东传（1893—1949）［M］. 北京：中央文献出版社，

1996.

[151] 逄先知,金冲及. 毛泽东传(1949—1976)[M]. 北京:中央文献出版社,2003.

[152] 贾章旺. 毛泽东:从韶山到中南海(1893—1949)[M]. 北京:中国文史出版社,2004.

[153] 俞吾金. 毛泽东智慧[M]. 上海:上海人民出版社,1993.

[154] 袁南生. 斯大林、毛泽东与蒋介石:上、下[M]. 长沙:湖南人民出版社,1999.

[155] 刘峰,路杰. 跟毛泽东学领导[M]. 北京:红旗出版社,2001.

[156] 何显明. 超越与回归:毛泽东的心路历程[M]. 上海:学林出版社,2002.

[157] 向阳,凌云,等. 邓小平人才谋略[M]. 成都:四川人民出版社,1996.

[158] 郑金洲. 教育文化学[M]. 北京:人民教育出版社,2000.

[159] 郑金洲. 教育碎思[M]. 上海:华东师范大学出版社,2004.

[160] 郑金洲,瞿葆奎. 中国教育学百年[M]. 北京:教育科学出版社,2002.

[161] 郑金洲,陶保平,孔企平. 学校教育研究方法[M]. 北京:教育科学出版社,2003.

[162] 叶澜. 教育研究方法论初探[M]. 上海:上海教育出版社,1996.

[163] 陈桂生. "教育学"辨:"元教育学"的探索[M]. 福州:福建教育出版社,1998.

[164] 陈桂生. 教育原理:第二版[M]. 上海:华东师范大学出版社,2000.

[165] 熊川武,等. 实践教育学[M]. 上海:上海教育出版社,2001.

[166] 柏拉图. 理想国[M]. 郭斌和,张竹明,译. 北京:商务印书馆,1986.

[167] 恩披里克. 悬搁判断与心灵宁静:希腊怀疑论原典[M]. 包利

民，等译．北京：中国社会科学出版社，2004．

[168] 爱比克泰德．哲学谈话录[M]．吴欲波，等译．北京：中国社会科学出版社，2004．

[169] 普鲁塔克．古典共和精神的捍卫：普鲁塔克文选[M]．包利民，等译．北京：中国社会科学出版社，2005．

[170] 华勒斯坦，等．学科·知识·权力[M]．刘健芝，等编译．北京：生活·读书·新知三联书店，1999．

[171] 朗格朗．终身教育引论[M]．周南照，陈树清，译．北京：中国对外翻译出版公司，1985．

[172] 联合国教科文组织国际教育发展委员会．学会生存：教育世界的今天和明天[M]．华东师范大学比较教育研究所，译．北京：教育科学出版社，1996．

[173] 国际21世纪教育委员会．教育：财富蕴藏其中[M]．联合国教科文组织总部中文科，译．北京：教育科学出版社，1996．

[174] 康德．论教育学[M]．赵鹏，何兆武，译．上海：上海人民出版社，2005．

[175] 韦伯．学术与政治[M]．钱永祥，等译．桂林：广西师范大学出版社，2004．

[176] 韦伯著，韩水法编．韦伯文集[M]．北京：中国广播电视出版社，2000．

[177] 诺思豪斯．领导学：理论与实践：第二版[M]．吴荣先，译．南京：江苏教育出版社，2002．

[178] 豪威尔，科斯特利．有效领导力[M]．付彦，等译．北京：机械工业出版社，2003．

[179] 海克曼，约翰逊．领导学：沟通的视角[M]．王瑞华，译．上海：上海人民出版社，2004．

[180] 门罗．领导力词典[M]．丁响，译．北京：中信出版社，2004．

[181] 赫塞尔本，等．未来的领导[M]．吕一凡，胡武凯，等译．成都：

四川人民出版社，2000.

[182] 魏特利. 领导是什么 [M]. 孙宏志，译. 北京：中国发展出版社，2004.

[183] 查尔斯等著，刘守英主编. 领导：70位领导学家谈如何成为世界级领导者 [M]. 北京：中国发展出版社，2002.

[184] 史景迁. 中国皇帝：康熙自画像 [M]. 吴根友，译. 上海：上海远东出版社，2001.

[185] 玛阿里. 卡布斯教诲录 [M]. 张晖，译. 北京：商务印书馆，1990.

[186] 伊拉斯谟. 论基督君主的教育 [M]. 李康，译. 上海：上海人民出版社，2003.

[187] 格拉西安. 圣贤·智者·政要 [M]. 张广森，译. 海口：海南出版社，三环出版社，2003.

[188] 马国贤. 清廷十三年：马国贤在华回忆录 [M]. 李天纲，译. 上海：上海古籍出版社，2004.

[189] 庄士敦. 紫禁城的黄昏 [M]. 陈时伟，等译. 济南：山东画报出版社，2007.

（二）期刊

[1] 孙绵涛. 学科论 [J]. 教育研究，2004（6）.

[2] 孙绵涛. 我的教育管理理论观：下 [J]. 教育管理研究，2006（3）：5.

[3] 李隆汉. 官箴古今谈 [J]. 党的建设，2006（6）.

[4] 彭忠德. 古代官吏的职业道德规范：官箴 [J]. 湖北大学学报（哲学社会科学版），2002（3）.

[5] 崔宪涛. 关于中国古代官箴书的几个问题 [J]. 理论学刊，2005（1）.

[6] 叶大春. 官箴 [J]. 社会，1998（1）.

[7] 唐莹，瞿葆奎. 教育科学分类：问题与框架 [J]. 华东师范大学学

报（教育科学版），1993（2）.

［8］徐梓．"天地君亲师"源流考［J］．北京师范大学（社会科学版），2006（2）.

［9］张金光．论秦汉的学吏教材：睡虎地秦简为训吏教材说［J］．文史哲，2003（6）.

［10］游国斌．延安时期干部学校思想政治工作述评［J］．宁德师专学报（哲学社会版），1998（1）.

［11］李亮．干部教育学科设立之探讨［J］．延安干部学院学报，2020（4）.

［12］郑金洲．干部教育学的学科创立：问题思考与前景展望［J］．中国浦东干部学院学报，2022（3）.

［13］孙福胜．构建新时代中国特色干部教育学简论［J］．福建教育学院学报，2022（10）.

［14］曹萍，王慧敏，田昭．中国特色干部教育学知识体系建构的逻辑和路径［J］．国家行政学院学报，2023（9）.

［15］齐卫平．走朱德挑粮小路与"体验历史"［N］．华东师范大学报·文艺副刊，2007-05-15（4）.

［16］刘一宁．我省在全国率先设立干部教育学二级学科［N］．河南日报，2020-10-21（3）.

二、英文文献

［1］PEARSALL J. The New Oxford Dictionary of English［M］. Oxford：Clarendon Press，1998.

［2］GEIGER R. To Advance Knowledge：The Growth of the American Research Universites，1900—1940［M］. New York：Oxford University Press，1986.

［3］RIBBINS P，MARLAND M. Headship Matters［M］. London：Longman Informatin and Reference，1994.

［4］ADAIR J. Effective Decision Making：A Guide To Thinking For Management Success [M]. London: Gower Publishing Co Ltd, 1985.

[5] BLOOM A. The Republic of Plato [M]. New York: W. W Norton & Company, 1986.

[6] ADAIR J. How To Grow Leaders: The Seven Key Principles of Effective Leadership Development [M]. London Sterling, VA: Kogan Page, 2005.

[7] FULLAN M. Change Forces Probing the Depths of Educational Reform [M]. London: The Falmer Press, 1993.

[8] BURBULES N C. Dialogue in Teaching: Theory and Practice [M]. New York: Teachers College Press, 1993.

[9] TYLER R W. Basic Principles of Curriculum [M]. Chicago: The University of Chicago Press, 1949.

[10] KOTTER J P. Power and Influence [M]. Beijing: Hua Xia Publishing House, 1998.

后 记

本书是上海市哲学社会科学规划中青年专项课题成果（课题编号：2020FZX005），是在博士学位论文的基础上修改而成的。

因缘际会，2004年9月，我有幸成为华东师范大学与中国浦东干部学院联合培养的国内首届领导教育学的博士研究生。从那时起，我就对这门新兴学科的学科建设问题产生了浓厚兴趣。在导师郑金洲教授指导下选择了《领导教育学的学科自立研究》作为博士学位论文的题目。面对新问题，做出新探索，注定是筚路蓝缕的。经过三年的努力，终于交出了毕业论文。物之始生，其形必丑。这一探索性研究与这门学科一样不成熟，有待进一步完善。后来，以博士学位论文为基础申报课题，有幸获得上海市哲学社会科学规划中青年专项课题立项，在此基础上进一步展开了对该课题的研究与完善。与博士论文相比，本书删除了一些章节的内容（有些内容已在拙著《领导教育：理论与实践》一书中发表过），同时，根据最新的学术进展，进行了内容更新。这本书就是该课题研究的最终成果。

值此成果出版之际，感谢恩师郑金洲先生。蒙郑老师不弃，忝列门下，使我有幸成为他的学生。我一直以为这是一种缘分。从师而学，受益匪浅。在我的眼里，郑老师对我们十分温和，温和中有严格的要求，严格的要求中有殷切的希望，殷切的希望中有精心的指导。子曰：君子温而厉。其此之谓乎？博士论文的写作，自始至终都得到了郑老师悉心的指导。不仅在学业上，而且在生活上郑老师也给予了我很多关爱。郑老师的人格魅力、道德文章给我以深刻的影响。对我而言，唯有继续努力，以追师范。

感谢奚洁人教授。奚老师给予我们以深切的关怀，他那和蔼的笑容令人难忘，他那充满智慧的话语总能给我以启发。感谢赵修义教授、李宏图教授、王家范教授、陈桂生教授，诸位老师在专业学习上给予我们以引领。感谢叶澜教授、李政涛教授、陆有铨教授、杨小微教授、黄书光教授、金林祥教授，他们精彩的授课令我受益匪浅。

感谢马钦荣教授、丁钢教授等诸位参与开题的老师们。他们在论文开题时给予了富有价值的指导。感谢郑日昌教授、吴林根教授，任真、张素玲、周志平、周光凡、翁文艳、高虹、林颖、王君、陈浩等诸位老师们。他们在几次预开题中给予了富有价值的指导与帮助。

感谢室友张斌。我们非常融洽地和处一室，实为机缘。我们横论世事、纵论人生，谈学论道、相互砥砺，我从中获益匪浅。

感谢杨光富、王红霞、李放放。我们四人有幸成为国内首届领导教育学专业的博士生，三年来相互砥砺，共同成长。

感谢上海市委宣传部中青班的培养，感谢班主任李明烂老师的热情帮助。

感谢中国浦东干部学院的领导、同事们的帮助，你们的关心与帮助是我前进的重要力量。

感谢我的家人多年来给予我的理解与支持。世界上所有的爱都是以相聚为目的的，唯有父母对儿女的爱是希望他们走得更高更远。我的父母用他们的勤劳与汗水、用他们殷切的期望，让我越走越远。不论走多远，父母永远都是我前进的动力。感谢岳父岳母在我读研期间所给予的家庭上的理解与支持。爱妻王虹彩，多年来所给予的理解与支持无人能够替代。我深爱着她。对女儿怡然，我为没有能够陪伴她一起成长而感到歉疚，同时也应该感谢她，她也为我们这个小家庭做出了贡献。感谢冲圣弟与弟妹孙万芳，他们分担了许多本该由我们共同承担的家庭责任。

一个人的成长确实凝聚着许多人的心血，许多人的关爱与帮助。言语并不足以表达感激之情。与众人的关爱与帮助相比，一句感谢是那样的苍白无力。在没有找到更好的表达方式之前，让我再次真诚地说句：

谢谢！

2024 年 4 月 26 日
于卧书公室